물 만난 해양민속학자의
물고기 인문학

김창일 지음

1판 1쇄 발행 | 2024. 11. 15

발행처 | **Human & Books**
발행인 | 하응백
출판등록 | 2002년 6월 5일 제2002-113호
서울특별시 종로구 삼일대로 457 1409호(경운동, 수운회관)
전화 | 02-6327-3535~6, 팩스 | 02-6327-5353
이메일 | hbooks@empas.com

ISBN 978-89-6078-780-3 03380

물 만난
해양민속학자의
물고기 인문학

김창일 지음

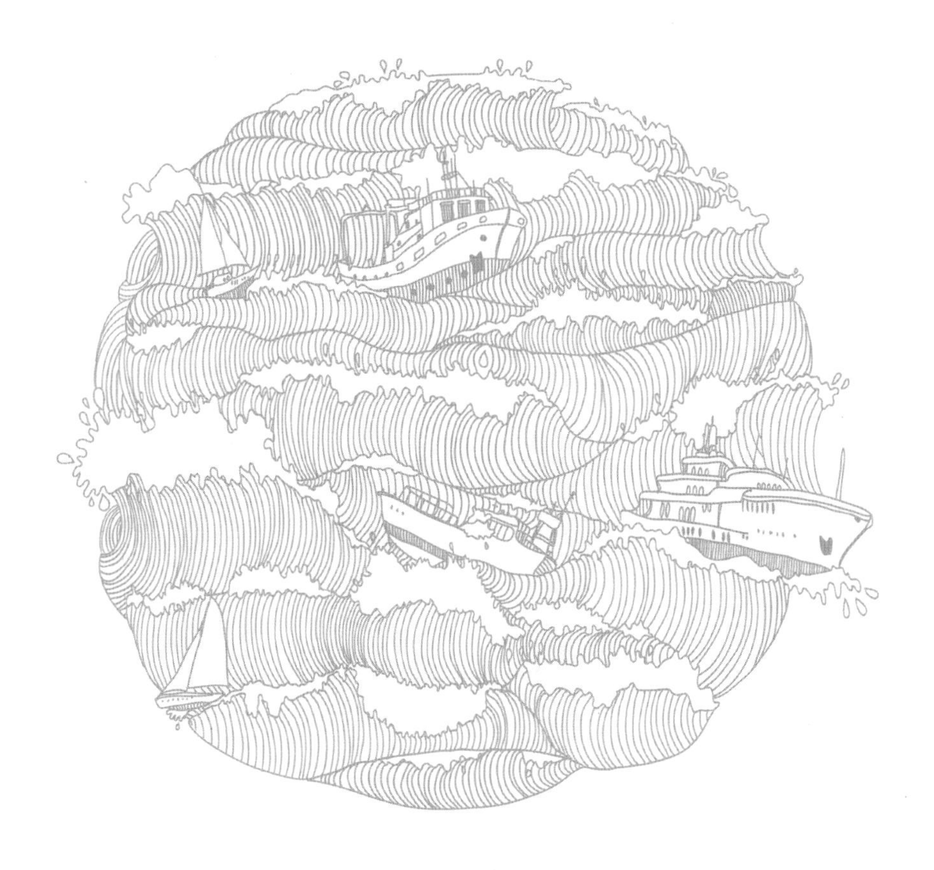

Human & Books

차례

2부 사람

3부 바다

저자의 말

아내가 어부에 관한 동화책을 다섯 살 난 아들에게 읽어줬더니, '우리 아빠도 어부지요'라고 묻더란다. 어린 아들이 아비를 어부로 착각할 만큼 가족과 떨어져서 바닷가를 다녔다. 남해도, 연평도, 삼척, 울산의 어촌에서 각각 1년씩 상주하며 해양문화를 조사했다. 사계절을 주민처럼 살며 어민들 삶으로 들어갔다. 또한 부산 영도와 가덕도, 강화도를 수없이 들락날락하며 섬 문화를 장기간 조사했다. 제주 바다를 공부하기 위해 인사교류를 신청해 국립제주박물관에서 1년 근무하며 틈만 나면 바다를 탐색했다. 심지어 국내외 여행도 바닷가만 다녔다.

집착이라 할 만큼 갯가를 찾아다닌 건 섬 소년 시절의 추억 때문이지 싶다. 길 하나를 사이에 두고 바다와 마주하고 있는 분교를 다녔다. 축구라도 할라치면 바닷물에 빠진 공을 건져내느라 몇 번씩 발을 적셨다. 점심시간에 수영하다가 종소리가 들리면 물이 뚝뚝 떨어지는 옷을 입은 채 교실로 향하기도 했다. 여름방학에는 아침부터 해질녘까지 삼각팬티 한 장 걸치고 해변에 살다시피 하며 돌게, 갯가재, 바지락, 홍합, 대합을 구워 먹던 추억. 지금도 그렇게 놀던 녀석들과 모임 이름을 '개발이'라 짓고 매년 두 번씩 만난다. 갯벌에 나가서 해산물을 채취하는 행위를 어촌에서는 개발이('갯벌하다'의 변형)이라 한다. 모임 장소도 열에 아홉은 횟집이다. 다들 도시에 살고 있어도 몸이 기억하는 바다는 쇠사슬보다 질김을 친구들을 통해서 매번 느낀다. 바다를 향한 주체할 수 없는 내 열정도 여기에 뿌리를 두고 있을 터.

어촌에 장기간 살면서 조사하는 행운을 누렸다. 주민이 된 것처럼 마을에 정착한 학예사와 팀원들은 마을회의에 참석하고, 어선을 타는가 하면, 농사에 일손을 보탰다. 물론 봉사활동을 위해 마을에 상주한 건 아니다. 함께 살면서 그들의 생활상을 기록하기 위해서다. 이렇게 함으로써 어민들의 삶을 깊이 이해할 수 있게 된다. 낯선 외지인의 등장에 경계심을 풀지 않는 주민들도 있다. 한두 달 지나면 높기만 하던 마음의 벽이 허물어지기 시작한다. 몸이 불편한 노인을 승용차로 모시고 병원에 가고, 면민체육대회에 마을 대표로 참가하기도 하며 지역사회의 일원이 된다. 동네 청년 역할을 하며 마을 일을 상담하는 관계로까지 나아간다. 조사자가 주민들 삶에 녹아들면 참여·관찰조사가 가능해지고 이를 통해 내부인의 시각과 외부인의 시각을 동시에 견지할 수 있게 된다.

현장조사를 다니며 중시한 건 삶의 일상성과 구체성이다. 관념적, 추상적으로 기록하는 건 게으름이자 무책임이다. 나는 촌부의 삶을 애틋하고 아름답게만 기록하지 않는다. 인간은 누구나 아름다움과 야만성을 지니고 있다. 주야장천 한 방향으로 거울을 비추는 건 조사자로서 현실 왜곡일 수 있다. 그래서 늘 의심한다. 세상을 바라보고 기록하는 내 시선을. 그럼에도 함께 생활하며 주민들 애환을 속속들이 알아가다 보면 애틋한 마음이 밀려드는 건 어쩔 수 없다.

바닷가 사람들의 생활상을 기록한 해양민속지를 18권 썼다. 오랫동안 해양문화를 조사한 내용을 바탕으로 전국으로 강연을 다니고 있으며, 전시 기획도 했다. '조명치 해양문화특별전'과 '강원별곡 특별전', '삼척 갈남마을 박물관' 전시를 기획해 호평을 받았다. 장기간 한국의 동·서·남해·제주도에 거주하며 조사하고, 이를 전시로 구현할 수 있었던 건 국립민속박물관에 몸담았기에 가능한 일이었다.

2018년 4월의 어느 날, 동아일보 오피니언팀장의 전화를 받았다. 어촌 현장을 오랫동안 조사하고 있는 걸 잘 알고 있으니, 칼럼을 연재해 보자는 제안이었다. 해양민속학자가 경험한 바다, 물고기, 어민들에 관한 이야기를 대중들에게 쉽게 들려주자는 취지였다. 그렇게 해서 쓰기 시작한 게 120여 회를 연재하며 6년 넘게 이어오고 있다. 이 책의 많은 내용은 지금까지 쓴 칼럼을 수정·보완하고, 다른 지면에 투고했던 글을 새롭게 편집하여 더한 것이다.

어선을 타며 그물, 통발, 주낙을 투망하고, 미끼를 매달고, 잡은 물고기를 분류해 어창에 넣는가 하면, 경매가를 높게 받으면 위판장에서 환호하는 등 선원과 다를 바 없는 생활을 했다. 어로 현장에 있었고, 때로는 어부가 되었다. 자연스럽게 물고기, 사람, 바다를 몸으로 알게 됐다. 이 책은 물고기 인문학이자, 어촌 인문학이며, 바다 인문학이라 할 수 있다. 총 3부로 구성했다.

1부 '물고기'에서는 어촌에서 자주 접하던 물고기를 중심으로 꾸몄다.

낚시 대상 어종이라기보다는 어민들이 관심을 가지는 물고기다. 조기, 멸치, 고등어처럼 우리 밥상에서 영향력이 높은 어종은 물론이고, 버리던 물고기에서 귀한 몸이 된 물고기까지 두루 포함했다. 대량으로 어획되던 어종이 사라진 현상, 혼란스러운 물고기 이름이 불러일으키는 문제, 역사에 기록된 물고기에 관한 내용, 섬과 어촌현장을 다니며 접한 물고기 관련 에피소드와 문화적 해석이 담겨 있다.

2부 '사람'에서는 어민들 이야기를 중심으로 물고기잡이 신(神)에 관한 이야기, 육지 해녀의 다양한 모습, 오랫동안 바닷가를 누빈 경험을 토대로 어촌에 살고 싶은 분들에게 들려주고 싶은 이야기, 현장에서 만난 인상적인 사람들, 표류해서 죽을 고비를 넘기며 역사에 이름을 남긴 사건, 현장에서 경험했던 재밌는 일화와 치열하게 살아가는 사람들 모습을 기록했다.

3부 '바다'에서는 동·서·남해와 제주도까지 오랜 시간을 경험하고 느낀 바다를 기록했다. 무서운 바다의 모습은 물론이고, 한국 바다의 특성, 오염된 바다의 실상과 대책, 섬의 숨결, 제주 바다에서 본 것들, 한국의 배, 사라진 포구를 이야기했다.

해양문화 기록을 위해 외딴 어촌과 섬으로 가는 길은 외로운 길인 줄 알았다. 그곳으로 향하는 여정에 많은 이들이 동행한 줄도 모르고. 현장의 생생함을 사진으로 남긴 전호창, 김영광, 김은진, 유창호, 강현우 작가와 엄성식 영상감독은 허구한 날 어선에 탑승해 촬영하느라 뱃멀미로 고생이 많았다. 어촌 현장을 숱하게 다녔다는 건 그만큼 많은 이들에게 도움받았음을 의미한다. 물질해서 잡은 해산물을 숙소 냉장고에 가득 채워주던 울산 제전마을의 해녀 할머니. 늦은 밤에 갯벌로 나가서 망둥이와 돌게 잡는 방법을 가르쳐 주던 연평도 어민. 새벽 뱃일 마친 후 남겨둔 꽃새우와 닭새우를 앞에 두고 소주잔을 주거니 받거니 하며 피로를 풀던 삼척 갈남마을의 기억. 멸치잡이 기선권현망 선단에 승선해 바다 위에서 어탐선, 망선, 운반선을 번갈아 옮겨 타며 조사하던 남해 물건마을의 아련한 추억. 책장 한장 한장에 어촌에서 만난 사람들의 가르침과 현장에서 흘린 땀방울이 스며있다. 이번에 발간된 책을 승용차에 싣고 다니며 조사했던 어촌을 틈틈이 찾아다닐 생각이다. 정들었던 분들과 마주 앉아 소주잔을 기울이다가, 살며시 책을 건넬 참이다.

김해에 계신 어머니는 지금도 칼럼 나오는 날을 손꼽아 기다린다. 빠트리지 않고 스크랩을 하는데 한 번은 깜빡하고 신문을 버렸다며 동동거리며 안타까워하기에 프린트해서 보내드린 적이 있다. 좋은 사진을 수록하고 더할 것은 더하고, 뺄 것은 뺀 후에 책으로 묶었으니, 오랜만에 드리는 선물이 될 듯하다. 바닷가를 누비고 다니는 사이에 아빠가 어부인 줄 알던 아이는 내년이면 고등학생이 된다. 아내는 흰 머리카락이 많이 늘었다.

1부

물고기

물고기에게 표정이 있었다면

미국에서 애니메이션 '니모를 찾아서'가 흥행하자 아이들이 물고기를 변기에 넣고 물을 내리는 사건이 여럿 발생했다. 영화를 본 아이들이 물고기에게 자유를 주려다가 벌어진 일이다. 영화에서 아기 물고기 니모가 사람에게 납치되자 말린은 아들을 구하기 위해 모험을 떠난다. 말린은 바다거북 크러쉬 일행의 도움으로 호주 시드니항에 도착하고 니모는 우여곡절 끝에 변기로 탈출해 아빠와 재회한다. 영화 속 물고기는 사람처럼 감정과 가족애, 표정, 목소리를 가졌다. 변기를 통해 물고기를 탈출시키는 바람에 배관공들이 바빠진, 다소 황당한 사건은 물고기에게 아이들이 공감했기 때문이다. 아이들이 놓아준 물고기들은 바람과는 달리 바다가 아니라 정화조로 갔을 테지만.

요즘 물고기를 놀잇감으로 삼는 축제에 비판의 목소리가 높다. 그 지역에 서식하지 않는 물고기를 대량으로 풀어놓는 반(反)생태적인 축제라는 것이다. 물고기 맨손잡기 프로그램도 살아있는 생명체를 물건 취급하는 비(非)인도적, 비교육적인 행위라고 비판받는다. 물고기의 '집단 학살장'이라는 비판까지 나온다. 물고기를 극심한 고통 속에 죽이는 것을 보고 즐기는 행위는 동물학대라는 것이다.

반면 먹기 위해 양식한 물고기를 풀어놓고 즐기는 축제를 비난하는 것은 지나치다는 의견도 있다. 양식 사료용 혹은 통발이나 낚시 미끼로 사용하는 물고기는 불쌍하지 않고 유독 축제장의 물고기만 불쌍한 것이냐는 반론이다.

내 눈으로 본 생명체에 연민을 느끼는 것은 자연스러운 감정이다. 전국시대 제나라 선왕이 소를 끌고 가는 사람을 보고 어디로 가느냐고 물었다. 제물로 바치기 위해 간다고 하자 제나라 선왕은 소를 놓아주고 양으로 바꿀 것을 명했다. 사람들은 소나 양이나 뭐가 다르냐며 비웃었다. 이에 맹자는 "왕이 한 일이 인(仁)의 실천이다. 소는 보았으나 양은 보지 못했기 때문"이라고 했다. 사람은 눈에 보이는 것에 우선적으로 연민의 감정을 느낀다.

최근 연구에 따르면 물고기는 개성을 가지고 관계를 형성하는 개체라고 한다. 단순히 살아있는 게 아니라 생활을 영위하는 존재다. 계획과 학습, 인식과 책략을 꾸미기도 하며 쾌락, 공포, 통증을 느끼고 장난을 치며 즐거워한다. 『물고기는 알고 있다』의 저자 조너선 밸컴은 도덕공동체의 구성원에게 필요한 자질은 지능이 아니라 지각력이라고 했다. 윤리학의 토대는 감정을 느끼고 통증을 인식하고 기쁨을 경험하는 지각력인데 우리는 물고기를 어엿한 개체로 취급해 왔는가 물음을 던진다.

영화처럼 물고기에게 표정이 있었다면 어땠을까. 개와 고양이의 반열은 아니더라도 감정을 표현하는 물고기를 맨손으로 잡아서 죽게 하는 일은 없지 않았을까. 얼굴 근육을 움직여서 아파하거나 기뻐하는 표정을 사람들에게 보여주지 못하는 것이 물고기의 잘못이겠는가. 영화에서 호기심 많은 니모, 건망증이 심한 도리, 채식주의자 상어 브루스 등 개성 넘치는 물고기들처럼 실제 물고기도 고통, 기쁨, 유대감, 지능을 가진 생명체다. 살아있는 것을 존중하며 축제를 즐길 수 있는 방법은 얼마든지 있다. 재미를 위해 고통스럽게 죽이지 말자는 시대적 요구에 귀 기울일 필요가 있다. 심장이 뛰는 생명체를 함부로 하지 않는 사회는 아름답다.

길 위의 스승과 화두

바닷가는 스산했고 샛바람은 짠 내를 잔뜩 머금고 있었다. 생선 장수 노파만이 인적 없는 다대포항 한쪽 모퉁이를 지키고 있었다. 불쑥 나타난 우리 일행의 왁자지껄한 소리에도 노인의 시선은 바다를 향해 있었다. 중년 남성 너덧이 생선을 구입할 거란 기대는 애초에 없었다는 듯 가까이 가도 반응이 없었다. 좌판 위 생선을 흘깃 살폈더니 건조한 가자미류와 조기류가 가지런히 진열돼 있었다.

물고기를 주제로 답사를 하고 있었으므로 나는 일행에게 조기와 가자미 종류를 설명한 후 노인에게 어떤 생선이 맛있는지 물었다. 그때까지 무심하던 표정에 화색이 돌더니 봇물 터지듯 말을 쏟아냈다. "이건 물가자미인데 맛이 싱거워서 물회나 식해로 많이 먹고, 참가자미는 미역국에 넣어도 좋고, 찌든 굽든 다 맛있어요." 이어서 지느러미와 대가리를 제거한 가자미를 가리키며 종류를 맞혀보라는 고난도 퀴즈까지 냈다. 우물쭈물하고 있으니 곧바로 끼어들어 한참을 설명했다.

가자미에서 완패한 나는 조기로 주제를 옮겼다. "참조기가 귀하니까 요즘은 조기와 비슷하게 생긴 생선을 외국에서 많이 들여오잖아요"라는 말이 끝나기 무섭게 할머니는 설명을 이어갔다. "이건 뒷지느러미에 침이 있어 침조기라 하는데 이렇게 생긴 조기는 다 외국산입니다. 저쪽 검은색 기운이 도는 건 세네갈에서 왔고, 이건 콩고, 뉴질랜드산은 맛이 없어요. 기니에서 잡힌 게 제일 맛있지. 명태를 러시아에서 죄다 수입하듯이 조기도 외국산 아니면 제사를 못 지내요"라고 말했다. 생선 고수와의 만남은 유쾌했다. 대화를 한참 나눈 후 생선 한 바구니를 구입하고 헤어졌다.

손에는 생선을 들고, 가슴에는 화두를 품고 답사를 마쳤다. "명태처럼 조기도 외국산 아니면 제사를 못 지내요"라는 길 위의 스승에게 들은 말이 내내 머릿속을 맴돌았다. 조기는 우리에게 어떤 생선이기에 어획량이 급감하자 세계 곳곳을 뒤져서 모양과 맛이 비슷한 물고기를 들여오는 것일까. 아프리카 서부 연안에서 잡히는 '영상가이석태'는 물론이고 '세네갈가이석태', '대서양조기' 등 일명 뾰족조기는 조기 대용 생선이다. 앞서 노인이 설명한 침조기(긴가이석태) 역시 기니와 세네갈 근해에서 잡히는데 특히 부산과 경상도 지역을 중심으로 제수용 생선으로 인기가 높다. 원양 어선이 드나드는 부산이기에 싼 가격에 구입할 수 있고, 맛도 호평을 받고 있다.

수많은 생선 중에서 조기와 명태가 중요한 제물이 된 까닭은 뭘까. 조기는 제사상의 중요한 제물이고, 명태는 제수용뿐만 아니라 액막이로 이용된다. 고사나 굿이 끝나고 대문 위 혹은 신장개업한 가게에 액막이 북어를 걸어두거나 어선이나 자동차의 무사고를 기원하며 사용한다. 정연학(국립민속박물관)은 북어가 의례품이 된 이유로 언제나 쉽게 장만할 수 있는 점과 10년이 넘어도 상하지 않고 비린내도 나지 않으므로 제물로 사용하기 적합하다는 점을 든다. 그의 견해에서 '언제나 쉽게 장만할 수 있다'에 나는 방점을 둔다. 이규경은 『오주연문장전산고』에서 "여항의 평민은 명태로 포를 만들어 제사상에 올리고, 가난한 가계의 유생 또한 제물로 올릴 수 있으니, 흔한 것이면서 귀하게 쓰인다"라고 했다. 조선 후기 실학자의 말에서 화두의 실마리를 찾았다. 조기와 명태는 흔했으므로 두루 귀하게 쓰인 것이다.

가시 많은 물고기, 나무라지 말라

맛은 개별적이지만 밥상은 공동체 문화를 응축한 축소판이다. 맛의 문화적 정보는 사회마다 다른데 같은 사회 내에서도 연령층에 따라 차이를 드러내기도 한다. 며칠 전 청어조림이 구내식당 메뉴였다. 예상대로 식당은 한산했다. 오전에 같은 부서 직원들이 모여서 점심 메뉴를 놓고 이야기하는 소리가 들렸다. "청어가 멸치처럼 작은 물고기인가?/무슨 소리야 고등어만큼 큰 물고기야/가시 많고 비린내 나는 생선은 질색인데 밖에 나가서 먹자"라는 대화였다. 다른 부서 젊은 직원들도 같은 마음이었는지 구내식당은 중년 직원들만 가득했다.

유소년 시절 섬에서 생활할 때 청어나 전어를 굽는 날이면 할머니는 가시 많은 생선이 맛있다는 말을 입버릇처럼 되뇌곤 했다. 청어는 조선 백성들이 좋아하던 생선이었다. 세종 19년(1437년 5월 1일), 호조(戶曹)는 경상, 전라, 충청, 황해도 백성이 앞다투어 청어를 잡아 큰 이득을 얻는데 방치하면 백성들이 농사를 포기하고 바다로 나갈지도 모른다고 상소했다. 청어는 명태, 조기 못지않은 주요 수산물이었음에도 농사를 국가 운영 기반으로 삼았던 관리들 인식을 엿볼 수 있다.

왜구의 침입이 잦았던 가덕도에 성 쌓는 일을 책임졌던 방호의는 중종 39년(1544년) 임금께 청어잡이에 대해 보고했다. "웅천·김해·양산·밀양의 허다한 백성이 이익을 좇아 날마다 고깃배 수백 척이 청어를 잡는데, 지금도 우도의 갯가 각 고을의 어선이 바다를 덮고 밤낮으로 잡습니다. 전에 왜구가 틈을 타서 죽이고 약탈한 것이 수없이 많았습니다. 백성들은 이익을 탐내어 죽음을 두려워하지 않으니 왜구 막는 일에 허술함이 없어야 합니다."

잔가시가 많은 물고기로 준치를 빼놓을 수 없다. 시인 백석은 '준치가시'에서 "준치는 옛날엔 가시 없던 고기/준치는 가시가 부러웠네/(중략)/고기들은 준치를 반겨 맞으며/준치가 달라는 가시 주었네/(중략)가시 없던 준치는 가시가 많아져/기쁜 마음 못 이겨 떠나려 했네/(중략)/준치를 먹을 때엔 나물지(나무라다의 평북 방언) 말자/크고 작은 물고기의 아름다운 마음인/준치 가시를 나물지 말자"라고 했다. 시로 읊을 만큼 준치 가시는 명성이 자자했으나, 생선 중에서 가장 맛있다고 하여 진어(眞魚)라고도 했다.

박완서는 소설 『그 남자네 집』 중에서 준치 가시가 많아진 사연을 재밌는 일화로 소개했다. "용왕님이 바다의 물고기를 만들려고 살하고 가시를 쌓아놓고 형형색색의 물고기를 만들고 나니 마지막으로 제일 맛있는 살이 남았는데 살에 비해 가시가 너무 많이 남았더란다. 그래서 용왕님은 에라 모르겠다. (중략) 그 맛있는 살에다가 남은 가시를 몽땅 집어넣어 만든 게 준치란다." 요즘 사람들은 공감하기 어렵겠으나, 예전에는 잔가시가 아무리 많아도 최고로 맛있는 물고기로 쳤다. '썩어도 준치'라는 말이 왜 생겼겠는가. 잔가시 많기로 웅어도 뒤지지 않는다. 왕자들 교육을 맡은 윤선도에게 인조는 종종 웅어를 하사했다. 사옹원에 특별히 위어소(葦魚所)를 두어 한강에서 잡히는 웅어를 궁중에 바치게 할 정도로 귀하게 여긴 물고기였다. 가시 많은 생선이 맛있다는 옛사람들 말을 헤아려 본다.

상자에 담긴 청어
©김창일

전어
©국립민속박물관

물고기 이름에 붙는 '치'와 '어'에 대한 오해

지인들과 회 먹을 때 물고기에 관한 질문을 자주 받는다. 마주 앉은 사람이 바뀌어도 질문 내용은 대체로 비슷하다. 제철 생선, 횟감 고르는 방법, 가장 비싼 횟감 혹은 물고기 이름의 기원이나 어류 명칭에 붙는 '치'와 '어'의 차이 등이 질문 빈도가 높다. 자주 답변하다 보니 머릿속에는 모범 답안이 있을 정도다.

며칠 전 아내가 휴대전화로 메시지를 보내왔다. 동료들과 횟집에 있는데 의견이 양쪽으로 나뉘었단다. 포털에서 캡처한 걸 보내며 맞는지 확인해 달라고 했다. 내용인즉슨 물고기 이름에 붙은 '치'와 '어'에 관한 설명이었다. 자주 받는 질문이라 쉽게 답할 수 있었으나, 출처를 보고 무척 당황스러웠다. 수산 분야 공공기관 홈페이지가 출처였다. 내용 일부를 그대로 옮기면 다음과 같다. "생선의 이름에 따라 '치'가 붙는 생선과 '어'가 붙는 생선으로 나뉘게 됩니다. 예외적인 몇 종류를 제외하고는 '치'가 붙는 생선들은 비늘이 없고, '어'가 붙는 생선은 비늘이 있는 물고기입니다." 잘못 알려진 내용을 올바르게 고쳐주지 못할망정 공신력을 가진 공공기관 홈페이지에 게재돼 있으니, 사람들이 더 믿을 수밖에.

'치'와 '어'에 관해 물으면 내 답변은 늘 똑같다. "넙치는 비늘이 없고, 광어는 비늘이 있습니다." 곧바로 말뜻을 알아채는 사람이 있고, 무슨 말인지 몰라서 어리둥절한 표정을 짓는 사람도 있다. 같은 물고기인데 넙치는 순우리말이고, 광어는 한자어다. '치'가 붙으면 비늘이 없고, '어'가 붙으면 비늘 있는 어류라는 말이 틀렸음을 비꼬는 답변이다. 준치, 날치, 쥐치, 꼼치, 보구치, 홍살치, 등가시치 등은 '치'로 끝나지만 비늘이 있다. 생물학적으로 비늘이 있더라도 외관상 없는 것으로 인식되는 고등어, 장어, 병어, 상어 등은 '어'가 붙는다. 종결어 '치'와 '어'는 비늘의 있고 없음과 관련이 없다.

국립수산과학원에서 '한국어도보'(1977년)에 나오는 물고기 이름의 종결어를 살펴본 적이 있다. 그 결과, '치'가 붙는 물고기가 18.23%로 가장 많았고, '어'로 끝난 물고기가 16.4%로 뒤를 이었다. '치'와 '어'의 비율을 합쳐도 약 34%밖에 되지 않는다. 이 외의 물고기 이름에 붙는 종결어로는 '리'(도다리, 벤자리 등 9.98%), '기'(참조기, 놀래기 등 7.8%), '돔'(참돔, 감성돔 등 7.57%), '이'(전갱이, 밴댕이 등 6.88%), '대'(서대, 성대 등 4.59%), '미'(참가자미, 쥐노래미 등 3.78%) 등 다양하다. 국립수산과학원은 '치'가 예전에는 어류를 지칭하는 보편적인 종결형으로 사용되었던 것으로 분석했다. '치'는 물고기라는 뜻의 우리말 접미사였는데 식자층이 선호하는 어류에 한자 '어'가 붙은 것으로 봤다.

'치'가 붙은 물고기는 상류층이 관심을 두지 않은 물고기였을 것으로 유추할 수 있으나, 꼭 그런 건 아니다. '썩어도 준치'라는 말이 있을 정도로 옛사람들은 준치 맛을 높이 평가했다. 준치는 시어(鰣魚)라는 이름과 경쟁해 이겼고, 날치는 비어(飛魚)를, 멸치는 추어(鯫魚), 갈치는 도어(刀魚)를 이겨서 '치'를 유지하고 있다. '치'와 '어'는 고유어냐 한자어냐의 차이일 뿐이다. 넙치든 광어든 비늘 유무와 상관없듯이.

너는 '참'이고 나는 '개'란 말이여?

횟집이나 어시장에 가면 물고기에 대해 아는 척하는 고질병이 있다. 어느 날, 지인들과 서울 신촌의 한 횟집에 갔다. "수족관에 있는 개숭어가 참 싱싱하네요"라며 한껏 아는 척을 했다. 하지만 "참숭언데요"라는 주인장의 예상치 못한 한마디에 일행은 한바탕 웃으며 술자리가 끝날 때까지 나를 놀렸다. 횟집 주인이 참숭어라는데 누가 내 말을 믿어 주겠는가. 억울한 마음에 횟집 갈 때마다 수족관의 숭어 이름을 확인한 결과, 섬소년으로 자라며 입력된 내 기억을 수정하게 됐다. 내가 알던 숭어는 개숭어가 아닌 참숭어임을 인정했다.

이후 동해안과 남해안의 어촌을 두루 다닐 기회가 있어서 가는 곳마다 어판장 상인들에게 물었다. 서울 횟집 주인들이 참숭어라고 말한 것이 개숭어라는 일관된 답변을 들었다. "그럼 그렇지 서울 사람들이 뭘 알겠어"라고 생각하며 다시 내 정보를 되돌려 놓았다. 둘 다 맞기도 하고, 틀리기도 하다는 사실은 한참 후에 알게 됐다. 주로 그 지역에서 많이 잡히는 숭어를 '참숭어'라 하고, 이외의 종류를 '개숭어'라 한다는 것을.

우리나라 연안에서 잡히는 숭어는 크게 '숭어'와 '가숭어'다. 지역마다 개숭어, 참숭어, 보리숭어, 밀치 등으로 부른다. 가숭어를 참숭어라 하는 지역이 있는가 하면 개숭어라 부르는 곳도 있다. 여기서 '참'은 저기서 '개'가 붙기도 하고, 반대로 여기서 '개'가 저기서 '참'이 되기도 한다. 부산·경남에서는 가숭어를 밀치라 한다. 따라서 개숭어, 참숭어, 보리숭어, 밀치라는 이름에 현혹되면 숭어와 가숭어를 구별하기 어렵다. 눈동자에 노란색 테두리가 있는 '가숭어'와 검은색 눈동자의 '숭어'로 구별하는 게 편리하다. 또한 숭어는 크기에 따라 이름을 달리한다. 모치, 동어, 글거지, 애정어, 무근정어, 애사슬, 무근사슬, 패, 미렁이, 나무레기, 덜미 등으로 구분하는데 어촌마다 제각각이다.

참과 개가 붙는 해산물은 많다. 인천과 서해5도 등에서는 '피뿔고둥'을 '참소라'라고 하고, 지역에 따라 '뿔소라'를 '참소라'라 부르기도 한다. 어디선가 '참'은 다른 곳에서는 '개'가 되고, 여기서 '개'는 저기서 '참'이 되기도 한다. 반면 참돔, 참조기, 참홍어, 참가자미, 참복, 참서대, 참다랑어, 참우럭, 참꼬막 등은 어디에서나 '참'이고 개서대, 개볼락, 개우럭, 개복치 등은 어디에서나 '개'이다. 흔히 '참'은 참된 것이기에 좋은 것이고, '개'는 그와 반대 의미로 간주한다. 그러나 해산물에서는 그렇지 않다. 주변에 많이 나는 것이 참일지니, 참은 참만의 본성이 따로 있지 않다. 바닷가에서 참이 붙은 해산물을 사 먹는 일은 나쁘지 않다. 최소한 그 지역에서는 '참'이기에.

반면 이름으로 조심해야 할 것도 있다. 수도권 사람들은 강화 바다에서 잡히는 밴댕이를 밴댕이로 알고 있으나 밴댕이가 아니다. 멸칫과에 속하는 '반지', '풀반지', '풀반댕이'다. 실제 밴댕이는 청어과에 속하며, 남해안 일대에서 멸치를 어획할 때 함께 잡히는 일명 '디포리'라 불리는 어종이다. 일

노란색 눈자위를 가진 가숭어
©국립민속박물관

검정색 눈동자를 가진 숭어
©국립민속박물관

강화도 반지
©김창일

반 소비자는 생김새가 비슷하고 강화도에서 반지를 밴댕이라 부름에 따라, 두 어종을 구분하지 못한다. 두 밴댕이, 즉 강화도에서 밴댕이라 불리는 반지는 횟감이나 구이용으로, 실제 밴댕이인 디포리는 주로 젓갈이나 국물용으로 이용된다. 크기가 작고 잔가시가 많아서 회로는 먹지 않는다.

	반지	밴댕이
분류	멸칫과(Engraulidae)	청어과(Clupeidae)
방언	밴댕이(강화도)	디포리, 뒤포리, 띠포리, 반댕이
특징	위턱이 아래턱보다 길 등은 회청록색, 배는 은백색 가슴지느러미 가장 윗줄기가 실처럼 길 크기는 15~20cm 회, 구이, 젓갈	아래턱이 위턱보다 길 등은 청록색, 배는 은색 배 중선 위에 날카로운 모비늘이 발달 크기는 10~15cm 우리나라 서남해, 일본 북해도 이남에서 동남아시아까지 분포 건조하여 국물용, 젓갈

연평도, 백령도, 대청도 등지에서는 노랑가오리를 간재미 혹은 팔랭이라 부르고, 전남 해안 등지에서는 홍어를 간재미라 부른다. 목포 주민이 백령도 관광을 가서 간재미를 시키면 당연히 노랑가오리가 나올 것이다. 가오리를 홍어로 속인다며 화를 내면 안 될 일이다. 식당에서 간재미무침, 간재미회, 간재미탕이라는 차림표를 보면 주인장의 말씨를 듣고 대략 홍어인지 노랑가오리인지를 어림잡아 헤아린다. 해산물에서 '참'과 '개'의 세계는 쉽고도 어렵다.

종류가 다른 물고기가 동일한 명칭으로 불려서 혼란을 부추기는 일도 있다. '민어조기'가 대표적인 예다. 민어조기라는 물고기는 실제 존재하지 않는다. 그럼에도 민어조기라는 이름으로 여러 종류의 생선이 판매되고 있다. 아프리카 서부 연안에서 잡히는 '영상가이석태', '세네갈가이석태', '대서양조기' 등이 민어조기로 유통되고 있다. 뾰족한 모양새를 따서 뾰족조기라고도 한다. '긴가이석태'는 조기류로 뒷지느러미에 침이 있어서 '침조기'로 유통된다. 이들 어종이 처음 우리나라에 들어왔을 때 외형과 맛이 민어조기라 불리는 물고기와 유사해 명명됐다. 원래 민어조기는 민어 새끼를 조기처럼 말린 것을 의미했으나, 종류가 계속 늘고 있다. 물고기 이름은 미로처럼 복잡하다.

같은 반에 동명이인이 있으면 헷갈리는 경우가 있다. 물고기 이름의 세계는 심각해서 손쓸 방법이 없을 정도다. 객주리, 밴댕이, 다금바리, 숭어, 용가자미 등 수많은 물고기가 같은 이름을 쓰고 있다. 내가 가리키는 물고기와 상대방이 받아들이는 어종이 다를 때가 있다. 때로는 서로 다른 물고기를 이야기하면서 같은 어종에 대해 논하는 것으로 착각하기도 한다. 다른 대상인데도 표준명과 지역에서 부르는 이름이 중복될 경우 이런 문제가 발생한다.

다금바리라 불리는 물고기는 두 종이 있다. 제주도는 다금바리회를 쉽게 접할 수 있는 곳으로 잘 알려져 있으나 표준명은 자바리다. 실제 다금바리는 따로 있다. 남해안 어민들이 농어처럼 생겼다고 하여 펄농어라 부르는 물고기의 표준명이 다금바리다. 우리 바다에는 쥐치, 말쥐치, 객주리 등 10여 종의 쥐치류가 서식한다. 제주도 횟집에 가면 메뉴판에서 객주리회,

객주리조림을 흔히 볼 수 있다. 표준명 객주리와 제주도에서 객주리라고 부르는 물고기는 다른 쥐치다. 제주도에서 객주리는 말쥐치의 방언이고, 실제 객주리라는 쥐치 어종은 따로 있다.

동해에서 잡히는 용가자미는 더 심각하다. 우리나라 가자미잡이 최대 어항인 울산 정자항에서 가자미를 하역하는 선원에게 이름을 물었더니 참가자미라고 알려줬다. 내가 아는 참가자미와는 달라서 의아했는데 알고 보니 울산에서는 용가자미를 참가자미라 불렀다. 진짜 참가자미는 배에 노란 띠가 있는데 경상도에서는 노랑가자미라고 부른다. 정작 표준명 노랑가자미는 따로 있다. 용가자미, 참가자미, 노랑가자미가 지역명과 표준명이 중복돼 있으니 물고기 이름에 대해 글을 쓰고 있는 나조차 혼란스럽다.

명란이 일본으로 전해진 경로

한국에서 전해졌으나 일본인이 더 좋아하는 음식이 있다. 얼마 전 일본 오사카로 가족 여행을 갔었다. 저녁에 호텔 인근 편의점에 들렀더니 한국인 관광객으로 북적였다. 맥주 안주를 고르기 위해 냉장식품 코너를 서성이다가 한국 젊은이들 대화를 듣게 됐다.

"명란을 일본에서는 명태 자식이라고 하나 봐. 여기에 '明太子(멘타이코)'라고 적혀 있잖아." 옆에 있던 친구가 대답했다. "나는 '다라코(たらこ)'를 명란으로 알고 있는데 뭐가 다른 거야. 일본은 명란의 나라답게 제품이 다양하네" 등의 대화가 오갔다. 젊은이들은 명란을 일본에서 기원한 음식으로 알고 있는 듯했다. 중간에 끼어들어 설명해주고 싶은 충동이 일었으나 참을 수밖에 없었다. 사람들에게 해산물에 대해 아는 척하지 말라는 아내의 엄포가 있었기 때문이다.

명란은 한국에서 일본으로 전파된 음식이다. 명란젓과 더불어 명태라는 한국식 이름도 전해졌다. 명태의 일본어 발음 '멘타이'에 '새끼'를 뜻하는 코(子)가 합쳐져서 만들어진 용어가 멘타이코(明太子)다. 러시아어 '민타이', 중국어 '밍타이위' 역시 명태를 자국어로 발음한 것이다.

우리는 오래전부터 명란젓을 먹었다. 『승정원일기』, 『난호어목지』, 『오주연문장전산고』, 『시의전서』 등의 고문헌에서 명란젓 기록은 어렵지 않게 찾을 수 있다. 명태 주산지인 함경도와 강원도를 중심으로 많이 먹던 겨울 음식이었다. 우리나라 근대 물류창고업의 효시라 할 수 있는 남선창고가 1900년에 부산 동구 초량동에 건립되면서 부산이 명란젓 생산과 소비의 중심지로 떠올랐다. 함경도에서 잡은 명태를 해상으로 운송해 보관했다가 전국으로 유통한 창고였다. 이런 연유로 초창기 남선창고는 명태고방 혹은 북어창고라 불렸다.

가와하라 도시오는 부산에서 태어난 일본인으로 명란젓의 일본 전파를 이야기할 때 빠지지 않는 인물이다. 그는 일본이 패망한 후 후쿠오카로 건너갔다. 어느 날 시장에서 소금에 절인 명란젓을 구입해 부산에서 자주 먹던 매운 명란젓을 만들어 이웃과 나눠 먹었다. 주변 사람들의 호평에 용기를 얻어 1949년부터 팔기 시작했다. 이후 일본인 입맛에 맞춘 숙성절임 명란을 팔았는데 선풍적인 인기를 끌었고 일본 전역으로 빠르게 퍼져나갔다. 한국 방송에서 종종 소개되는 일화이며 그는 명란을 일본에 전파한 주역으로 지목되고 있다. 그에 앞서 함경도 원산에서 명태 어업을 하던 히구치 이즈하는 명란의 상품성을 알아보고 강원도 양양에 히구치 상점을 열었다. 1908년에 부산 부평동으로 상점을 옮긴 후 일본, 대만으로 수출했다.

해양문화특별전을 준비하면서 국립민속박물관 전시기획팀에서 명란젓을 일본으로 수출하는 영상물을 찾아냈다. 일본에 소장돼 있음을 확인하고 어렵게 입수하여 전시실에서 상영한 적이다. 당시 명란젓이 생소했던 일본인들에게 홍보하기 위해 산코영화사에서 1940년대에 제작한 영상이다. 바닷가에서 명태 내장을 꺼내어 강 위에서 얼음을 깨고 씻은 후 소금과 고춧가루 등을 첨가하는 장면, 나무통에 담아서 기차로 운송해 선박으로 수출하는 과정 등이 촬영돼 있다. 이를 통해서 일제강점기 일본인들은 한국식 명란젓 맛을 알고 있었음이 확인된다. 이런 토대에서 가와하라가 일본 전역으로 확산시킨 것이다. 맛에 국경은 없다.

횟집에서 수족관을 확인하는 이유

몇 년 전 제주에서 생활할 때 모 교수에게 전화를 받았다. 횟집에서 다금바리 회를 먹고 있는데 '서울에서 먹는 건 진짜 다금바리인가 아닌가'라는 논쟁이 끝날 기미를 보이지 않아서 전화했단다. 전화상으로 판별할 방법이 없으니 다음에 초대하면 상세히 알려주겠다며 마무리한 일이 있다.

횟집에 갈 때마다 활어의 신선도와 수족관 청결 상태 등을 확인한 후에 횟집을 선택한다. 제주도에서 포장 회를 사기 위해 시장을 방문했는데 수족관은 구문쟁이로 가득한데 직원은 다금바리를 싸게 판매한다며 호객행위를 하고 있었다. 수족관에 있는 물고기는 구문쟁이라고 말했더니, 직원은 다금바리라며 극구 부인했다. 확신에 찬 모습이 다금바리와 구문쟁이를 구별하지 못하는 듯해서 설명하기를 포기하고 다른 횟집으로 발걸음을 옮긴 적이 있다. 수산물 판매 상인과 어부들도 유사하게 생긴 물고기를 구별하지 못하는 경우가 더러 있으나 수족관에 구문쟁이만 있음에도 차림표에 다금바리로 돼 있으면 정황상 속여 파는 것으로 의심할 수 있다.

제주도에서 다금바리라 불리는 물고기의 표준명은 자바리이고, 구문쟁이라 부르는 물고기는 능성어다. 실제 다금바리는 따로 있는데 남해안 어민들은 농어처럼 생겼다고 하여 펄농어라 한다. 다금바리(자바리)는 불규칙적인 줄무늬가 이마까지 이어져 있고 아래턱이 위턱보다 돌출해 있다. 반면 구문쟁이(능성어)는 몸통 줄무늬가 규칙적이고 이마가 민무늬이며 위턱과 아래턱 길이가 일치한다. 언뜻 보면 유사하게 생겼고, 60cm 이상 자라면 줄무늬가 옅어져서 유심히 보지 않으면 헷갈리기 쉽다.

며칠 전 서울에서 횟집에 들렀다가 겪은 일이다. 수족관을 살피다가 이상한 점을 발견했다. 수족관에 점성어가 수두룩한데 차림표에는 점성어 회가 없었다. 다른 어종으로 바꿔서 판매한다는 의심을 할 수밖에 없었다. 점성어의 표준명이 홍민어이고, 민어와 유사해서 속이는 경우가 종종 있다. 회를 뜨면 선홍색 혈합육이 참돔과 비슷해 참돔 회로 둔갑하는 일도 있다. 메뉴판에 있는 물고기가 수족관에 없다면 해당 물고기가 소진됐거나 미처 물량을 확보하지 못했을 가능성이 있다. 반면 수족관에는 해당 물고기가 많은데 차림표에 없다면 다른 이름으로 판매될 가능성이 높다.

이를 계기로 소셜네트워크서비스에 수족관과 차림표를 비교하며 횟감 고르는 방법을 게시한 적이 있다. 그런데 댓글 반응을 보고 살짝 당황했다. "물고기한테 '네 이름이 뭐니'라고 물어볼 수도 없고", "물고기를 구별할 줄 알면 이미 전문가 수준이죠" 등의 답글이 줄줄이 달렸다. 수족관에 있는 물고기를 분간할 수 없으니 횟감 고르는 방법을 가르쳐줘도 백약이 무효라는 말은 일면 타당하다. 해산물 분야에서 똑똑한 소비자가 되기 위한 첫째 조건이 대중적인 물고기 정도는 구별할 줄 아는 것이다. 방어는 날씨가 쌀쌀해지면 방송 출연이 잦은 물고기다. 자주 접하다 보니 외형적으로 매우 유사한 방어와 부시리를 많은 사람들이 분간할 수 있게 됐다. 10여 년 전까지 수산시장 상인들조차 두 물고기를 가름하지 못하는 것을 여러 번 목격할 정도였다. 구별할 줄 아는 사람이 많아지니 속이는 일도 없어졌다.

육지로 가는 물고기의 여정

물고기 잡는 장면을 촬영하려고 새벽 2시에 어선을 탔다. 배 위에서 파닥거리는 작은 물고기들은 용광로처럼 보였다. 어종마다 튀어 오르는 몸짓이 달랐고, 달빛에 비친 비늘은 은색으로 빛났다. 경매가 시작되기 전 항구에 도착하려고 선장은 배의 속력을 높였다. 먼저 도착한 어선 수십 척이 물고기를 하역하고 있었다. 두 팔 걷고 위판장까지 물고기 옮기는 일을 도왔다. 경매사가 시작을 알리는 종을 울리자 중도매인들이 모여들었다. 중도매인들의 시선은 경매사의 입으로 쏠렸고, 경매사의 눈은 수많은 손가락 움직임 속에서 가장 비싼 가격을 표시하는 중도매인을 찾아냈다. 경매사의 알아들을 수 없는 구호와 현란한 움직임의 손가락 향연 속에서 새벽에 잡은 물고기는 높은 가격에 낙찰됐다. 선장은 활짝 웃었다.

경매가 끝나자 관광객인 듯 보이는 부부가 옆으로 오더니 질문을 했다. 열 명이 넘는 사람들 손가락이 저렇게 빨리 움직이는데 보이느냐는 물음이었다. 중도매인들이 사용하는 수지법이라는 경매 신호에 대해 간략히 설명해 줬다. 수지법을 알아도 훈련된 경매사가 아니면 수많은 손의 움직임을 정확하게 파악하기 어렵다는 말을 덧붙이고, 나는 선장 집으로 향했다. 몇 마리 남겨둔 생선을 안주 삼아 술 한잔 마시자는 선장의 제의에 신이 나 따

부산공동어시장의 경매 장면
©국립민속박물관

라간 것이다. 선장은 관광객과 나눈 대화가 생각난 듯 다른 나라도 우리나라와 같은 방식으로 경매를 하는지 물었다.

수산물 경매는 크게 세 가지 방식이 있다. 한국과 일본은 중도매인들이 서로 경쟁하며 높은 가격을 제시한다. 경매사는 그들이 제시한 가격을 공표하면서 진행하는 동시호가식 경매다. 이 외에 영국식 경매가 있다. 낮은 가격부터 시작해서 가장 높은 가격을 제시한 사람이 낙찰받는 오름 경매 방식이다. 반대로 네덜란드식 경매는 높은 가격부터 시작해 가격을 점점 낮추면서 가장 먼저 응찰한 사람을 구매자로 결정하는 내림 경매 방식이다. 대화가 무르익자 선장은 과거의 수산물 유통 방식까지 궁금해했다.

현대적인 유통망이 확립되기 전에는 바다 위에서 파시(波市)라는 생선시장이 열렸다. 어선이 물고기를 잡으면 주변에서 기다리던 상선이 구입해 판매지로 운송하는 방식이다. 파시를 통해서 조기, 고등어, 삼치, 청어, 멸치 등 주요 어획물이 전국으로 유통됐다. 1960년대까지도 주요 포구나 섬이 있는 바다에서 파시가 열렸다. 연평도, 위도, 흑산도는 조기 파시가 성행했고, 민어 파시는 덕적도, 신도, 임자도에 있었다. 고등어 파시로는 욕지도, 거문도, 청산도를 꼽을 수 있고, 멸치 파시는 추자도와 부산 대변이 유명했다. 울릉도와 영덕은 오징어 파시, 고흥 나로도에는 삼치 파시가 있었다.

파시에 관한 기록이 『세종실록지리지』(1454년)와 『신증동국여지승람』(1530년) 등에 나타나는 걸로 봐서 그 연원은 최소한 조선 초기까지 올라간다. 물고기를 잡으면 상선에서 매입해 객주에게 넘겼다. 각지에 퍼져 있던 객주는 해산물을 어물전으로 보냈다. 어물전에 모인 해산물은 중간상인, 소매상, 행상 등을 통해서 전국으로 유통됐다. 파시와 객주, 어물전의 역할을 지금 전국에 산재한 위판장이 대신하고 있다.

수산물 맛은 유통에서부터

예전에는 비늘 없는 천한 생선이라 했다. 요즘은 한국인이 가장 즐기는 수산물 자리를 놓고 오징어와 엎치락뒤치락한다. 2000년대 이후 연근해 어업에서 줄곧 3대 어종의 자리를 지키고 있다. 고등어 얘기다.

대부분의 고등어는 대형선망어선으로 잡는데 전량 부산공동어시장으로 입항해 국내 어획량의 80% 이상을 처리한다. 대형선망 업계 관계자는 "어족자원 회복을 위해 휴어기를 가지면 빈자리를 수입 물량이 차지하고, 조업을 지속하면 어획량은 늘지만 고등어 크기가 작아지는 딜레마에 놓여 있다"고 말했다. 수입 고등어 비중이 꾸준히 늘고 있어 채산성은 날로 떨어지고 있다. 너무 많이 잡혀서 가격 하락으로 골칫거리였던 것은 아득한 옛일처럼 들린다.

획기적인 어업 생산량 증대를 기대하기 어려운 상황에서 유엔 식량농업기구(FAO)는 수산물 가공 및 유통 과정에서 손실을 최소화해 남획을 방지하고, 부가가치를 높일 것을 강조한다. 한정된 수산자원을 효율적으로 이용하고 위생적으로 공급하려면 잡는 것 못지않게 어획 후 관리가 중요하다. 특히 노르웨이는 어선에 피시펌프와 RSW(냉각해수) 시스템을 갖춰 물고기 손상을 줄이고 신선도를 유지한다. 가공·유통 단계뿐만 아니라 잡을 때부터 철저하게 선도를 관리해 시장 점유율을 높이고 있다.

부산공동어시장을 방문해 직원들과 장시간 대화를 나눈 적이 있다. 전문가들은 노르웨이처럼 선진 시스템을 도입해야 한다고 주장하는데 진척이 더딘 이유를 물었다. 관계자는 현장 상황이 노르웨이와 다른데 무작정 받아들일 일이 아니라고 답했다. 그 말인즉슨 북대서양은 고등어, 대구 등 단일 어종이 형성돼 자동 분류 시스템 도입이 쉽지만, 우리 바다는 수많은 어종이 섞여서 잡힌다. 고등어 어군에 그물을 내리면 정어리, 전갱이, 청어, 방어, 삼치, 오징어가 섞여서 올라온다. 수작업으로 선별하는 데 많은 노동력과 시간이 들 수밖에 없다. 무턱대고 선진기술을 도입할 것이 아니라 환경에 맞는 시스템을 구축하는 것이 중요하단다. 그럼에도 개선할 점은 분명히 있다고 강조했다.

부산공동어시장은 위판을 통해서 선어를 냉동·냉장 보관해 생산 과잉 시에 가격을 안정시키고, 선도가 유지된 생선을 시장에 공급하는 역할을

대형선망어선이 정박한 부산공동어시장
©국립민속박물관

부산공동어시장에 정박한 고등어잡이 대형선망어선
©국립민속박물관

한다. 어선에서 물고기를 위판장에 내리면 활어는 수조에 담고, 선어는 경매 준비를 위해 종류별, 크기별로 분류해 바닥에 배열한다. 상온과 공기에 노출돼 선도가 떨어질뿐더러 비위생적이라는 지적이 나오고 있다. 부산공동어시장 대표 어종인 고등어, 전갱이, 정어리 등은 살아서도 부패한다는 말이 있을 정도로 빠르게 선도가 떨어지는 생선이다.

반면 노르웨이, 아이슬란드 등 어업 선진국은 상온 노출과 공기 접촉 시간을 최소화한 시스템을 갖추고 있다. 많이 잡는 것도 중요하지만 이제는 체계적으로 관리해 폐기되는 양을 줄이고, 위생적인 관리로 소비자 신뢰를 높이는 게 중요하다. 부산공동어시장은 국내 수산물 위판량의 30% 이상을 차지하는 전국 최대 규모 위판장이다. 부산공동어시장 현대화 사업을 통해 산지 위판장에서 중앙도매시장으로 전환을 꾀하고 있다. 수산물 유통의 관문 역할을 넘어 위생과 선도를 혁신적으로 높이는 방향으로 성장하는 계기가 될 것이다. 수산물 맛은 신선도가 결정하고, 신선도는 유통에서 시작된다.

어부와 소비자의 직거래

"당신은 해양문화를 전공하니까 커뮤니티 플랫폼이 어촌을 어떻게 변화시키는지 조사할 필요가 있을 것 같아. 미래를 내다보는 해양민속학자가 되시길." 아내가 보낸 문자메시지 내용이다. 해양문화에 관한 칼럼을 쓰면서 아내를 몇 번 언급한 적이 있다. 수산시장이나 마트에서 해산물에 대해 잘 모르는 아내를 관찰한 에피소드가 소재였다. 수년 간 남편이 쓴 칼럼을 읽은 효과일까. 요즘은 해양문화와 물고기에 대해 곧잘 아는 척을 하더니 급기야 생각지 못한 주제를 알려주는 단계에 이르렀다.

아내의 제안에 홍게를 주문해 보라는 답 문자를 보냈다. 신선도를 확인한 후에 관심을 가져 보겠다고 했지만, 주말에 해산물을 먹으려는 속셈이었다. 주문한 홍게가 다음 날 아침에 도착하는 바람에 예기치 못하게 홍게찜과 맥주로 아침식사를 대신했다. 흥이 난 아내는 한 수 가르쳐 주겠다는 태도로 말문을 열었다. "소비자가 어부에게 조업 요청을 하면 물고기를 잡아서 보내주는 시스템이야. 어획하자마자 배송하니까 소비자는 신선한 해산물을 공급받을 수 있고, 어부는 중간 유통과정이 없으니 제값에 판매할 수 있는 공정 플랫폼이라 할 수 있어." 아내의 말에 건성으로 답하며 홍게와 맥주를 즐겼다. 귀담아듣지 않는 걸 눈치챈 아내는 "지금까지 바닷가를 다니며 과거와 현재의 모습을 기록하고 연구하는 데 집중했다면 이제 우리 어촌의 미래도 고민해 봐"라며 허를 찌르는 게 아닌가. 할 말을 잃고 커뮤니티 플랫폼을 살펴봤다. 소비자가 주문하고, 선장이 잡아서 보내주는 직거래로, 어장과 조업을 공유하는 커뮤니티 플랫폼이었다.

소비자 반응을 읽다가 "주문한 생선은 도대체 언제 받아볼 수 있나요"라는 글이 눈에 띄었다. 배송할 날짜에 맞춰서 물고기가 잡혀줄 리 없으니 당연한 반응일 터. 빠르면 주문한 다음 날 받아볼 수 있지만 5, 6일 기다리는 건 예삿일. 당일 배송이 일상화된 시대에 어울리지 않는 시스템으로 보였다. 중간 유통단계가 없다지만 특별히 저렴하지도 않았다.

다만 잡자마자 바로 배송하는 점이 경쟁력이었다. 수산물은 일반적으로 잡은 물고기를 위판장 입찰을 통해 중매인이 매입하고, 중매인은 다시 상인에게 넘기고, 상인은 소비자에게 판매하는 과정을 거친다. 커뮤니티 플랫폼을 이용하면 이런 과정이 생략돼 어부는 위판가 두 배 정도의 안정적인 판매가를 유지할 수 있고, 소비자는 합리적인 가격에 신선한 생선을 맛볼 수 있다. 소비자가 조업과 어장이라는 생산수단을 공유하는 방식이기에 쇼핑몰 형태와 다르다. '조업 요청형 수산물 직거래 중개 플랫폼'이라 할 수 있다. 다수의 이용자는 느리지만 신선한 수산물을 먹을 수 있는 기다림을 즐기는 듯했다. 기다리는 중에 선장이 보낸 조업 및 운송 상황을 피드백 받음으로써 어민과 소비자 간에 유대감이 형성돼 재구매율이 매우 높단다. 앞으로 이런 플랫폼이 어느 정도 역할을 할지 예단하기 어렵지만, 서로 상생하는 유통 방식이라는 점에서 시사하는 바가 크다. 또 다른 직거래 방식으로 온라인상에서 어획 과정이나 가공 장면을 보여주며 신뢰를 쌓은 후 판매하는 방식도 늘고 있다. 나 역시 소셜네트워크서비스에서 오랫동안 눈여겨봐서 유대감이 쌓인 생산자에게 주문하곤 하는데 실망한 적이 없다.

못난이에서 '귀한 몸' 된 물메기

그물에 걸려 올라오면 바닷물에 되던졌던 물고기. 떨어지면서 텀벙거린다 하여 '물텀벙이'라고도 했다. 아귀, 삼세기, 물메기 등은 생김새가 흉측하고 살이 물컹거려 잘 먹지 않았다. 남해안의 창선도가 고향인 나는 물메기에 대한 유년의 기억이 남다르다. 겨울철, 선창가에 쌓여 있는 물메기 알은 동네 개구쟁이들의 훌륭한 간식거리였다. 물메기는 겨울에 가장 흔한 생선이었으나 판로가 변변찮았다. 어민들은 너무 많이 잡혀 처치 곤란할 때면 이웃집에 나눠주거나 손질해서 건조시켰다. 남아도는 알은 아이들이 차지했다. 뛰놀다가 출출해질 때면 주먹 크기의 알을 손에 들고 다니며 먹었다. 베어 물면 오도독오도독 터지면서 짭조름한 바다향이 입안 가득 퍼졌다.

물메기가 잡히기 시작하는 12월이면 남해안의 섬마을은 집집마다 물메기탕을 끓였다. 무와 대파, 마늘과 소금만으로 끓여낸 맑은 물메기탕은 특유의 담백한 맛을 냈다. 국물에 살이 풀어져 젓가락으로 먹을 수 없을 정도로 부드럽다. 씹는다기보다 마신다는 표현이 옳을 것이다.

1970, 80년대까지만 하더라도 바닷가 사람들 외에는 잘 먹지 않던 물메

꼼치
©국립민속박물관

남해안에서 물메기라 부르는 꼼치
©국립민속박물관

기탕이 겨울 별미로 각광받고 있다. 여러 종이 있지만 일반에는 그런 구분 없이 '물메기'(남해), '곰치'(동해), '물잠뱅이'(서해)로 알려져 있다. 남해에서는 커다란 머리와 넓적한 몸뚱이가 메기를 닮아서 물메기라 부르고 강원도 동해안 지역에서는 둔해 보이는 몸짓이 곰 같다 하여 곰치라 한다. 물메기라 불리는 물고기는 쏨뱅이목 꼼칫과다. 꼼칫과 어류는 세계에 190여 종이 알려져 있고 한국에는 꼼치, 미거지, 아가씨물메기, 물메기 등 여덟 종이 서식한다. 남해와 서해에는 꼼치가 잡히고 미거지, 아가씨물메기, 물메기는 동해에서 주로 어획된다. 따라서 남해·서해안은 꼼치가 물메기탕의 재료가 되고 동해안은 미거지, 아가씨물메기, 물메기를 따로 구분하지 않고 탕의 재료로 사용한다. 남해안과 서해안에서는 주로 맑은 탕을 해서 먹고 동해안에서는 김치와 고춧가루 등을 넣어 먹는다.

깊은 바다에 살던 꼼치는 산란하기 위해 겨울에 연안으로 몰려온다. 요즘은 수온 상승으로 어획난을 겪고 있다. 꼼치 가격이 천정부지로 뛰었다. 경남도와 국립수산과학원은 매년 1,000만 마리 이상의 치어를 방류하고 있지만 어획량이 매년 줄고 있다. 위판가 기준으로 2017년에 한 마리에 1만 원 내외이던 것이 매년 올라서 요즘은 세 배 넘게 뛰었고 매년 오르는 추세다. 시장가격은 위판가의 곱절 정도다.

물메기탕은 연말연시 잦은 술자리에 지친 애주가들의 겨울철 진객이다. 정약전이 쓴 『자산어보』에도 '물메기는 고기 살은 매우 연하고 뼈가 무르다. 곧잘 술병을 고친다'고 했다. 조선시대에도 바닷가 사람들은 해장국으로 물메기탕을 즐겼던 듯하다. 찾는 사람은 많아지고 어획량은 줄어드니 못생겨서 괄시받던 생선이 귀하디귀한 몸이 되었다. 너무나 흔했던 일상의

꾸덕꾸덕 마른 물메기
©국립민속박물관

음식이 이런 대접을 받는 날이 올 줄이야. 이제 물텀벙이라는 별칭은 옛말이 되었다.

버리던 물고기에서 귀한 물고기로

경남 남해군 창선도에서 섬 소년으로 자랄 때 바닷가는 놀이터였다. 여름방학 때는 수영하다가 조개, 홍합을 채취하거나 족대질로 갯가재 등을 잡아서 구워 먹으며 점심밥을 대신하기 일쑤였다. 사시사철 즐기던 놀이로는 낚시만 한 게 없었다. 그 시절엔 초등학생쯤 되면 스스로 만든 낚싯대를 여러 개 가지고 있었다. 대나무를 베어 말려두면 가볍고 튼튼한 낚싯대가 됐다. 밤에는 가로등 불빛이 있는 선창가에서, 공휴일에는 갯바위 낚시를 했다. 흔하게 잡힌 어종은 노래미, 볼락, 베도라치였다. 베도라치를 간혹 구워 먹기는 했지만 미끈거리는 점액질이 분비돼 만지기를 꺼리는 사람이 많았고, 대체로 먹지 않는 물고기로 인식돼 미련 없이 바다로 던졌다.

10년 전, 남해군의 해양문화를 조사할 때 이상한 형태의 낚싯대를 들고 있는 사람을 만났다. 호기심에 유심히 관찰했더니 돌 틈에 낚싯바늘을 가라앉혀서 베도라치만 낚고 있었다. 궁금증을 이기지 못하고 낚시꾼에게 다가갔다. 아무도 먹지 않는 베도라치를 낚아서 어디에 쓰려는지 물었더니, 횟집에 비싼 가격으로 판매한단다. 베도라치 전용 낚싯대를 직접 만들었다고 한다. 베도라치 회를 먹는 사람이 있다는 사실에 놀라워하자 손질하기 까다롭지만, 맛을 본 사람은 다시 찾는단다.

그해에 분교를 함께 다녔던 동창들과 삼천포의 횟집에서 만난 적이 있다. 한데 어릴 때부터 낚시광이었던 친구가 베도라치 회를 주문하는 게 아닌가. 모두 미심쩍어했으나, 회 맛을 본 친구들은 깜짝 놀라며 찬사를 쏟아냈다. 버리던 물고기가 이렇게 맛있을 줄이야.

고랑치 역시 인기 없던 물고기에서 귀한 대접을 받는 물고기가 됐다. 고랑치 어획의 중심지인 부산, 경남 진해, 거제도, 통영 등지에서 등가시치(표준명)라 말하면 알아듣는 사람이 없다. 고랑치 혹은 꼬랑치라 부르기 때문이다. 동해 중부 이북에서 서식하는 냉수성 어종인 장갱이(농어목 장갱잇과)와 장치라 불리는 벌레문치(농어목 등가시칫과) 등이 고랑치와 유사하게 생겨서 착각하는 사람이 많다. 고랑치는 우리나라 전 연안에 서식하지만 주로 남해안의 강 하구 기수역에서 많이 잡힌다. 장갱이와 장치 회는 수분이 많아서 식감이 무른 반면 고랑치는 담백하고 상대적으로 꼬들꼬들해 이맘때쯤 산지를 찾는 미식가들의 발길이 이어지고 있다.

낙동강 하구의 명지, 다대포, 가덕도 등지가 주산지인데 보리가 익는 시기에 많이 잡혀서 '보리누름에 고랑치'라는 말이 있다. 이곳 어민들은 매년 4월에서 7월까지는 고랑치 어획으로 바쁜 나날을 보낸다. 과거에는 시장성이 없어서 버리거나 사료용으로 싼값에 판매했다고 한다. 가격 형성이 되지 않아서 위판장에서 취급조차 하지 않았으며, 선원들이 미역국에 넣어서 먹는 정도였다. 가덕도의 어민과 횟집 주인장에 의하면 2005년 무렵부터 횟감으로 이용되면서 상업성 있는 물고기가 됐단다. 요즘은 kg당 위판 가격이 1만 원을 훌쩍 넘었고, 소비자 가격은 2만5,000원 내외로 형성될 정도로 비싼 물고기가 됐다. 대량으로 잡히는 어종이 아니므로 산지에서 대부분 소비돼 내륙에서 보기 어렵다.

광어, 우럭 등 흰 살 횟감을 즐겼으나 요즘은 방어, 고등어 등 붉은 살 생선회 선호도가 높아졌듯이, 한때 고급 생선이 양식되면서 가치가 떨어지는가 하면, 버리던 물고기가 귀한 대접을 받기도 한다.

장작불에 구워 먹던 추억의 쥐포

입이 작아서 피하고 싶고, 뿔이 달려서 골칫거리였던 물고기. 섬 소년 시절을 보낼 때 갯바위 낚시는 재밌는 놀이였다. 어떤 날은 낚싯바늘을 툭툭 치는 느낌이 불길할 때가 있다. 미끼만 쏙쏙 뽑아 먹고 챔질을 해도 좀처럼 낚이지 않는다. 쥐치는 입이 낚싯바늘보다 작아 미끼를 톡톡 쪼듯이 뜯어 먹는 성가신 물고기다. 이럴 땐 자리를 옮기는 게 상책이다.

진해에서 유배 생활을 한 김려도 쥐치의 특성을 잘 알고 있었다. "낚시 미끼를 잘 물지만 입이 작아서 삼키지 못하고 옆에서 갉아먹는 것이 마치 쥐와 같다. 쥐치를 잡기는 매우 어렵다. 그래서 쥐치를 잡으려는 사람들은 낚싯바늘을 녹두알 크기로 7, 8개 정도 만든다. 그리고 짧고 뾰족한 낚싯바늘에 보리밥 한 알씩을 끼우고, 긴 대나무 낚싯대 대신에 손낚시를 한다." 김려가 저술한 『우해이어보』(1814년)에 적힌 내용이다. 서유구가 지은 『난호어목지』(1820년경)에는 "쥐치는 비려서 먹지 않고, 껍질로 화살대를 문질러 갈아내는 데 사용한다"고 했다.

소형 어선에 잡히는 쥐치도 반갑지 않은 물고기였다. 머리에 달린 뾰족한 가시가 그물에 걸려서 잘 빠지지 않고, 다른 물고기에게 상처를 입혀서

삼천포수산시장의 말쥐치
©김창일

상품성을 떨어뜨린다. 요즘은 쥐치가 귀한 몸이 됐지만 1980년대에는 처치 곤란할 정도로 흔했다. 우리 바다에 서식하는 10여 종의 쥐치류 중에서 쥐치, 말쥐치, 객주리가 주를 이룬다. 표준명 객주리와 제주도에서 객주리라고 부르는 물고기는 다른 쥐치다. 제주도에서 객주리는 말쥐치의 방언이고, 실제 객주리라는 쥐치 어종은 따로 있다. 연근해 어업으로 잡은 말쥐치는 연간 20만 t을 웃돌며 어획 순위 2위였던 멸치를 훌쩍 앞섰다. 1970년대 말부터 삼천포에서 대량으로 쥐포를 만들기 시작했고, 이때부터 말쥐치가 인기를 얻었다. 그 많던 말쥐치는 1990년대 들어서면서 홀연히 사라졌다.

지금도 제주 남쪽 바다에서 잡히지만, 과거 어획량에 비할 바는 아니다.

장날 여객선을 타고 삼천포에 다녀온 할머니는 저렴한 가격의 쥐치를 사서 간장에 조려서 반찬으로 내놨다. 간식거리 변변찮던 시절, 쥐치를 손질할 때 포를 떠달라고 졸라서 건조해 부뚜막 불에 구워 먹곤 했는데 특별한 맛이 나지 않아서 고추장에 찍어 먹었다. 나중에는 조미된 쥐치처럼 달콤짭조름한 맛을 내기 위해 소금, 설탕 녹인 물에 담갔다가 건조하는 실험까지 한 소년 시절의 추억. 친구들과 작당해 삼천포로 나갔다가 공터마다 쥐포 건조하는 광경에 놀랐고, 주변을 맴도는 새카만 파리 떼에 또 한 번 놀란 기억. 1970년대 후반부터 쥐포 가공 중심지가 된 삼천포는 1980년대 활황을 누렸다. 쥐포 가공 공장이 100여 개에 달했으니, 도시 전체가 쥐포 건조장을 방불케 했다.

쥐포의 원료인 말쥐치가 순식간에 자취를 감춤에 따라 삼천포는 활기를 잃어갔다. 지금은 수입한 쥐포가 시장을 점유했다. 일부는 베트남 등지에서 들여온 원재료를 가공해 판매하기도 한다. 예전 맛을 찾는 사람들은 소량 생산되는 국내산 쥐포를 선호하지만, 가격은 훨씬 비싸다. 한파가 기승을 부리는 날에는 부뚜막 앞에 앉아서 장작불에 구워 먹던 두툼한 쥐포가 그리워진다.

억울한 누명 쓴 국내산 임연수어

마트나 수산시장에서 아내와 장을 볼 때면 생선 고르는 일은 내 몫이다. 신선도, 원산지 등을 꼼꼼히 살핀 후 선택하므로 다시 내려놓는 일은 좀처럼 없다. 그런데 이 물고기는 장바구니에 넣었다가 도로 제자리에 가져다 둔 적이 여러 번 있다. 맛있는 걸 알지만 마음속 깊숙이 자리한 거부감이 불쑥 솟아나기 때문이다. 좋아하는 맛이지만 왠지 싫은 느낌. 이런 양가감정의 근원은 말할 것도 없이 군대다. 요즘은 어떤지 모르겠지만 군대를 다녀온 중년 남성들은 기억할 것이다. 식당에 들어섰을 때 이 생선의 비릿한 냄새가 풍기면 병사들은 구시렁거리며 입맛을 잃었다.

군대에서 먹던 수입산 임연수어와 국내산 임연수어는 다른 종이다. 그럼에도 한 번 각인된 부정적 인식은 쉽사리 지워지지 않는다는 걸 새삼 느낀다. 임연수어는 쏨뱅이목 쥐노래밋과로 임연수어(국내산)와 단기임연수어(수입산) 두 종만 있다. 단기임연수어는 주로 러시아, 미국 등지에서 수입하는데 몸통에 4개 내외의 줄무늬가 굵고 선명해 국내산 임연수어와 쉽게 구별된다. 단기임연수어는 싱싱할 때의 맛도 국내산 임연수어에 미치지 못하는 데다 냉동과 운송, 해동하는 과정에서 신선도가 떨어지면서 비린내가 난다. 조리병은 이를 해결하기 위해 카레 가루 섞은 밀가루를 입혀서 튀긴

정치망에 잡힌 임연수어
ⓒ김창일

다. 비린내와 카레가 섞인 묘한 냄새는 아직도 강렬하게 기억되고 있다.

단기임연수어는 냉동으로 수입해 연중 판매되는 반면 국내산 임연수어는 겨울과 봄에 잡히므로 여름과 가을에는 시중에서 보기 어렵다. 수입산 임연수어는 싼 가격에 공급되지만 고등어, 갈치, 오징어 등에 비해 인기가 없다. 단기임연수어가 수입되면서 임연수어 맛에 대한 부정적인 인식이 팽배해진 게 원인일 터. 국내산 임연수어는 누명을 쓴 상황이다. '임연수어쌈 먹다가 천석꾼 망했다', '임연수어 껍질 쌈밥 먹다가 배까지 팔아먹는다',

'임연수어 쌈밥은 첩도 모르게 먹는다'라는 속담이 전해질 정도로 별미로 여기던 생선이었으니 억울할 수밖에.

임연수어는 사람의 이름에서 따왔다는 이야기가 전해지고 있다. 『난호어목지』(1820년경)에 임연수어(林延壽魚) 기록이 있는데 임연수라는 사람이 낚던 생선이라는 뜻이라고 했다. 『난호어목지』보다 300여 년 이른 시기에 발간된 『동국여지승람』(1481년)에는 '臨淵水魚'라 표기해 『난호어목지』의 '林延壽魚'와는 전혀 다른 한자어를 사용했다. 임연수어 어원 역시 명태, 굴비, 도루묵 어원처럼 역사적인 사실이라기보다는 민간어원이라 할 수 있다.

며칠 집을 비울 아내가 냉장고에 잔뜩 먹거리를 넣어 두고 문짝에 메모지를 붙이고 있었다. 음식 목록을 보고 잘 챙겨 먹으라는 훈훈한 메모였는데 첫 줄에 '이면수'라 적힌 단어가 눈에 띄었다. 장난기가 발동한 나는 '이면수'를 펜으로 두 줄 긋고 '임연수어'로 수정했다. 지켜보던 아내는 포장지에 그렇게 쓰여 있다고 항변했다. 포장지를 확인했더니, '이면수[러시아]'라 기재돼 있었다. 이면수가 표준명은 아니지만 그렇다고 틀렸다고 할 수도 없다. 임연수어를 강원도에서 새치, 다롱치, 가지랭이라 하고 이민수(함경북도), 찻치(함경남도), 이면수(경남) 등으로 불린다. 그럼에도 경남 방언인 이면수를 러시아산에 붙이는 건 이상하다. 정직하고 정확하게 '단기임연수어[러시아]'라고 적는 게 맞다.

방어냐 부시리냐

어시장 좌판이나 횟집 수족관의 물고기를 유심히 관찰하는 습관이 있다. 특히 생김새가 비슷한 물고기는 멈춰서 종류를 확인한다. 구별하면 스스로 흡족하다. 숭어와 가숭어, 민어와 점성어, 반지와 밴댕이, 조기와 부세, 방어와 부시리 등 유사한 생김새의 물고기를 일반인이 구별하기는 어렵다. 간혹 주인장에게 물고기 이름을 확인할 때가 있는데 틀리는 경우가 종종 있다. 그만큼 비슷하게 생긴 물고기가 많다. 특히 방어와 부시리는 농어목 전갱잇과로 겉보기에 거의 구별되지 않을 만큼 닮았다. 전남 일부 어촌에서는 두 어종을 같은 물고기로 여긴다.

남해도의 어촌을 조사하던 2012년 여름. 정치망(물고기가 들어갔다가 되돌아 나오기 어렵게 만든 어구)에 잡힌 물고기를 끌어올리는 작업에 동행하기 위해 이른 새벽부터 분주했다. 그물을 올리자 잔뜩 잡힌 멸치 속에 80cm 내외의 물고기 대여섯 마리가 섞여 있었다. 선장은 '돈 되는 건 두 마리밖에 없네'라며 혼잣말을 했다. 나는 무슨 뜻인지 이해하지 못했다. 항구에 도착하자 기다리고 있던 주민이 '부시리' 잡혔으면 자신이 사겠다며 달라고 했다. 선장은 부시리와 함께 덤이라며 똑같이 생긴 물고기 한 마리를 더 줬다. 주민은 힐끗 보더니 '여름 방어는 개도 안 먹는다'며 부시리만 가

수족관의 방어
©국립민속박물관

져갔다. 그때까지 부시리와 방어를 구별하지 못하던 내 눈에는 똑같이 생긴 물고기였다.

정치망에서 잡힌 부시리는 위판장으로 갈 것도 없었다. 방어는 무리를 짓는 반면에 부시리는 연안에서 홀로 지내거나 작은 무리를 짓기에 많이 잡히지 않는다. 어획된 부시리가 선착장에 도착하면 주민들은 앞다퉈 사갔다. 주민들은 방어보다는 부시리를 높게 쳤다. "부시리는 사시사철 맛있지만, 방어는 여름에는 기생충(방어사상충)이 있어서 개도 안 먹고, 겨울에는 너무 기름져 맛이 없다"고 했다.

방어와 부시리를 구별하는 방법을 주민들에게 물었다. 주민들은 한결같이 노란색 측선의 짙음과 옅음 혹은 몸통의 둥그스름한 정도로 판별한다고

어선에서 부시리를 구입한 남해군 물건마을 노인
©김창일

했다. 두 종류를 직접 비교하기 전까지는 알 수 없는 주관적인 기준이었다. 심지어 수산시장 상인들에게 물어도 명확한 답을 얻을 수가 없었다. 그런데 10여 년 전부터 방송과 소셜미디어 등의 영향으로 겨울 대방어 바람이 불었다. 겨울 별미, 보양식의 대명사가 된 것이다. 수요가 늘면서 품귀 현상까지 생겼다. 가격이 상승했다. 평소에는 부시리 가격이 높게 형성되지만, 겨울이 시작되면 역전된다. 부시리를 방어로 속여 파는 일이 빈번해졌다.

방어는 가슴지느러미와 배지느러미 끝단이 일직선상에 놓이는 반면에 부시리는 가슴지느러미보다 배지느러미 끝단이 뒤쪽에 있다. 사실 이 방법은 수족관에서 살아 움직이는 물고기를 구별하는 데 유용하지 않다. 유영하며 쉴 새 없이 움직이는 지느러미 길이를 가늠하기는 어렵기 때문이다. 이보다 수월한 방법은 위턱 모서리각(주상악골)과 꼬리지느러미 가운데를

피를 뺀 방어
©국립민속박물관

살피는 것이다. 방어는 둘 다 각지고, 부시리는 둥그스름하다.

방어는 봄, 여름에 동해로 북상하고, 가을부터 겨울에는 남쪽으로 돌아와 제주 해역에서 많이 잡힌다. 겨울철 제주도 연안에서 잡는 방어는 크고 살이 단단해 맛있다. 12월부터 2월까지가 방어 제철이다. 요즘은 바야흐로 방어가 대세다. 일종의 유행이다. 그렇다고 모든 사람이 유행을 따를 필요는 없다. 겨울철, 기름진 맛을 좋아하면 방어를, 담백한 식감을 선호하면 부시리를 찾으면 된다. 속아서 먹는 게 아니라면, 맛의 우열을 가릴 일은 아니다. 대방어가 유행하기 전 부시리가 더 고급 어종으로 인식되었다. 맛도 유행한다.

겨울 바다의 진객, 대구

대구는 신항로 개척의 이등공신쯤 줘도 될 듯하다. 15세기부터 유럽인들은 세계를 돌아다니며 항로를 발견했다. 콜럼버스의 유럽~아메리카 항로 개척과 마젤란의 세계 일주를 가능케 한 것은 항해술, 지도학, 선박 건조기술 등이었다. 이와 더불어 숨은 역할을 말린 대구가 했다. 건조 대구는 수년간 상하지 않아 뱃사람들의 든든한 식량으로 대항해를 도왔다. 대구가 주요 식량자원이 되자 15세기 북해 어부들은 아이슬란드 남부 바다까지 진출했다. 1970년대 아이슬란드와 영국은 어업권 분쟁으로 '대구전쟁'을 치른 뒤 국교 단절까지 했다.

유럽에서 식량자원으로 주목받을 당시 대구는 조선에서도 중요한 물고기였다. 대구를 바치라는 관리들의 요구가 과도하자 함경도 순무어사 김명원은 1568년 올린 장계(狀啓)에서 명천(함경도) 이남 지역에서 대구 공납은 백성들에게 괴로운 일이라 했다. 송시열은 1659년 "함경도 감사의 장계에서 대구를 바치는 일이 민폐가 크다고 하니, 줄여 주십사" 현종에게 건의했다. 흉년과 가뭄으로 백성이 굶어 죽자 숙종은 함경도 갑산에서 잡히는 대구를 진상하지 말고, 그 지역 백성들에게 나눠주게 했다. 대구 공납에 대한 기록이 많은 것은 활용 가치가 높았고, 백성들의 고초가 심했기 때문이

거제 외포항 대구
©김창일

대구잡이 호망
©김창일

다. 대구는 중국과의 교류에 많이 활용됐다. 규합총서(1809년)에 "대구는 동해에서 나고 중국에는 없으므로 그 이름이 문헌에 나타나지 않으나 중국 사람들이 진미로 여긴다"고 했다. 조선 중기 실학자 이수광 역시 "북경 가는 사람들은 대구를 사서 간다"라고 했다.

중국에서 잡히지 않아 '조선의 물고기'라 불렸던 대구가 갑자기 서해에서 어획된 시기가 있었다. 17세기 한랭한 날씨가 두드러진 소빙기에 연해주 한류(리만 한류)가 남하하다가 제주도 근해 난류에 막혀 서해로 방향을 틀었는데 이때 따라 올라간 대구가 잡혔다. 이후 대구는 서해 냉수대에 갇혀 토종 대구가 된 것으로 추정된다. 서식 환경이 좋지 않은 얕은 수심에서 제대로 생장할 수 없어 남해에서 잡히는 대구의 절반 정도 크기로 줄었다. 그래서 왜대구(倭大口)라 부른다.

바싹 건조된 대구
©김창일

약대구
©김창일

대구잡이 주요 항구는 거제도 외포항, 가덕도 대항항과 진해 용원항이다. 이들 항구는 대구가 지나는 길목인 가덕수로 인근에 있다. 외포항 어민들은 '거제 대구', 대항항과 용원항 어민들은 '가덕 대구' 품질이 최고라며 자랑에 열을 올린다. 산란을 위해 북태평양에서 남해까지 왔다가 같은 바다에서 잡힌 대구의 우열을 가릴 수 있을까마는. 외포항에선 생대구, 건대구는 물론이고 대구탕, 대구회, 대구뽈찜 등 다양한 요리를 맛볼 수 있다. 대항항과 용원항 어선이 잡은 대구는 부경신항수협위판장으로 집결된다. 위판장 주변으로 수산시장이 있어 대구 판매점과 대구탕 파는 음식점이 즐비하다. 대구 요리의 백미는 대구탕인데 수컷 정소인 '이리'가 진미다. 암컷 대구보다 수컷이 비싼 이유다. 알 밴 대구는 알을 염장해 다시 배 속에 넣어 그늘에 말린 '약대구'를 고가에 판매한다.

날이 차가워지면 동해를 지나친 대구는 11월 말경 남해에 다다른다. 대구는 겨울 바다의 진객이다.

가덕도 해안가 식당의 대구탕
©김창일

포항이 과메기의 본고장이 된 이유

'청어 뼈 위에 세워진 도시.' 네덜란드 암스테르담을 설명할 때 붙는 수식어다. 북대서양은 청어 최대 서식지로 암스테르담은 청어잡이 전진기지 역할을 해왔다. 북유럽은 청어를 바다의 밀이라 부를 정도로 중요한 식량 자원이다. 그래서 네덜란드의 절임 청어, 핀란드의 훈제 청어, 스웨덴의 삭힌 청어 등 장기간 두고 먹을 수 있는 저장 방식이 발달했다.

우리도 청어의 나라였던 때가 있었다. "정월이 되면 산란하기 위해 해안을 따라 떼를 지어 회유해 오는데, 이때 수억 마리가 대열을 이뤄 바다를 덮을 지경"이라고 정약전은 『자산어보』에 기록했다. 『난호어목지』에서는 "수만 마리가 물결에 떠서 다니므로 낚시질하거나 그물질하지 않아도 잡을 수 있다"고 했다. 한반도 바다를 뒤덮을 정도로 개체 수가 많았으므로 임진왜란 때 이순신 장군은 군사들에게 청어를 잡게 해 군량미를 확보했다.

청어는 백성들에게 중요한 식량이었다. 이규경은 『오주연문장전산고』에서 '가난한 백성에게 청어가 없다면 어떻게 나물 반찬 신세를 면하랴라는 속담은 참으로 명언'이라고 했다. 청어는 비유어(肥儒魚)라고도 하는데 값싸고 맛이 있어 가난한 선비를 살찌게 하는 물고기라는 의미다. 한반도 바

정치망에 잡힌 청어
©김창일

다 곳곳에서 잡혔기에 누어, 동어, 구구대, 고심청어, 푸주치, 눈검쟁이, 과미기, 과목이, 갈청어, 울산치, 과목숙구기 등 지역마다 부르는 이름도 다양했다.

세종 19년(1437년 5월 1일), 호조(戶曹)는 경상, 전라, 충청, 황해도 백성이 앞다투어 청어를 잡아 큰 이득을 얻는다고 상소를 올렸다. 청어가 우리 바다 전역에서 잡혔음을 알 수 있는 대목이다. 강강술래의 일종인 '청어엮기'라는 놀이가 있다. '청청 청어 엮자, 위도 군산 청어 엮자'라는 구절을 반복해 부르며 손을 엮은 후 푸는 동작을 반복한다. 이 놀이의 가사에서 위도와 군산이 한때 청어를 많이 잡던 곳임을 암시하고 있다. 방호의는 중종 39년(1544년) 임금께 청어잡이에 대해 보고했다. "웅천, 김해, 양산, 밀양의 허다한 백성이 이익을 좇아 날마다 고깃배 수백 척이 청어를 잡는데, 지금도 우도의 갯가 각 고을 어선이 바다를 덮고 밤낮으로 잡습니다"라고 했다.

조선의 바다 어디서나 잡히는 물고기가 청어였으나 1910년을 전후로 어장이 동해로 축소됐다. 1950년 이후 거의 잡히지 않다가 불현듯 나타나기를 반복하고 있다. 이런 현상을 플랑크톤과 연관 짓는 학자도 있다. 영국의 해양생물학자인 러셀은 플랑크톤을 조사해 청어와 정어리의 주기적 교대 현상이 나타남을 발견했는데 이를 '러셀주기'라고 한다.

국립민속박물관 해양문화특별전 관람차 방문한 경북 포항시 공무원들에게 전시 해설을 한 적이 있다. 담소를 나눌 때 그들은 청어가 포항의 물고기임을 강조했다. 과메기는 원래 청어로 만들었으니 포항을 상징하는 물고기라는 논지였다. 역사적으로 근거 없는 말은 아니다. 동아일보(1931년 2월 6일자, 2월 7일자)는 "조선 청어 어획량의 70%를 포항산 청어가 차지하는데 청어 어획기에는 수많은 어선이 정박하고 수천 명의 노동자가 몰려들었다"고 적었다. 조선 팔도에 넘쳐나던 청어는 19세기 후반부터 축소돼 일제강점기에는 영일만 근해에서만 어장이 형성됐다. 포항이 과메기의 본고장이 된 이유다.

북태평양을 오가는 민물장어

단골 장어구이 음식점에서 아내와 나는 당황한 표정으로 서로를 응시했다. 나는 민물장어(뱀장어)가 어떻게 양식되는지를 설명했고, 듣고 있던 아내는 "이게 민물장어였어?"라는 말로 놀라게 했다. 10년 넘게 다닌 집에서 지금껏 바닷장어(붕장어)인 줄 알고 먹었단다. 간판이나 메뉴판에 민물장어, 풍천장어라는 명칭을 사용하는 게 일반적이지만 '장어구이', '장어탕'으로만 표기돼 있으니, 한편으로는 이해할 수 있었다.

하천에 사는 장어를 흔히 민물장어, 풍천장어로 부르지만 표준명칭은 '뱀장어'다. 고향은 북태평양으로 3000km나 떨어진 곳에서 태어나 한반도까지 온다. 하천으로 올라온 뱀장어는 낮에는 늪 등지의 돌 틈이나 진흙에 숨어 있다가 밤에 움직인다. 민물에서 5~12년 정도 살다가 번식을 위해 북태평양으로 간다. 바다로 나가기 전에 강 하구의 민물과 바닷물이 섞이는 기수역(汽水域)에서 2, 3개월 머물며 염분 농도 적응기를 가진다. 삼투조절 능력이 생기면 자신이 태어난 괌 인근의 마리아나 해역으로 여정을 떠난다. 6개월 동안 먹이 활동을 하지 않기 때문에 산란장에 도착하면 위와 장이 퇴화되어 거의 사라지고, 생식기관이 빈자리를 채운다. 산란 후 곧바로 죽는 것으로 알려져 있다.

실뱀장어를 잡는 꽁당배
©김창일

북태평양에서 부화된 뱀장어 새끼는 해류를 쉽게 탈 수 있도록 대나무 잎 모양을 하고 있다. 그래서 '댓잎장어'라 한다. 6개월 이상을 해류에 몸을 맡긴 끝에 우리나라 연안에 도착하면 실처럼 길쭉한 형태로 탈바꿈하여 '실뱀장어'가 된다. 실뱀장어 잡이를 관찰하기 위해 강화도 황산포구를 찾아 어촌계장과 대화를 나눴다. 그는 "실뱀장어는 봄에 잡습니다. 강화도와 김포 사이를 가르는 염하수로를 지나서 한강, 임진강, 예성강으로 올라가죠. 황산포가 길목이니까 예전에는 실뱀장어 어선이 바다를 가득 메울 정도로 성황을 이뤘어요. 요즘은 양이 줄어서 예전만 못합니다. 이제는 수입에 의존합니다"라며 안타까움을 토로했다. 어촌계장 말처럼 우리가 먹는 대부분의 뱀장어는 0.2g의 실뱀장어를 잡아서 6개월에서 1년 정도 키워서 출하한 것이다.

조선시대에는 지천에 널려 있어도 뱀을 연상시키는 외형 때문에 일상적으로 먹지 않고 약용으로 이용했다. 1910년에 발간된 『한국수산지』 기록에

“뱀장어는 종래 조선인의 기호식품 이 아니었기 때문에 어획에 종사하는 자가 없었고, 명치27년(1894년) 경 일본 어업자들이 낙동강 입구에서 이 어업을 개시하였다”고 했다.

민물장어구이
©김창일

이후 낙동강, 섬진강, 영산강 등지에서 일본인들에 의한 어획과 양식이 이뤄지면서 뱀장어에 대한 인식이 변했다. 1937년 7월 11일자 동아일보에는 ‘배암장어는 이왕에는 아이들의 병난데나 구어먹이엇습니다. 요사이 와서는 일반으로 상등맛으로 알어 먹게 되엇습니다’라는 기사가 나온다.

뱀장어가 드나들던 주요 길목이던 낙동강, 영산강, 금강 등 주요 하천이 하굿둑으로 막히면서 개체수가 줄고 있다. 댐이나 하구언에 막혀 바다로 나가서 산란하지 못하고 죽기도 하고, 강을 오르지 못하고 하구에 머물러 살기도 한다. 생명이 오가던 물길의 단절로 북태평양에서 찾아온 손님은 목적지에 닿지 못하고 강어귀를 헤매고 있다.

실뱀장어가 잡히는 강화도 염화수로
©국립민속박물관

천연기념물이었던 장어

"이 장어는 한국에서 먹으면 잡혀갑니다. 천연기념물이거든요. 제주도 천지연 폭포 일대에서 서식하는 희귀한 물고기지만 베트남에서는 흔한 장어니까 마음껏 드셔도 됩니다." 얼마 전 베트남에서 장어구이를 앞에 두고 일행에게 내가 설명한 말이다. 과거에는 옳았으나 지금은 틀린 표현이다. 천지연 폭포에 서식하는 무태장어를 잡으면 안 되지만 먹을 수는 있다. 1962년에 무태장어 서식지인 천지연 폭포 일원이 천연기념물(제27호)로 지정됐고, 1978년에는 분포 지역과 관계없이 종 자체가 천연기념물(제258호)이 됐다. 이후 해외에서 양식용, 식용 등으로 반입됨에 따라 천연기념물로시 실효성이 없어져 2009년에 해제됐다. 천지연 폭포는 무태장어의 주 서식지로 생태적 가치가 높아 천연기념물 지위를 유지하고 있으므로 잡으면 형사처벌 될 수 있다.

무태장어는 뱀장어과로 학명은 앙귈라 마르모라타(Anguilla marmorata)다. 열대성 물고기로 아프리카 동부, 남태평양, 중국 등 널리 분포한다. 제주도와 일본 나가사키는 서식 가능한 북방 한계 지역으로 알려져 있으나, 전남 탐진강, 경북 오십천, 경남 거제 구천계곡, 하동 쌍계사 계곡에서도 서식한다. 제주 서귀포 정방폭포에서 무태장어가 발견되기도 했다. 몸에 작은 반점이 있어 민물장어 혹은 풍천장어로 불리는 토종 뱀장어인 앙귈라 자포니카(Anguilla japonica)와 쉽게 구별된다. 제주도에서 처음 발견되어 제주뱀장어 혹은 무늬가 있어 얼룩뱀장어, 점박이뱀장어 등으로 불린다. 몸길이는 2m 넘게까지 자라고, 몸무게는 20kg을 웃도는 대형 어종이다. '이보다 큰 장어가 없다'는 뜻의 '무태(無泰)'에서 유래했다. 작은 물고기, 갑각류, 패류, 개구리까지 잡아먹는 탐식성 어종이다. 먼바다에서 부화한 새끼가 해류를 타고 와서 하천을 거슬러 올라 5~8년간 살다가 바다로 가서 알을 낳는다. 산란 장소는 필리핀 남부, 인도네시아 동부, 파푸아뉴기니, 마다가스카르의 깊은 바다일 것으로 짐작만 하고 있다.

무태장어는 뱀장어와 유사한 쫄깃한 식감이며 껍질이 두껍고 탱글탱글하다. 주변에서 흔히 접하는 붕장어나 갯장어의 부드러운 식감과는 다르다. 요즘은 베트남에서 치어를 들여와서 1년 정도 키워서 시중에 판매한다. 제주도를 비롯한 전국에 무태장어를 판매하는 음식점이 느는 추세다. 현재 한국에 서식하는 민물장어는 앙귈라 자포니카(뱀장어)와 앙귈라 마르모라타(무태장어)

뱀장어보다 몸통이 두텁고 뱀장어의 표피와 차이가 나는 무태장어
©김창일

두 종이 있다. 이 외에 동남아에 많이 서식하는 앙귈라 비콜라종 등이 식용으로 수입되고 있다. 한국인과 일본인은 예전부터 먹었던 자포니카의 맛과 식감을 좋아해 높은 가격에 거래된다. 요즘은 외래종 장어와 구별하기 위해 차림표에 자포니카를 표기하는 경우가 늘고 있다. 마트에서 저렴하게 판매하는 민물장어는 주로 마르모라타와 비콜라다. 맛은 상대적이므로 가격의 높고 낮음과는 상관없을뿐더러 말해주지 않으면 차이를 알아채지 못하는 사람이 많다.

무태장어는 불과 10여 년 전까지 천연기념물이었으나 지금은 손쉽게 먹을 수 있다. 그렇다고 서식지의 중요성이 사라진 것은 아니다. 무태장어의 지속적인 서식을 위해서 바다와 접한 기수역에서 서식지까지 치어 이동 경로가 오염되거나 보 등의 건설로 막히는 일이 없어야 한다.

꼼장어, 장어가 아니면 어때?

"독일에서 40년 넘게 살아 보니 가족이나 친구를 그리워하는 마음은 옅어지고, 음식에 대한 그리움은 짙어만 갔어요. 독일에서는 김치찌개, 된장찌개가 그렇게 먹고 싶더니 남해독일마을로 이주하니 이제는 독일 빵과 소시지가 생각나요."

독일에서 수십 년을 살다가 남해독일마을로 이주한 파독 광부와 간호여성들은 사람에 대한 기억은 세월이 흐름에 따라 희미해지는데 맛의 기억은 또렷해졌다고 말한다. 한 파독광부는 "혀의 기억은 머리나 가슴의 기억보다 오래갑니다"라고 단언했다. 또한 필자가 부산고갈비 골목을 조사할 때 주인장은 이렇게 말했다. "지금 고갈비 골목은 1970, 80년대에 단골이던 대학생들이 중장년이 돼 찾아옵니다. 그때는 고갈비를 냄새로 먹었고, 지금은 추억으로 먹습니다." 주머니 사정이 좋지 않던 대학생들이 고등어구이 냄새에 이끌려 연기 자욱한 골목으로 몰려들었고, 지금은 그 시절을 회상하려는 사람들이 찾는단다.

파독 광부와 간호여성들이 말하는 맛에 대한 강렬한 그리움과 추억에 이끌려 부산 고갈비 골목을 찾는 사람들처럼 누구에게나 그런 음식 하나쯤

살아있는 꼼장어
ⓒ김창일

은 있을 것이다. 문화권에 따라 보편성을 지닌 맛이 있겠으나 맛에 대한 기억은 지극히 개별적이기도 하다. 내게는 '먹장어'가 그러하다. 서울에서 직장생활을 하다가 부산에 가면 꼭 먹는 음식이 먹장어다. '먹장어'라는 표준 명칭보다는 꼼지락거리는 움직임에서 유래된 부산 사투리 '꼼장어(혹은 곰장어)'라는 이름으로 널리 알려져 있다. 고교시절, 하교할 때면 초량시장 입구에 즐비한 꼼장어 전포 앞을 지나쳤다. 그때마다 꼼장어 굽는 강렬한 냄새에 침을 삼키던 기억. 갯내음 가득한 분위기와 탱글탱글하고 짭조름한 감칠맛을 알게 해준 자갈치 꼼장어 골목에 대한 추억 등.

먹장어 음식문화는 오래되지 않았다. 일제강점기 때 자갈치시장 인근의 먹장어 피혁공장에서 껍질은 가죽제품 원료로 사용하고 살은 닭 사료로 활용했다. 6·25전쟁으로 피란민이 몰려들면서 이를 싼값에 매입해 자갈치시장에서 구워 팔았다. 이때부터 부산은 꼼장어 어획뿐만 아니라 소비의 중심지가 됐다. 예전에 비해 줄어들긴 했지만 지금도 자갈치시장에는 100여 개의 점포가 밀집해 있다. 이와는 별개로 꼼장어 주산지인 부산 기장은 짚불꼼장어라는 독자적인 향토음식을 만들어냈다. 1970년대 이후 기장에서 잡은 꼼장어가 동해남부선 철길을 타고 부산 전역으로 유통됐다. 부전역, 온천장, 동래시장 등지에 꼼장어구이 점포가 집단화된 것도 이때부터다.

꼼장어는 원구류(圓口類)로 편의상 어류로 분류하기도 하나 척추동물 중 가장 원시적인 수생동물이다. 흔히 접하는 붕장어, 주로 샤부샤부로 먹는 갯장어, 민물장어라고 부르는 뱀장어와는 다른 종이다. 턱이 없고 수심이 깊은 바닥에서 물고기의 사체나 내장을 파먹고 살며 눈은 퇴화돼 피부 속에 묻혀 있다. 꼬리지느러미 외에 다른 지느러미는 없다. 먹이활동 없이도 2개월을 살 수 있고, 껍질이 벗겨진 채로 10시간 이상을 움직인다. 불판 위에서 살아서 꿈틀거리는 모습이 징그럽다며 먹지 않는 사람도 있으나 구우면 감칠맛을 한껏 머금는다. 소금구이, 양념구이, 짚불구이, 볶음 다 좋다. 꼼장어를 우리나라만큼 즐겨 먹는 지역은 없다. 세계에서 꼼장어를 가장 많이 소비하는 부산. 그곳에 단골집이 다섯 곳 있다. 그리울 수밖에.

꼼장어 볶음
©김창일

석쇠소금구이 꼼장어
©김창일

대청도의 홍어회, 영산포의 삭힌 홍어

사방이 바다인데 해산물을 볼 수가 없었다. 해양문화조사를 위해 10개월간 연평도에서 살아야 할 상황에서 난감했다.

연평도로 향하면서 내심 기대한 바가 있었다. 신선한 회와 다양한 해산물은 가족과의 생이별을 보상받는 작은 위안거리라 생각했다. 과거에는 조기잡이의 전진기지였고, 현재는 꽃게잡이 섬으로 유명하며, 1m 이상의 씨알 굵은 농어와 광어가 흔히 잡히는 곳이 연평도다. 넓은 갯벌까지 있으니 해산물이 얼마나 풍성할까라는 기대는, 그런데 기대일 뿐이었다.

겨울 내내 굴만 먹다시피 했다. 연평 바다는 수심이 얕아서 겨울에는 수온이 급격히 내려가 물고기가 근해에서 잡히지 않는다. 조업을 나가는 어선이 없으니 물고기를 볼 수 없다. 봄이 되자 10kg 이상의 대형 농어와 광어 등이 잡혔지만 전량 육지로 판매돼 여전히 회는 먹을 수 없었다. 봄, 가을에는 꽃게가 넘쳐났지만 상품성 좋은 꽃게는 육지로 운송됐다. 회는 낚시꾼과 동행하며 몇 점 먹어본 게 전부였다. 대신 연평도 군인들이 좋아하는 치킨과 중국 음식을 실컷 먹고 가을에 육지로 귀환했다.

대청도 바닷바람으로 말리는 홍어
©국립민속박물관

연평도에 살며 대청도와 백령도를 오가기도 했다. 홍어라도 먹어볼 요량이었으나, 이 역시 잘못된 기대였다. 섬 주민들이 삭힌 홍어를 먹지 않는다는 사실을 눈치채는 데 오랜 시간이 걸리지 않았다.

대청도와 백령도는 흑산도 못지않게 홍어를 많이 잡는 섬이다. 한때는 흑산도보다 어획량이 많았다. 특히 대청도는 일제강점기에 고래잡이로 선박이 붐볐고, 1960년대까지는 상어가 주요 어종이었으나, 1970년대 이후로 홍어를 많이 잡았다.

대청도와 백령도에서는 홍어를 특별히 귀한 어종으로 여기지 않았고 전량 목포 등지에 싼 가격에 팔았다. 홍어의 원산지인 흑산도, 대청도, 백령도 주민들은 삭힌 홍어를 먹지 않고, 말려서 찜으로 먹거나 싱싱한 회로 먹었다. 홍어의 중간 기착지인 목포에서는 약간 삭힌 홍어를, 뱃길로 가는 과정에서 발효가 진행돼 영산포 사람들은 푹 삭은 홍어를 먹었다. 운송 과정에서 자연스럽게 발효된 것이다.

이것은 흑산도에서 유배생활을 하던 정약전의 『자산어보(玆山魚譜)』에도 써있다.

'입춘 전후 살찌고 커져서 맛이 좋다. 3, 4월이 되면 몸통이 야위어 맛이 떨어진다. 회, 구이, 국, 어포로 좋다. 나주와 가까운 고을 사람들은 삭힌 홍어를 즐겨 먹으니, 보통 사람들과는 기호가 같지 않다.'라고 기술했다.

영산강 하굿둑이 뱃길을 막아서 옛 시절의 영화는 사라졌지만 영산포가 만들어낸 홍어 맛은 전국으로 퍼졌다. 흑산도가 홍어의 섬으로 널리 알려진 것은 영산포의 삭힌 홍어 때문이라 할 수 있다. 만약 홍어의 소비처와 가공처가 수도권이었다면 지금의 흑산도 홍어의 명성은 대청도가 누리고 있었을 터다.

대청도 식당에서 삭힌 홍어 먹을 곳이 없냐는 물음에 "여기서는 싱싱한 회로 먹지 냄새 심한 걸 왜 먹겠어요. 육지에서는 회를 먹을 수 없으니 삭혀 먹는 거지"라는 핀잔을 들었다. 홍어의 원산지에서 홍어를 찾아 헤매던 그날을 추억하며 퇴근길에 홍어 한 팩과 막걸리 한 병 사 들고 귀가했다.

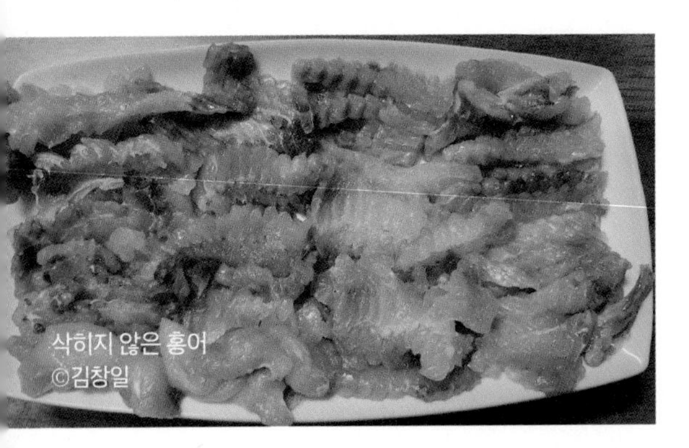
삭히지 않은 홍어
©김창일

같은 듯 다른 웅어와 깨나리

충남 보령시에서 강의할 때다. 웅어 사진을 보여주며 설명하는 도중에 한 노인이 손을 들었다. "선생님 그건 '웅어'가 아니라 '우어'가 맞습니다"라며 확신에 찬 어투로 말했고, 강당은 웃음바다로 변했다. 노인은 철석같이 모든 사람이 '우어'라고 부르는 줄 알았단다. 충청도에서는 '우어'로 통용되니까 어르신 말씀이 틀리지 않았다고 말해주었다.

해양생물학 분야 연구자들이 근무하는 국립기관에서 해양문화에 대해 강의를 한 적이 있다. 강의를 마친 후 참석자들과 횟집에서 식사할 때였다. 여러 종류의 회가 놓인 접시를 본 일행 중 한 명이 "요즘 전어 철이 아닌데 전어가 나왔네요"라며 대화의 문을 열었다. 예상치 못한 말에 살짝 당황했다. 접시에 있는 회는 전어가 아니라 웅어였기 때문이다. 테이블 맞은편에서 내 표정을 살피던 관장이 웃으며 정정했다. "웅어를 회 뜨면 전어와 비슷하죠. 연구원 선생님들이 현미경으로 물고기 조직만 봐서 회는 잘 몰라요. 이제 회도 공부합시다"라며 분위기를 유쾌하게 만들었다.

인천 강화도의 포구와 어업을 조사할 때 일이다. 강화도와 경기 김포 사이를 남북으로 흐르는 염하수로에 있는 더리미포구를 방문했다. 공터에 펼

강화도 교동도 깨나리
©국립민속박물관

강화도 웅어
©국립민속박물관

쳐진 그물망 위에서 생선이 건조되고 있었다. 지나가던 어민에게 물고기 이름을 물었더니 깨나리라고 했다. 싱어를 강화도에서는 깨나리라고 하는지 되물었더니, 강화도에 싱어라는 물고기는 없다는 답이 돌아왔다. 건조하는 생선이 싱어인 것을 알면서 확인차 물었던 것인데 의아했다. 또 다른 어민에게 물었더니 깨나리가 웅어라고 하는 게 아닌가. 이때부터 두 어민은 서로의 말이 옳으니 그르니 하며 옥신각신했고, 나까지 헷갈리기 시작했다.

다음 날 강화도 부속 섬인 교동도 죽산포로 향했다. 포구에 웅어와 싱어(깨나리)가 섞여서 건조되고 있었다. 어민에게 이름을 물었더니 웅어와 깨나리라고 알려줬다. 어민에 따르면 교동도는 웅어가 많이 잡혀서 웅어와 깨나리를 구별하지만, 다른 지역에서는 두 어종이 비슷하게 생겨서 굳이 구별하지 않거나 차이를 인식하지 못하는 사람이 많다고 했다. 강화도에서 깨나리 혹은 빈주리라 불리는 물고기의 표준명은 '싱어'다.

조선시대에도 웅어와 깨나리를 같은 어종으로 인식한 사람들이 많았던 것 같다. 웅어는 갈대밭에서 잘 잡혀서 갈대 위(葦) 자를 써 위어라고 했다. 서유구가 쓴 『난호어목지』에 의하면 "위어는 좁고 길며 넓적하고 얇으며, 비늘이 얇고 색깔이 희고 흡사 숫돌에 간 뾰족한 칼과 같다"라고 했다. 또한 세어(細魚)를 한글로 '깨나리'라고 쓰고, "세어는 웅어와 아주 닮았으나 가늘고 작은데, 이것을 웅어 새끼라고도 하나 그렇지 않다"라고 했다. 깨나리를 새끼 웅어로 착각하는 사람들이 많았으나, 서유구는 다른 종임을 알고 있었다.

건조 중인 강화도 깨나리
©국립민속박물관

봄에 잡히는 웅어는 뼈가 연해서 통째로 썰어 회로 먹고, 가을에 잡히는 웅어는 뼈가 단단해 포를 떠서 먹는다. 정약전은 『자산어보』에서 "맛이 지극히 달고 진하여 횟감 중에서 상품이다"라고 기록했다. 『승정원일기』(인조 3년)에는 고양, 교하, 김포, 통진, 양천 등지에 사옹원이 관리하는 위어소(葦魚所)를 설치해 웅어 어획을 독려하고 웅어잡이 어부는 군역을 면해주었다는 내용이 있다. 웅어 맛을 얼마나 높이 평가했는지 알 수 있는 대목이다.

황복, 자연산과 양식의 결정적 차이점

강에서 태어나 바다에 사는 물고기. 배를 부풀린 모양이 돼지를 닮아 하돈(河豚·하천의 돼지)이라 불렀다. 우리나라에 서식하는 복어 중에서 가장 비싼 몸값을 자랑하는 어종이다. 황복은 강한 독성 탓에 조선의 백성은 먹지 않고 버렸다. "나는 선조의 유언으로 복어를 먹지 말라는 경계를 받았으니 어찌 입에 대겠는가. 우리 선조 강계 공께서 유훈을 남겨 자손에게 복어는 절대 먹지 말라고 하였다."(이규경, 『오주연문장전산고』 중) 자손에게 유훈을 남길 정도로 옛사람들에게 복어 독은 두려움으로 자리 잡고 있었다. 또 같은 서책에서 "참된 맛이지만 입에 대면 죽으니, 그 맛이 어찌 슬프지 아니한가"라고 했다.

간혹 복어 독의 위험을 알면서도 먹는 사람이 있었던 모양이다. "수달은 물고기를 좋아해서 동자개나 자가사리와 같은 크고 작은 물고기를 가리지 않고 즐겨 먹지만 하돈만은 절대 먹지 않으니 독이 있음을 알기 때문이다. 오늘날 목숨을 버려 가면서까지 하돈을 먹는 사람은 사람이면서 수달만도 못한 어리석은 자들이다."(서유구, 『난호어명고』 중) 이와는 반대로 복어 독의 위험을 감내하고 먹을 만한 가치가 있음을 노래한 사람도 있다. 중국 북송 시대의 시인 소동파는 "사람이 한 번 죽는 것과 맞먹는 맛"이라 했다. 복

강화도 황복
©김창일

어 요리를 쉽게 접하는 현대인은 수긍하기 어려울 듯하다. 먹어본 사람은 알겠지만, 죽음과 맞바꿀 정도의 맛은 아니기 때문이다. 아마도 간담을 서늘케 하는 음식을 먹으며 느낀 공포감이 맛에 더해진 표현일 터.

황복은 난소와 간장 등에 테트로도톡신이라는 치명적인 맹독이 있으나, 정소와 근육에는 없다. 중독되면 중추신경계와 말초신경계에서 정상적인 신경전달이 일어날 수 없도록 해 호흡정지 등으로 사망에 이르게 된다. 복어 독은 자체적으로 생성되는 게 아니라 섭취하는 먹이를 통해서 체내에 축적된다. 양식 복어는 테트로도톡신을 만들 수 없는 사료를 먹고 성장하므로 독이 없다.

황복은 임진강과 한강을 끼고 있는 경기 파주, 김포, 고양, 인천 강화에서 집중적으로 잡힌다. 임진강 어민들은 "철쭉이 피면 황복이 올라온다"라고 말한다. 4월 중순부터 6월 중순까지 산란하기 위해 강을 거슬러 올라 바닷물 영향을 받지 않는 상류의 자갈 깔린 여울목에 알을 낳는다. 부화한 치어는 2개월을 강에 머물다가 바다로 향한다. 어린 물고기, 새우, 게, 패류 등

강화도 황복마을 안내석
©김창일

을 먹이로 삼아 3년 정도 살다가 강으로 회유해 산란하는 소하성 어류다. 다 자라면 45cm 내외가 된다.

황복의 개체수는 한때 급격히 줄었다. 파주·김포·고양 3개 지자체의 꾸준한 치어 방류 사업으로 효과를 보고 있으나, 여전히 고가에 거래된다. 양식 황복은 자연산 황복에 비해 절반 가격인데 이 역시 쉽게 먹을 수 있는 수준은 아니다. 성장 속도가 느려 채산성이 낮고, 까다로운 양식 기술 등으로 충분한 양이 출하되지 못하는 실정이다.

몇 년 전 강화도 포구를 조사하며 황복 마을로 지정된 창후리 포구를 자주 방문했다. 그해에는 어획량이 줄어서 가격이 폭등했지만 눈 딱 감고 한 번 먹어본 적이 있다. 올해 초 국립민속박물관 파주관으로 발령받은 소식을 접한 지인들이 이구동성으로 한 말이 있다. "황복, 웅어, 민물장어, 참게는 원 없이 먹겠네." 글쎄, 원 없이 먹기에는 아직은 양식 황복의 가격조차 만만찮다.

한국은행보다 돈 많았던 연평도

흑산도로 유배된 정약전의 심정이 이랬을까? 2017년 1월, 거친 물살을 가르는 여객선에 몸을 맡긴 마음은 복잡했다. 오랫동안 어촌에 살며 참여관찰 조사를 해왔지만 연평도를 향하는 마음은 남다를 수밖에.

연평도 긴작시 해안은 북한 석도와 불과 1.5km 떨어져 있다. 늘 일촉즉발의 긴장이 섬을 지배한다. 1999년 연평도 해상에서 6·25전쟁 이후 남북 간에 벌어진 첫 해전이 발생했고, 2002년 또다시 양측의 충돌이 일어났다. 2010년에는 북이 200여 발의 포격을 가해 섬이 쑥대밭이 됐다.

쾌속 여객선에 오르니 승객의 절반 이상은 해병대 장병. 같은 해 10월까지 연평도에서 살며 조사할 생각을 하니 옆자리에 앉은 병사보다 비장한 심정이 들었다. '40대 중반에 다시 입대하는구나. 난 해병대도 아닌데…. 그래도 논산훈련소 조교 출신의 기개로 버텨보자.' 실제 도착한 연평도는 섬 전체가 하나의 군사 요새였다. 주민의 절반은 군인과 그 가족들.

사실 연평도는 1968년 이전까지만 하더라도 조기잡이로 돈이 넘쳐났다.

1967년 연평도 조기파시
©옹진군청

"연평도 어업조합 일일출납액이 한국은행 출납액보다 많았다." "연평도 어업조합 전무를 하지 황해도 도지사 안 한다." "연평도 물이 마르면 말랐지 내 주머니 돈이 마를까."

1956년 연평도조기잡이
©옹진군청

연평도 노인들이 과거를 회상할 때 하는 말이다. 주민들은 "조기 한 바가지, 물 한 바가지"라는 말로 조기가 넘쳐나던 시절을 회상한다. 4, 5월이면 어장은 조기로 가득 찼고, 거대한 조기 떼의 '꾸욱꾸욱' 하는 울음에 잠을 못 이룰 정도였다.

조기잡이 어선과 상선 간의 바다 위 직거래 장터인 파시(波市)가 형성됐다. 일제강점기 초기부터 시작된

1956년 연평도조기잡이 광경
©옹진군청

조기 파시는 대표적으로 흑산도, 위도 등이 유명했으며 그중 최고는 연평도였다. 작은 섬에 선원 수만 명이 몰려와 숙박시설, 상점, 각종 유흥시설이 형성돼 파시촌이 매년 두 달간 만들어졌다. 파시가 열리면 10시간씩 배를 타고 총리가 왔고, 전국 씨름대회와 유명 가수 공연이 열렸다. 〈연평 바다로 돈 실러 가자〉라는 당시 노래도 있다. 평생을 연평도에서 산 정 씨 할아버지(2017년 당시 95세)는 그 시절을 이렇게 묘사했다.

> "어부는 조기 떼를 따라 연평도로 모이고, 철새들(접대부)은 어부 떼를 따라 연평도로 모였지. 파시 골목길에 비하면 지금 명동 거리는 거리도 아냐. 사람에 치여서 걷지를 못했어. 사흘 벌어서 한 달 먹고, 한 달 벌어서 1년을 먹었어."

조기 떼를 따라 연평어장을 찾는 어선과 상선이 많게는 5,000여 척, 동

연평도 가래칠기 해변과 북한 황해도
©김창일

원된 선원이 연인원 9만 명에 이르렀다. 영원할 것만 같던 활황은 조기 어획량이 줄며 1968년 5월 26일 파시를 마지막으로 막을 내렸다.

다행히 1980년대 꽃게가 많이 잡히기 시작하면서 연평도는 꽃게잡이 섬으로 명성을 이어가고 있다. 남북한은 2018년 정상회담에서 서해 북방한계선 일대를 평화수역으로 만들기로 합의했다. 남과 북의 어선들이 어우러져서 고기를 잡는 장면을 그려봤으나, 진척되지는 않았다. 파도가 높게 치는 날은 북한 어선이 연평항으로 피항하고, 북의 선원들이 연평도 식당을 찾는 모습은 상상만으로도 즐겁다. 꽃게 파시가 열려 남북한 어민으로 북적이는 날이 오면 다시 연평도로 향하리라.

간통의 변신

잡은 물고기를 바다 위에서 매매하는 대규모 어시장이 열리던 때가 있었다. 조선시대는 물론이고 냉동시설이 보편화되지 않았던 1960, 70년대까지 파시(波市)가 열리는 바다는 성황을 이뤘다. 연평도 위도 흑산도는 조기, 욕지도 거문도 청산도는 고등어, 임자도 덕적도 신도는 민어 파시가 열렸던 섬이다. 어획을 마친 어선이 만선기(滿船旗)를 올리면 물고기를 매입하려는 상선이 다가간다. 흥정이 끝나면 잡은 물고기를 곧바로 옮겨 실었다. 신속하게 운송해도 선도를 유지할 수 없었기에 가까운 섬에 정박해 말리거나 소금에 절였다.

연평도는 조기 파시로 유명했다. 어선에서 조기를 매입한 상선은 염장하기 위해 연평도에 입항했다. 어획량이 적을 경우 소금에 절여 해안가 자갈밭에서 건조했으나 수천 척의 어선이 잡은 조기를 이런 방식으로 감당할 수 없었다. 그래서 일제강점기에는 구덩이를 파고 블록과 시멘트로 외장을 발라서 대형 수조를 만들었다. 이렇게 만든 간통이 해안가에 즐비했다. 염장한 조기는 서울, 평양, 인천, 개성 등지에 팔렸다.

파시 때는 섬이 가라앉을 정도였다고 노인들은 증언한다. 1,000명 내외

1967년 연평도 조기파시, 물나르는 아낙네들
©옹진군청

가 살던 작은 섬에 선박 수천 척이 겹겹으로 정박했고 선원과 상인 수만 명이 섬을 메웠다. 전국의 크고 작은 파시 중에서 연평도 조기 파시 규모는 압도적이었다. "사흘 벌어 한 달 먹고, 한 달 벌어 1년 먹는다"는 말은 조기 파시가 성행하던 시절의 연평도를 말해준다. "1943년 4월 말, 연평도에 어선 운반선 상선 등을 합쳐 무려 5,000여 척의 배가 몰려들었다"고 매일신보가 전했고 "1946년 봄, 연평 바다에서 297억 마리의 조기가 잡힐 것"이라는 예측 기사를 동아일보가 냈다. 영원할 것만 같던 연평어장의 파시는 1968년 5월 26일을 마지막으로 더 이상 열리지 않았다.

연평도에 장기간 거주하며 해양문화조사를 하던 때다. 파시의 흔적을 찾기 위해 탐문하던 중 한 노인(95)에게서 상세한 이야기를 들을 수 있었다. "파시가 열리면 연평도 아낙네는 우물물을 길어 어선에 식수를 공급하고, 남정네는 조기 염장 일을 해 돈을 벌었어요. 조기가 얼마나 많이 잡혔던지 선주들은 간통과 소금을 확보하느라 애를 먹었어요. 얼음을 실은 빙장

경작지 경계석으로 남아있는 간통
©김창일

선(氷藏船)이 늘어나니까 1940년대에 동네 청년들이 석빙고를 만들었습니다. 겨울 논에 채워둔 물이 얼면 석빙고로 옮겼어요. 쌀겨를 덮어뒀다가 파시 때 팔아서 돈을 많이 벌었습니다"라고 말했다. 선박의 속도가 빨라지고 빙장선으로 육지 직송이 늘면서 간통의 쓰임새가 줄었다. 이후 간통은 화장실로 변신해 큰 역할을 한다.

6·25전쟁 때 피란민이 연평도로 밀려왔다. 천막을 치고 살던 피란민에게 화장실은 시급한 문제였다. 이때 곳곳에 남아 있던 간통 위에 나무를 걸쳐 공용화장실로 이용했다. 간통의 잔존 가능성을 염두에 두고 수소문한 끝에 두 개의 간통을 찾아냈다. 하나는 흙으로 메워 경계석만 확인할 수 있었고 다른 하나는 창고로 활용하고 있었다. 찬란한 어로 역사를 간직한 연평도지만 불과 50년 전의 흔적을 찾기란 쉬운 일이 아니었다. 우리가 두 발을 딛고 서 있는 현재의 것들도 남길 건 남기고, 기록할 건 기록해야 하는 이유가 여기에 있다.

조기는 왜 연평 바다에서 사라졌을까

명태는 남하하지 않고, 조기는 북상하지 않는다. 20세기 한국에서 가장 많이 잡히던 물고기가 자취를 감췄다. 명태는 일제강점기와 광복 이후 총 어획량의 10% 이상을 차지할 만큼 위상이 대단했으나 1986년 47만 t을 정점으로 급감해 2008년은 통계에 잡힌 어획량이 '0'이었다. 2014년부터 치어 방류를 이어가고 있고, 2019년부터 국내 명태잡이를 전면 금지하고 있지만 뚜렷한 성과는 없다. 명태가 잡히면 극히 이례적인 사건이 될 정도다. 어민들은 노가리(새끼 명태) 남획으로 명태가 사라졌다고 믿는 경우가 많다. 반면 수산·환경 분야 과학자들은 수온 상승과 해류 변화를 주원인으로 꼽고 있다.

동해에 명태가 있었다면 서해를 대표하는 물고기는 조기였다. 봄에 서해로 북상하는 조기를 따라 어선과 상선 수천 척이 흑산도, 위도, 연평도 등지로 집결했다. 특히 연평도는 조기잡이 최대 어장으로 어선 세력이 대단했다. 동아일보 기사(1934년 6월 4일자)에서 연평도로 모여든 인파를 확인할 수 있다. 불과 1,000명이 거주하는 연평도에 4월부터 6월까지 모여든 선원과 상인이 2만 명에 달한다고 했다. 한강, 임진강, 예성강에서 유입된 토사로 넓은 모래벌판과 갯벌이 형성됐고 잘피가 무성해 조기 산란장으로 최적지였다. 1969년 서해에 냉수대가 형성돼 조기가 북상하지 못하고 흑산도 근해에 머물렀다. 조기잡이 선박이 흑산 어장으로 일시에 몰려들어 조기 씨가 마를 정도로 어획했다. 북새통을 이루던 연평도 조기 파시(바다 위에서 열리는 생선 시장)는 열리지 못했다. 결국 1968년 파시가 마지막이었다.

1956년 연평도조기잡이 중선배
©옹진군청

조기잡이가 한창이던 시절을 기억하는 연평도 노인들 이야기를 기록한 적이 있다. “조기는 봄이 되면 산란장을 찾아서 연평도를 거쳐서 북한 대화도까지 올라갑니다. 6·25전쟁 끝나고 공업이 발전했잖아요. 그때는 정화시설 같은 게 변변찮으니 공장 오·폐수가 죄다 한강으로 흘러들었어요. 오염된 물이 조기 산란장을 뒤덮었습니다. 북한은 건설에 필요한 모래를 황해도 해안에서 조달했어요. 조기 산란장이 망가진 겁니다.” 연평도의 노인들은 연평 어장에서 조기가 사라진 원인을 산란장 황폐화에서 찾았다.

나일론 그물 보급과 어선 기계화에 따른 남획에서 원인을 찾는 전문가들도 있다. 나일론 재질의 그물이 1950년대에 보급돼 1960년대 중반 보편화됐다. 어선의 동력화로 그물은 점점 대형화됐다.

1965년 그물에 가득 잡힌 조기
©옹진군청

조기 어획량 변화, 서식지 이동 등은 남획 때문이 아니라 해양환경 변동이 원인이라 주장하는 수산학자도 있다. 남획에서 원인을 찾는 것은 근거 없이 어민을 죄인으로 보는 행위라고 꼬집는다. 서해는 전체 조기 개체군 분포 범위의 5분의 1 정도이므로 바다 환경 변화로 서식지가 남쪽으로 약간만 수축해도 서해에서의 어획량은 크게 줄지만 전체 개체 수는 변하지 않는다는 견해다. 어족자원 고갈이 아니라 서식지 변동으로 봐야 한다는 주장이다.

조기가 연평 어장까지 북상하지 않는 이유를 우리는 아직 명확하게 알지 못한다. 인간은 바다에서 생기는 일에 대해 모르는 게 너무 많다.

이자겸의 굴비와 임경업의 조기

골목골목마다 비린내가 풍겼다. 굴비의 본고장에 서 있음을 냄새로 느낄 수 있었다. 전남 영광군 법성포는 인도 간다라 승려 마라난타가 백제에 첫발을 디딘 포구로 알려져 있다. '성인이 불교를 들여온 성스러운 포구'라는 의미가 법성포(法聖浦) 지명에 들어 있다. 간다라 유물관, 간다라 형식 탑 등이 조성된 '백제 불교 도래지'를 방문한 나는 갯벌에서 눈을 떼지 못했다. 머나먼 곳에서 바닷길을 건너온 마라난타는 곧장 포구에 닿지 못하고 물때를 기다렸다가 백제 땅에 발을 디뎠을 터. 칠산어장에서 잡은 조기를 실어 나르기 위해 수많은 배가 밀물을 기다렸다가 일시에 포구로 들어왔듯이.

포구는 한산했고, 관광버스는 물밀듯 몰려들었다. 칠산어장에 조기가 나타나지 않은 지 수십 년이 됐건만, 법성포 굴비 명성은 이어지고 있었다. 바닷가의 즐비한 굴비 점포를 뒤로하고, 옛 정취가 남아 있는 골목으로 발걸음을 옮겼다. 한참을 걸어 다닌 끝에 굴비 손질하는 사람을 만날 수 있었다. 말을 건넸더니 친절하게 응수하며 굴비를 찢어서 맛보라고 했다. 주인장은 신이 난 듯 굴비에 대해 설명했다. "예전에는 칠산어장에서 잡은 조기로 굴비를 만들었어요. 요즘은 조기가 북상하지 않으니 추자도와 제주도 남쪽 바다에서 잡은 걸 사용합니다. 법성포에 굴비 점포만 500개가 있어요.

젊은 사람들은 비린 맛이 강하면 안 먹지만, 굴비 특유의 냄새와 감칠맛을 아는 사람들은 속성으로 만드는 굴비를 싫어해요." 한평생 굴비와 함께한 주인장의 자부심을 느낄 수 있었다.

굴비에 대한 자부심은 굴비 유래담에도 보인다. 이자겸이 영광으로 유배 왔을 때, 자신을 내친 인종에게 굴비를 바치며 "진상은 해도 굴복한 것은 아니다"라며 굴할 '굴(屈)', 아닐 '비(非)'를 쓴 데에서 굴비 이름이 유래했다는 설화다. 사물이나 이름이 생겨난 이유를 민중이 재밌게 꾸며 전하는 허구적인 이야기라 할 수 있다. 기세등등하던 이자겸이 쫓겨난 곳이 하필 영광이었고, 한때 왕권을 농락할 정도의 권세를 과시하던 이자겸조차 굴비 맛에 반했다는 것을 암시한다. 굴비에 대한 자부심이 이야기 속에 녹아 있다.

법성포 굴비 이야기에 이자겸이 있다면, 연평도에는 조기잡이 방법을 처음으로 가르쳐줬다는 임경업 장군 설화가 전한다. 임 장군이 청나라에 볼모로 잡혀간 세자를 구하기 위해 출병하던 중 식량이 떨어져 연평도에 상륙했다. 병사들에게 가시나무를 꺾어 오게 해 섬과 섬 사이 얕은 바다에 꽂아두라 했다. 썰물에 바닥이 드러나자 수많은 조기가 가시나무에 꽂혀 있었다. 이후로 연평도 사람들은 사당을 짓고, 장군을 조기잡이 신으로 모셨다. 물론 서해 어민들은 훨씬 이전부터 조기를 잡아 왔다. 역사적 사실이 어떠하든 민중은 그들만의 방식으로 장군을 신격화했다. 임경업 장군 신앙은 조기 길목을 따라 전파돼 황해도, 인천과 경기, 충청 지역의 수많은 어촌에서 숭배됐다.

1970년대 이후 조기는 서해로 북상하지 않지만, 법성포는 여전히 굴비 명성을 잇고 있다. 반면 연평어장에서 조기가 사라지자 사람들은 더 이상 조기잡이 신을 찾지 않는다. 소연평도 제당은 폐허가 된 지 오래고, 임경업 장군 신앙의 성지인 대연평도 충민사 역시 인적이 드물다. 조기가 없는데 조기잡이 신이 무슨 소용이 있겠는가.

법성포구 곳곳에서 건조되고 있는 굴비
©국립민속박물관

임경업장군 사당인 충민사에서 굿을 마치고 내려오는 무당
©국립민속박물관

명태는 언제쯤 돌아올까

우리나라 사람들이 20세기 이후 가장 많이 먹었던 생선은 뭘까. 동해의 명태와 서해의 조기다. 집집마다 다르겠지만, 설·추석 차례상에 명태와 조기가 빠지는 일은 드물다. 명태는 북어나 황태 혹은 전으로, 조기는 구이나 찜으로 올린다. 예로부터 제사상에는 그 지역에서 손쉽게 구할 수 있는 생선을 주로 올렸다. 그만큼 명태와 조기는 흔했다. 그런데 우리 바다에서 불현듯 명태가 사라진 까닭은 어디에 있을까.

동해안의 어업문화를 조사하던 어느 날, 그물 손질을 하던 60, 70대 어민들과 담소를 나눴다. 예전에는 어떤 물고기를 많이 잡았느냐는 물음에 어민들은 이구동성으로 명태라 했다. "그때는 명태 때문에 야산에 칡넝쿨이 없었어요. 동네마다 명태를 말리는 덕장이 있었는데 지금처럼 나일론 줄이 없어서 칡넝쿨에 꿰어 말렸거든요. 1950년대만 하더라도 항구마다 명태잡이 돛배로 가득 찼죠. 고성, 속초에서 삼척까지 바닷가 사람들은 죄다 명태로 먹고살았어요. 분단 전에는 1, 2월에 돛배를 타고 삼척에서 함경도까지 올라가서 명태를 잡았지요. 풍선 1척에 7, 8명이 탔는데 각자 자기 그물 두 폭씩을 가지고 탔어요. 본인 그물에 잡힌 만큼 가져가는 방식이었지요." 어민들은 명태에 관한 추억을 쉴 새 없이 쏟아냈다.

유영하는 명태
©국립민속박물관

그렇게 많이 잡히던 명태가 왜 사라졌느냐는 물음에 앞다퉈 각자의 견해를 내놓았다. 해녀 작업선을 운행하는 이 씨는 "1970, 80년대는 명태보다 노가리(명태 새끼)를 많이 잡았어요. 당시에는 다른 종의 물고기라 생각했어요. 노가리를 마구잡이로 어획해 씨가 마른 거죠"라고 했다. 자망어선 선주 박 씨는 수온 상승을 첫째 원인으로 꼽았다. 문어통발어업을 하는 이 씨는 중국 어선의 북한 해역에서의 싹쓸이 어업 때문이라 했다.

실제 명태가 사라진 이유를 수산업계에서는 치어 남획과 수온 상승 등 복합적인 요인으로 보고 있다. 국립수산과학원에 따르면 1980년대에 명태를 연간 10만 t 이상 잡았으나 1990년대부터 1만 t 내외로 급감했다. 2000년대는 더욱 심각해 2005년에는 25t, 2008년에는 공식 어획량이 0으로 기록됐다. 과거엔 "명태는 개가 물어가도 놔 둔다"고 했지만 이제는 "명태씨가 말랐다"는 말이 현실이 됐다. 이에 국립수산과학원에서는 살아있는 명태 한 마리에 최고 50만 원 지급이라는 현상금 포스터를 제작해 수정란 확보에 나서기도 했다. 각고의 노력 끝에 2016년 10월, 세계 최초로 명태를 완전 양식하는 데 성공했다. 이로써 최근 몇 년간 명태 치어를 방류하고 있다. 그럼에도 동해 바다를 가득 메우던 명태를 다시 볼 수 있을지는 미지수다. 동해 수온이 상승했는데 냉수성 어종인 명태가 다시 돌아오기를 바라는 건 비논리적이다.

"내장은 창난젓, 알은 명란젓/아가미로 만든 아가미젓/눈알은 구워서 술안주 하고/괴기는 국을 끓여 먹고/어느 하나 버릴 것 없는 명태"라는 노랫말처럼 어느 하나 버릴 것 없는 명태가 넘쳐나던 시절이 그립다.

집 나간 명태, 이제는 잊어야 할지도

사람들은 명태를 잘 안다고 생각한다. 하지만 살아있는 명태 사진을 보여주고 뭐냐고 물으면 대답하는 사람이 거의 없다. 강의할 때 헤엄치는 명태를 화면에 띄워놓고 질문하면 한두 명이 손드는 정도다. 살아있는 명태를 볼 기회가 없으니 어쩌면 당연한 현상일 터.

수산계는 명태 논쟁으로 떠들썩한 적이 있었다. 기존에는 명태가 동해에서 사라진 것은 노가리(명태 새끼) 남획과 해류 변화 및 수온 상승 등 복합적인 원인 때문일 것으로 추정했다. 1970년대 후반 명태 어획량에서 노가리를 포함한 미성어(30cm 이하)의 비율이 90%를 넘었다. 당시 노가리는 명태와는 다른 어종으로 인식돼 무차별적으로 어획해 명태 고갈의 단초가 됐을 것으로 믿어왔다. 이에 한 수산학자가 노가리 남획설은 근거가 없는 허구라고 주장해 파장을 일으켰다. 동해 수온 상승으로 명태가 돌아올 수 없는 바다로 변했는데 치어 방류가 무슨 소용이냐며 명태 살리기 정책까지 비판했다. 진단이 잘못됐으므로 처방도 잘못됐다는 것이다.

명태 살리기 프로젝트의 방향은 완전 양식 기술 개발을 바탕으로 치어 방류를 통한 자원 회복과 민간 양식 산업화다. 2016년에 세계 최초로 명태

명태 양식장
©국립민속박물관

완전 양식에 성공했다. 세간의 이목을 집중시키며 프로젝트는 성공하는 듯했다. 매년 5만 t의 어획량 확보가 가능해져 연간 4800억 원의 수입 대체 효과가 기대된다고 발표됐다. 지금까지 수백만 마리의 치어를 방류했으나 가시적 효과는 없다. 민간 양식 산업화는 시설 투자비와 양식 비용 등 경제성 확보가 어려워 중단됐다. 국내산 명태를 국민의 밥상에 올리겠다는 계획은 사실상 실패했다.

명태 자원 회복을 위한 연구진의 노고를 비난할 생각은 없다. 명태 인공수정 기술 개발을 통한 완전 양식 성공은 의미가 있다. 이제는 냉정하게 바다 현실을 직시할 때다. 정착성 어류와는 달리 명태, 조기 같은 회유성 어종에 있어서 인접 국가들과의 공조를 통한 공동관리 없이 금어기, 조업금지 체장 설정, 총어획량 관리 등을 강화하는 규제는 우리 어민의 희생만 강요하는 불합리한 정책이라는 주장이 제기되고 있다. 수산학계 전문가와 수산 정책 담당 공무원들이 모여서 치열하게 토론하고 검증할 필요가 있다.

우리나라를 대표하던 물고기가 동해에서 사라진 여파는 지금도 이어지고 있다. 이규경은 『오주연문장전산고』에서 명태는 추석부터 많이 잡혀서 산더미처럼 쌓인다고 했다. 1917년 총어획량의 28.8%를 차지할 정도로 한반도에서 가장 많이 잡힌 물고기였다. 1987년 20만 t을 정점으로 급감해 2008년 공식 어획량 '0'이었다. 자취를 감춘 후 회복될 기미는 없다. 실효성을 거둘 수 없는 해양환경에서 기존 방식을 고수하다가 연목구어(나무 위에서 물고기를 구하다)의 우를 범할 수 있다.

매년 30만 t 정도를 수입해 정부에서 비축해 두는 생선이다. 국립민속박물관이 조사한 바에 따르면 크기, 잡는 방법, 건조 정도 등에 따라 부르는 이름이 60개나 된다. 그만큼 한국인의 명태 사랑은 유별나다. 집 나간 명태의 귀환을 손꼽아 기다리지만 동해는 명태를 받아들일 수 없는 바다가 됐는지도 모른다.

양식으로 성어가 된 명태
©국립민속박물관

'조선의 물고기' 명태 유래담

용바위를 끼고 불어치는 북서풍은 날카로웠고, 매바위는 빙벽으로 앞치마를 두른 듯했다. 용바위와 매바위 옆을 스치듯 흐르는 개울은 바닥까지 얼어붙었고, 진부령과 미시령을 타고 넘는 칼바람은 덕장에 걸린 명태를 황태로 만들고 있었다. 콧속이 쩍쩍 달라붙도록 춥고, 바람이 내복을 뚫고 들어오는 땅이라야 덕장이 들어선다는 말을 몸소 확인했다. 인제군 용대리가 황태 최대 산지가 될 수 있었던 이유다.

몸이 황태처럼 얼어갈 즈음 뜨끈한 황태해장국 생각이 절로 났다. 즐비한 해장국집 중에서 이름난 곳으로 발설음을 재촉했다. 뽀얗게 우러난 국물 한술에 몸이 풀리자 벽에 붙은 글귀가 눈에 들어왔다. 명태 어원에 관한 내용이었다. "옛날 고려시대에 명태를 잡아 임금님께 상을 드렸는데 맛이 하도 좋아 무슨 고기냐고 물으시니 신하가 '함경도 명천에 사는 태 서방이 잡아왔습니다'라고 하니까 임금님이 명천의 '명'자와 태서방의 '태'자를 따서 '명태'라 이름 지었다고 한다." 이는 기존의 명태 유래담을 바탕으로 자의적으로 고친 내용이다.

원래 이야기는 이렇다. "명천에 사는 성이 태(太)인 사람이 물고기를 낚

인제군 용대리 덕장과 매바위
©국립민속박물관

아 관청의 주방 관리를 통해 도백(道伯·각 도의 으뜸 벼슬아치)께 올리도록 했는데, 도백이 이를 맛있게 먹고 이름을 물었더니 아는 사람이 없고, 단지 '태 어부가 잡은 것'이라고만 대답했다. 도백이 말하기를 "(명천의 태씨가 잡았으니) 명태라 하는 것이 좋겠다"고 했다. 이유원의 임하필기(1871년)에 실린 명태 유래담이다. 이 이야기는 역사적 사실이 아니라 민간에 떠도는 이야기를 듣고 기록한 것이다.

사물이나 일이 생겨난 바를 재미있게 꾸며 설명하는 것이 유래담이다. 대표적인 것이 도루묵 유래담과 굴비 유래담이다. 피란길에 오른 선조에게 어부가 묵어라는 물고기를 바쳤다. 맛있게 먹은 선조는 이름을 은어로 바꿨다. 전란이 끝난 후 궁궐로 돌아와 다시 먹어보니 예전만큼 맛있지 않아서 원래 이름대로 도로 묵이라 했고, 이후 도루묵이 됐다는 이야기. 고려시

인제군 용대리 용바위식당의 황태해장국과 황태찜
©국립민속박물관

대 영광에 유배를 당한 이자겸이 염장한 조기를 왕에게 바치며 "진상은 하지만 굴복한 것은 아니다(屈非)"라고 적어 보낸 데서 굴비가 비롯됐다는 이야기. 모두 민간 어원설로 민중 사이에 전하는 허구적 이야기다.

현재까지 명태란 이름이 확인된 최초의 공식 기록은 1652년에 사옹원에서 승정원에 올린 장계다. 명태를 즐겨 먹었음에도 늦은 시기에 명태 이름이 기록됐다. 이는 명태(明太)라는 한자 표기가 명 태조 주원장의 묘호(사후 공덕을 기리기 위해 붙인 이름)와 같아서 문헌에 쓰이지 못하다가 1644년 명나라 멸망으로 자유롭게 사용할 수 있게 된 것으로 보는 학자도 있다. 명태와 함께 북어라는 이름도 쓰였다. 말린 명태라는 의미로 사용하는 지금과는 달리 조선시대에는 북쪽 바다에서 나는 물고기라는 뜻이었다. 이 외에도 잡는 시기와 장소, 크기, 건조 정도에 따라 다양하게 불린다.

가장 즐겨 먹은 물고기이며 어획량 으뜸이었던 명태는 이웃 나라에까지 이름이 전파됐다. 일본 '멘타이', 중국 '밍타이위', 러시아 '민타이'는 명태에서 비롯된 명칭이다. 실로 명태는 조선의 물고기였다.

한국인 밥상의 '숨은 지휘자'

'우리네 식탁에서 가장 영향력 있는 물고기는 뭘까요?' 해양문화를 주제로 강연할 때 즐겨하는 질문이다. 빈번히 호명되는 물고기는 고등어, 갈치, 조기, 명태, 가자미 등이다. 개인적인 견해를 전제로 나는 멸치라고 말한다. 밥상의 화려한 주인공은 아니지만, 맛을 내는 데에 큰 역할을 하기 때문이다. 김치 맛을 좌우하는 젓갈은 물론 액젓, 분말, 육수 등 여러 가지 형태로 감칠맛을 낸다. 별미로 꼽히는 멸치회, 멸치찌개, 멸치구이를 맛보기 위해 봄철 부산 대변항 등지는 관광객으로 붐빈다.

멸치는 조선시대에도 다양한 음식 재료로 활용됐다. 국이나 젓갈 또는 말려서 포를 만들거나 각종 양념으로 쓴다. 낚시 미끼로 사용하며, 선물용으로는 천한 물고기라고 정약전이 쓴 『자산어보』에 기록돼 있다. 서유구의 『난호어목지』와 『임원경제지』에는 말려서 육지로 판매하는데 나라에 넘쳐나서 시골에서도 먹는다고 했고, 이규경은 『오주연문장전산고』에서 말린 멸치는 일상의 반찬으로 삼는다고 했다. 멸치가 백성의 밥상에 자주 올랐음을 알 수 있는 대목이다. 너무 많이 잡거나 날이 궂어서 즉시 말리지 못하면 거름으로 사용했다.

양조망어법으로 멸치 잡는 장면
©국립민속박물관

멸치 포장
©국립민속박물관

멸치는 한반도 바다 어디서나 잡혔다. 연원이 깊은 멸치잡이 어법으로 죽방렴, 돌살, 후릿그물, 챗배잡이 등이 있다. 죽방렴은 물살이 센 남해군 지족해협과 사천시 삼천포해협에 집중적으로 남아 있다. 『경상도속찬지리지(1469년)』에 죽방렴에 관한 기록이 나타나는 것으로 봐서 연원이 오래된 조업 방식이다. 경남, 전남, 충청, 제주에서는 바닷물이 드나드는 조간대에 돌담을 쌓아 잡기도 했다. 밀물에 해안가로 들어온 멸치 떼가 썰물 때 장벽에 갇히면 퍼 담는데 이를 독살 혹은 원담이라 한다. 동해에서는 백사장에서 후릿그물을 이용해서 잡았다. 그물 한쪽 줄은 육지에 있는 사람들

극한 노동의 응축, 멸치액젓

밑반찬은 물론이고 젓갈, 액젓, 분말 등 감칠맛을 내는 데에 빠뜨릴 수 없는 식재료. 우리 식탁에서 멸치의 위상을 넘는 생선이 있을까? 조연처럼 보이지만 실은 맛의 주연이다.

『자산어보(玆山魚譜)』에서는 멸치를 추어(추魚), 멸어(蔑魚)라 했다. '업신여길 멸(蔑)' 자에서 알 수 있듯 변변찮은 물고기로 여겼다. 국이나 젓갈 또는 말려서 각종 양념으로 썼다. 물고기 미끼로 사용했으며 선물용으로는 천한 물고기라고 했다. 『오주연문장전산고(五洲衍文長箋散稿)』에는 '한 그물로 만선하는데 어민이 멸치를 즉시 말리지 못하면 썩으므로 이를 거름으로 사용한다. 건멸치는 날마다 먹는 반찬으로 삼고 회, 구이로 먹고 건조하거나 기름을 짜기도 한다'고 했다.

『난호어목지(蘭湖漁牧志)』 역시 멸치는 모래톱에서 건조시켜 판매하는데 우천으로 미처 말리지 못해 부패하면 거름으로 사용한다고 했다. 조선시대에도 멸치를 다양한 식재료로 사용했음을 알 수가 있다.

멸치는 남해안의 대표 어종이다. 방어, 삼치, 고등어 등 큰 물고기의 먹

멸치털이작업
©국립민속박물관

잇감으로 해양 생태계에서 중요한 위치를 차지한다. 크기에 따라 대멸, 중멸, 소멸, 자멸, 세멸 등으로 구분하는데, 지역에 따라 세분하거나 단순화하기도 한다. 유자망으로 잡은 대멸은 주로 멸치액젓을 만들지만 회무침, 구이, 찌개로 먹기도 한다. 부산 대변항과 경남 남해군 미조항이 멸치 유자망 어업으로 유명하다.

어느 날, 연예인들이 유자망 어선을 타고 멸치잡이 체험을 하는 TV 프로그램을 본 적이 있다. 몸으로 하는 일은 뭐든 척척 해내는 개그맨이 출연했다. 멸치잡이배를 타고 선원 체험을 하는 내용이었다.

그런데 멸치 털이를 하는 도중 갑자기 포기 선언을 하며 눈물을 흘리는 게 아닌가. "달인인 척하는 놈이 진짜 달인을 만났다. 작업 속도를 못 쫓아

유자망 양망작업
©국립민속박물관

가니 계속 피해만 드리는 것 같아서 선원들에게 너무 죄송하다. 정말 존경스럽다"고 되뇌며 연신 눈물을 훔쳤다. 세계 곳곳의 정글과 극한 환경에서 생존을 펼쳐온 그의 입에서 '포기'라는 말이 나올 줄은 누구도 예상치 못한 돌발 상황이었다. 그만큼 멸치 유자망 어업의 노동 강도는 상상을 초월한다. 10시간을 거친 파도와 싸우고, 입항하자마자 2km에 달하는 그물에 걸린 멸치를 사람의 힘만으로 털어 내야 한다.

멸치는 상온에서 빠르게 부패한다. 그래서 쉬는 시간 없이 온 힘을 다해서 2, 3시간 멸치 털이를 한다. 너무 힘들어 한국인 선원들은 이를 기피한다. 외국인 노동자들이 그 자리를 채운 지 오래다.

멸치어업 조사를 위해 유자망 어선을 여러 번 탄 적이 있다. 또 다른 멸

멸치털이작업 마친 선원
©국립민속박물관

치잡이 어선인 권현망, 양조망, 정치망 어선을 탈 때와는 사뭇 다른 심정이 된다. 유자망은 멸치어군의 길목에 투망하여 지나가던 큰 멸치가 그물코에 꽂히게 하는 어법이다. 잡은 멸치를 싣고 항구에 도착하면 숨 돌릴 틈도 없이 그물을 털어서 멸치를 떼어낸다. 멸치 비늘은 사방으로 튀어 얼굴과 몸은 순식간에 은색으로 변한다.

그렇게 털이가 끝나면 선원은 지쳐 말이 없다. 이렇게 잡은 대멸로 액젓을 만든다. 멸치액젓은 선원들의 땀이 만들어낸 응축액이다.

남해군 물건마을 멸치액젓 창고
©국립민속박물관

천한 물고기, 귀한 물고기

"해 질 녘 망지기 노인이 동쪽 언덕에 있는 망대에 오릅니다. 바다를 살피다가 멸치 떼가 몰려오면 징을 쳐서 동네 사람들을 모읍니다. 한쪽 벼릿줄은 육지에 묶어놓고, 배에 그물을 싣고 노를 저어요. 멸치 떼를 반원형으로 에워싸며 뭍에 닿으면 기다리던 사람들이 양쪽 벼릿줄을 힘껏 당깁니다. 그물 당기기를 도와준 주민들에게는 멸치를 한 바구니씩 나눠 주고, 나머지는 선주와 선원들 몫으로 챙깁니다. 이렇게 잡은 멸치는 주로 젓갈용으로 팔렸어요."

부산 다대포후리소리보존회를 방문했을 때 보존회 이사장은 과거의 다대포 멸치잡이를 설명했다. 값싼 멸치를 젓갈로 담근 뒤 판매해 자식들을 키웠다며 옆에서 듣고 있던 노인이 거들었다. 다대포후리소리(부산시 무형문화재 제7호) 가사에도 멸치젓갈의 유용함이 표현돼 있다. 멸치를 잡아서 젓갈을 담가 나라에 상납한 후 부모 봉양하고, 형제와 이웃 간에 나눠 먹고, 논밭까지 살 수 있으니 삼치, 꽁치, 갈치보다 낫다고 했다.

반면 보잘것없는 물고기로 여기기도 했다. 정약전은 『자산어보』에서 멸치는 젓갈로 만들거나 말려서 각종 양념으로도 사용하는데 선물용으로는

멸치잡이 어선을 따르는 갈매기떼
©김창일

천한 물고기라고 했다. 서유구는 『난호어명고』에서 모래와 자갈 위에 널어 햇볕에 말려 육지로 파는데 한 줌에 1푼이라고 기록했다. 이규경은 『오주연문장전산고』에서 '그물을 한 번 치면 배에 가득 잡히는데 곧바로 말리지 않으면 썩어서 퇴비로 쓰고, 산 것은 탕을 끓이는데 기름기가 많아서 먹기 어렵다. 마른 것은 날마다 반찬으로 삼는데, 명태처럼 온 나라에 두루 넘친다'고 했다.

작고 흔해서 멸치를 가장 중요한 어류로 꼽는 수산학자들이 있다. 멸치 자원량은 연근해 수산생물 잠재생산량에 절대적 영향을 미치기 때문이다. 바다에 사는 물고기 중 개체 수가 제일 많은 것이 멸치다. 먹이사슬에서 낮은 위치에 있어 다른 물고기의 먹잇감이 돼 해양생태계에서 핵심 역할을 한다. 우리 선조들도 이런 사실을 얼핏 눈치채고 있었던 듯하다. "수염고래가 멸치를 먹는다고 한다. 내가 예전에 바닷가 어부에게 들으니 멸치 떼가 노는 곳에 수염고래가 다가가 큰 입을 벌리고 멸치 떼를 흡입하면 멸치는 파도가 빨리 치는 줄 착각하고 떼를 지어 수염고래 배 속으로 들어간다고 한다."(『오주연문장전산고』 중에서) "동해에서 나는 것은 항상 방어에게 쫓겨 휩쓸려서 오는데 그 형세가 바람이 불어 큰 물결이 이는 듯하다. 바다 사람들은 살펴보고 있다가 방어가 오는 때를 알고는 즉시 큰 그물을 둘러쳐서 잡는데 그물 안이 온통 멸치이다."(『난호어명고』 중에서) 수염고래, 방어 등 큰 물고기의 먹잇감이 멸치라는 것을 경험을 통해 명확히 알고 있었다.

멸치는 연중 알을 낳는데 봄, 가을에 집중된다. 성장이 빠르고, 자주 산란하므로 개체 수가 쉽게 줄지 않는 건 다행이다. 수산학자들의 견해처럼 다른 물고기의 먹잇감이 돼 바다 생태계를 떠받치는 역할을 한다는 데 전적으로 동의한다. 더불어 우리 밥상에서도 멸치는 단연 돋보인다. 액젓, 젓갈, 분말, 육수 등의 형태로 음식 맛을 돋우는 데 없어서는 안 될 맛의 지휘자이며 식탁 위 숨은 주인공이다. 흔해서 소중한 물고기가 멸치다.

유자망에 걸린 대멸
©국립민속박물관

원시어업 죽방렴의 가치

명절 전 배를 타고 목욕탕 가는 일은 연례행사였다. 섬 소년에게 도시를 구경할 수 있는 드문 기회이기도 했다. 삼천포항으로 향하는 여객선에서 본 죽방렴은 늘 궁금증을 자아냈다. 물고기가 왜 스스로 들어가서 갇히는지, 깊은 바다에 말뚝은 어떻게 박을 수 있었는지 등을 어른들에게 묻곤 했다. 경남 남해군의 부속 섬인 창선도에서 유소년 시절을 보낼 때 죽방렴에 대한 기억이다.

언제부터 죽방렴을 이용해 물고기를 잡았는지는 정확히 알지 못한다. '경상도 속찬지리지'(1469년) 남해현조에 죽방렴에 대한 기록이 나타나는 것으로 봐서 최소 500년 이상 된 것은 확실하다. 죽방렴이 가장 많이 남아 있는 곳은 경남 남해군의 삼동면과 창선면 사이 지족해협, 창선면과 사천시 삼천포 사이 바다다. 지족해협에 23통이, 삼천포해협에 21통이 있다. 두 지역은 죽방렴을 설치할 수 있는 최적의 입지 조건을 갖췄다. 물살이 빠르고, 말목을 박을 수 있는 적당한 수심, 물고기가 많이 다니는 길목에 자리 잡고 있다. 과거 전남 여수, 완도 일원에도 죽방렴이 있었으나 지금은 철거돼 존재하지 않는다.

삼천포 죽방렴
©국립민속박물관

물살이 센 물목에 10m 내외의 참나무 말목 300여 개를 V자형으로 갯벌에 박고, 말목과 말목 사이를 대나무를 발처럼 엮어서 울타리를 만든다. 썰물에 밀려서 들어온 물고기가 빠져나가지 못하게 가두는 함정 어구다. 지역민은 죽방렴을 '대나무 어살' 혹은 '발'이라고 한다. 주요 어획 어종은 멸치이지만 문절망둑, 볼락, 전어, 학꽁치, 붕장어, 전갱이, 돔 등 다양하게 잡힌다. 멸치가 어획량의 80% 이상을 차지하고 수익성이 단연 으뜸이므로 여타 물고기는 잡어 취급을 한다. 잡힌 멸치는 정성스레 걷어 올려 어체 손상을 최소화한다. 삶는 과정도 신중하다. 발막(멸치를 삶아 말리는 곳)에서 미리 물을 끓이고 있다가 멸치가 도착하면 살아 있을 때 삶는다. 적당하게 익은 멸치는 채반에 담아 물기와 열기를 제거한 후 해풍으로 자연 건조하거나 냉풍 건조장에서 말린다. 어획량이 많지 않으므로 신선한 멸치를 신속하게 삶아서 크기별로 선별한다. 그물로 잡는 멸치와는 달리 비늘이 살아있는 깔끔한 빛깔을 유지한다. 죽방렴 멸치가 비싼 이유다.

4월에 조업을 시작하면 '지름치'라고 부르는 큰 멸치가 잡히는데 액젓용이다. 5월 초에는 시래기 혹은 시랭이라고 하는 세세멸이 많이 어획되는데 속이 투명하게 비치는 가장 작은 멸치다. 시래기가 좀 더 자라면 배쟁이라고 부르는 세멸이 되고, 소멸을 거쳐서 8, 9월경 중사리(중멸)가 된다. 윤택이 나고 맛도 좋아 죽방렴에서 잡는 멸치 중에서 가장 비싸게 판매된다. 안주용으로 인기가 높으므로 신경 써서 상자에 가지런히 담는다. 11월경에는 다 자란 대멸이 주가 된다.

남해 지족해협 죽방렴은 수백 년 동안 한자리를 지킨 경관과 전통 어로 방식이라는 문화유산 가치를 인정받아서 2010년에 명승(제71호)으로 지정됐다. 인공의 어업시설이 명승으로 지정된 첫 사례다. 2015년에는 고유의 유·무형 어업자산 보전을 위해 해양수산부가 지정·관리하는 국가중요어업유산(제3호)으로 지정됐다. 죽방렴은 지족해협을 지족해협이게 하는 풍경으로 자리 잡았다.

지족해협 죽방렴
©국립민속박물관

지족해협 창선대교 아래의 죽방렴
©국립민속박물관

죽방멸치 한 마리의 가격

생선은 때깔이 중요하다. 지난달 물고기를 주제로 강연할 때 은갈치와 먹갈치 중에서 어떤 게 더 맛있는가를 묻는 청중이 있었다. 질문자는 은갈치와 먹갈치를 다른 종으로 알고 있었다. 어업 방식의 차이로 색깔이 다를 뿐 종이 다르지는 않다. 은갈치는 낚싯바늘을 이용하는 채낚기나 주낙 등으로 잡아서 상처가 없어 깔끔하다. 반면 먹갈치는 자망이나 안강망으로 어획하는데 그물에 쓸려서 비늘이 벗겨지고, 다른 물고기의 가시에 긁힌 상처로 거무튀튀하게 변한다. 세네갈이나 필리핀 등지에서 수입되는 남방갈치도 먹갈치로 불리며 거래되기도 한다. 둘을 구분하는 기준은 은색 비늘이 반짝반짝 빛이 나느냐 아니냐에 달려 있다. 겉모양이 보기 좋은 은갈치가 더 비싼 가격에 거래된다. 과거 우리나라 최대 어획량을 자랑하며 흔하디흔했던 명태조차도 그물로 어획한 것보다 주낙으로 잡은 것을 높게 쳤다.

때깔 좋은 죽방멸치는 놀랄 만치 높은 가격을 형성한다. 예전 죽방멸치는 깨끗한 외형과 신선함이라는 두 가지 장점이 있어 고가에 판매됐다. 요즘은 기선권현망, 양조망 등 대부분의 멸치잡이 어선이 바다 위에서 곧장 삶아서 육지로 이동하므로 신선도 차이는 없다. 그런데도 여전히 죽방멸치는 비싸게 거래된다. 같은 종류의 멸치임에도 가격 차가 확연히 나는 이유

죽방렴과 어장막
©국립민속박물관

는 뭘까.

우선 잡는 방식이 다르기 때문이다. 같은 죽방렴(竹防簾)일지라도 대나무발을 이용하느냐, 그물을 이용하느냐에 따라 크게 차이 난다. 남해군 지족해협에 설치된 죽방렴은 물고기가 갇히는 발통 내부 재질이 대나무발로 돼 있어 멸치의 손상을 최소화한다. 반면 사천만 일대에 있는 죽방렴은 대나무발을 사용하면 강한 물살에 무너질 우려가 있어 그물을 이용하는 비율이 높다. 그물은 어체에 흠집을 내어 상품성을 떨어뜨린다.

다음으로 삶는 방법과 손질 방식도 중요하다. 멸치잡이 어선은 바닷물을 퍼 올려서 소금을 첨가해 멸치를 삶는다. 반면 죽방멸치는 민물에 간수를 뺀 소금을 녹여서 사용한다. 죽방멸치 중에서도 가장 상품성이 높은 건 현지 어민들이 빤데기(길이 8~9cm)라 부르는 중멸이다. 주로 안주용으로 소비된다. 암컷 멸치만을 선별하여 가지런히 줄을 맞춰서 포장한다. kg당 20만~30만 원 선에서 판매되는데 백화점에서 90만 원에 판매되기도 했다. 1kg 한 상자에 800마리 내외가 들어간다. 환산하면 마리당 수백 원에 달한다.

문화재적 가치도 중요하다. 죽방렴은 말 그대로 대나무로 만든 발을 세워 만들어 물고기를 잡는 원시어업이다. 1469년에 작성된 '경상도속찬지리지' 남해현조에 죽방렴에 관한 기록이 있을 정도로 연원이 깊다. 죽방렴을 만들기 위해서는 10m 길이의 참나무 말목 200~300개를 물속 갯벌에 박아야 한다. 말목 하나를 세우기 위해서 여러 사람이 힘을 모아야 하는 고된 작업이다. 그래서 한 번 자리 잡은 죽방렴은 옮기지 않는다. 500여 년 전 기록에 보이는 죽방렴이 현재까지 그 자리를 지키고 있는 이유다.

죽방멸치 삶는 솥 ©국립민속박물관

죽방멸치 ©김창일

죽방멸치는 깔끔한 외형, 삶는 방식의 차별성, 한 마리 한 마리 조심스레 다루는 정성, 문화재적 가치와 희소성이 모여서 가치를 높인다. 비싸다고 맛있는 건 아니지만 보기 좋은 멸치는 비싸다.

잃어버렸던 멸치의 우리 이름

"지리, 지가이리, 가이리, 가이리고바, 고바, 고주바, 주바, 오바." 마트 건어물 진열대를 둘러보다 건조멸치 포장지에 시선이 고정되는 순간 언짢아졌다. 내친김에 진열된 건조멸치 상품명을 샅샅이 살폈다. 예외 없이 일본식 명칭이었다.

몇 년 전에 멸치잡이 어선을 타고 다니며 한창 멸치어업을 조사할 때다. 멸치조업 하는 날 어선에 동승할 수 있도록 부탁을 해두었다. 며칠 후에 전화가 걸려왔다. 새벽에 '오바잡이'가 있으니 부둣가로 나오라는 것이었다. 나는 무슨 말인지 알아듣지 못하고 동문서답했다. 멸치잡이 선장이나 선원들을 만날 때면, 일본식 명칭을 쓰는 이유를 물었다. 한결같은 대답이었다. "다들 그렇게 사용하니까."

멸치볶음과 멸치육수를 애용하는 아내에게 "가이리, 고바, 주바…"가 무슨 말인지 아느냐고 물어봤다. 모른단다. 술자리에 마른멸치 안주가 나오면 동석한 사람들에게 물었다. 정확하게 아는 사람을 보지 못했다. 소비자는 모르는 명칭을 어업조합, 수협, 유통업체 등에서 고집스럽게 사용한다. 원인은 100여 년 전으로 올라간다. 포항, 울산, 거제, 통영, 여수, 고흥, 거문

권현망 멸치조업 장면 ©김창일

권현망 어선 양망작업 ©김창일

도 등 남해안을 중심으로 식민 이주어촌이 건설되면서 일본 어민들이 한반도 바다를 장악해 나갔다. 특히 거제도 등지에서 권현망으로 대대적인 멸치 어획이 이뤄졌다. 일본 어민 주도로 멸치 어로와 가공, 판매가 이뤄져 일본식 용어가 자리 잡았다.

일부 왜곡돼 알려진 것처럼 멸치어업과 식문화가 전적으로 일제강점기의 유산은 아니다. 이전부터 우리 선조들은 멸치를 먹었다. 이규경은 『오주연문장전산고(五洲衍文長箋散稿)』에서 한 번 그물질로 배가 넘치는데 즉시 말리지 못해 썩으면 거름으로 사용했고, 마른멸치는 날마다 반찬으로 올렸다고 했다. 『우해이어보(牛海異魚譜)』, 『임원경제지(林園經濟志)』, 『자산어보(玆山魚譜)』, 『난호어목지(蘭湖漁牧志)』 등에 마른멸치와 멸치젓갈을 먹은 기록이 있다.

건조멸치는 볶음용, 국물용 등 쓰임새로 나누거나, 길이에 따라 세멸, 자멸, 소멸, 중멸, 대멸로 표기하기도 한다. 그러나 '지리(볶음용), 가이리(조림용), 주바(국물용)' 등 일본 용어를 표기한 후 한국어는 괄호 속에 기재하고 있

마트에 진열된 건조멸치 ©김창일

양조망 양망작업
©김창일

양조망 선상에서 멸치 삶기
©김창일

다. 누군가를 탓할 일은 아니다. 이제부터라도 바꾸자는 것이다. 그동안 건조멸치에 부여된 창씨개명의 굴레를 누구도 벗겨주지 못했다. 광복된 지 80년이 흐르는 동안 우리는 무심했다.

최근 10년간 우리 해역에서 가장 많이 잡힌 물고기는 멸치다. 밑반찬은 물론이고 분말, 젓갈, 액젓 등 식탁에서 멸치의 위상을 넘는 생선을 찾기 어렵다. 위상에 맞는 대접을 해주자. 일본식 용어를 고집하는 것은 미련한 일이다. 건어물 진열장에서 '지리, 지가이리, 가이리, 가이리고바, 고바, 고주바, 주바, 오바' 대신 우리말로 분류된 상품명을 보고 싶다. 제국주의 흔적이기에 무조건 지우자는 게 아니다. 일본에서조차 사용하지 않는 용어를 우리가 쥐고 있는 모양새이기 때문이다. 역사적 교훈으로 남길 것이 있고, 버릴 게 있다. 일본식 용어가 전파된 역사적 맥락으로 볼 때, 우리말로 바꾸는 게 바람직하다. 언어에는 정신이 담겨 있기 때문이다.

'바다 보리'의 계절

"승상 거북, 승지는 도미, 판서 민어, 주서 오징어, 한림 박대, 대사성 도루묵, 방첨사 조개, 해운공 방개, 병사 청어, 군수 해구, 현감 홍어, 조부장 조기, 부별 낙지, 장대, 승대, 청다리, 가오리, 좌우나졸 금군 모조리, 상어, 솔치, 눈치, 준치, 멸치, 삼치, 가재, 개구리까지 영을 듣고, 어전에 입시허여 대왕에게 절을 꾸벅…."

판소리 수궁가의 주요 대목을 현대적인 감각으로 만들어 인기를 끌고 있는 국악그룹의 '어류도감' 가사다. 한국 대표 어종이 나열됐지만 이 물고기 이름은 빠졌다. 『자산어보』에서는 푸른 무늬가 있어 벽문어(碧紋魚)라 했고, 『동국여지승람』에서는 옛 칼의 모양을 닮았다 하여 고도어(古刀魚)라고 불렀다. 비늘 없는 천한 생선이라 하여 제상에 올리지 않았으나, 안동 지방은 올렸다. '해양수산인식조사'에서 한국인이 가장 좋아하는 생선으로 3년 연달아 1위에 오르는가 하면 오징어와 함께 1, 2위를 다투는 물고기다. 찬바람이 불가 시작하는 늦가을에서 초겨울에 지방이 한껏 올라 맛이 절정에 달하며 바다의 보리라 불리는 국민 생선이다.

고등어를 대량으로 잡기 시작한 것은 1920년대부터다. 일제강점기에 거

남해 정치망 고등어
©국립민속박물관

제 장승포, 울산 방어진, 경주 감포, 포항 구룡포, 거문도 등지에 일본인 이주어촌을 건설해 고등어를 잡았다. 특히 통영 욕지도는 일본 건착선 500여 척, 운반선 290여 척이 조업할 정도로 고등어 집결지가 됐고, 1970년대까지 욕지도 좌부포는 고등어마을로 명성을 이어갔다. 어획량이 감소하고 있음에도 2000년대 이후 연근해 어업에서 줄곧 3대 어종의 자리를 지키고 있다. 그러나 통영과 추자도 근해에서 잡히던 고등어를 이제 제주도 남방까지 가서 어획한다. 수온 상승과 남획이 주요 원인으로 지목되고 있다. 설상가상으로 중대형 고등어는 줄고, 상품성이 떨어지는 작은 고등어가 많이 잡힌다.

한때 너무 많이 잡혀서 골칫거리였으나, 점차 외국에서 수입한 고등어의 비중이 늘고 있다. 수입의 대부분을 차지하는 노르웨이산 고등어는 물결 무늬가 굵고 선명하며 간격이 넓어 국내산 고등어와 쉽게 구별된다. 업계는 과도한 어획에 따른 어족 자원 고갈을 막기 위해 총허용어획량제 도입, 휴어기 연장, 어선 감척 등 갖은 노력을 하고 있다. 어족 자원 회복을 위해 휴어기를 가지면 빈자리를 수입 고등어가 차지하고, 조업을 지속하면 어획량은 늘지만 고등어 크기가 작아지는 딜레마에 놓였다. 요즘은 바다에서 잡은 치어를 키워 횟감으로 판매해 고수익을 올리는 어민들이 있다. 완전 양식은 아니고, 잡은 치어를 가두리에서 키운다. 이런 형태의 양식을 축양이라고 하는데, 통영 욕지도 바다에서 이뤄진다. 고등어 섬이라는 옛 명성을 되찾고 있다.

고등어는 왠지 모를 그리움을 부르는 생선이다. 어머니가 밥상 위에 자주 올린 반찬이 시래기를 듬뿍 넣은 고등어조림이었다. 고등어 기름이 스민 시래기를 쌀밥에 올려서 먹던 맛, 주머니 사정이 가볍던 젊은 시절에 고갈비 골목에서 친구들과 술잔을 기울이던 추억. 그렇게 고등어 비린내는 훈훈한 온기로 각인됐다. '어머니와 고등어'라는 대중가요처럼. "한밤중에 목이 말라 냉장고를 열어 보니 한 귀퉁이에 고등어가 소금에 절여져 있네. (…) 어머니는 고등어를 구워주려 하셨나 보다. 소금에 절여 놓고 편안하게 주무시는구나. 나는 내일 아침에는 고등어구이 먹을 수 있네." 늦가을은 고등어의 계절이다.

고등어구이
©국립민속박물관

고등어의 섬, 욕지도

욕지도로 가족 여행을 갔었다. 통영에서 뱃길로 32km, 1시간쯤 걸리는 섬이다. 해안 둘레길을 드라이브한 후 과거 고등어 파시(波市)로 명성이 자자했던 자부포(좌부랑개)에 들렀다. 아내와 아들에게 파시를 설명하려다가 그만뒀다. 낡은 건물이 즐비한 곳으로 데려와서 지루하게 해설까지 하는 건 눈치 없는 행동일 듯하여.

조선시대 욕지도는 통제영에서 관리하던 사슴 목장이 있어 사슴뿔을 공납하던 섬이다. 민간인 거주가 조선 말까지 허용되지 않았다. 1887년부터 섬에 정착할 수 있게 되자 일본 어민들이 먼저 관심을 가졌다. 풍족한 어족 자원과 정박하기 좋은 천혜의 포구, 조선인들이 터전을 잡고 있지 않아서 이주가 수월했다. 또한 부산, 통영과 인접해 있어서 판매와 유통에 유리한 입지 조건을 갖춰 일본 어선의 중요한 근거지였다. 1921년 욕지도에 거주하는 일본인이 292명이나 됐다. 식민지 이주어촌인 자부포에는 순사 주재소와 우편소, 소학교, 신사가 건립됐고 목욕탕, 이발소, 상점, 요리점, 당구장, 술집 40여 개 등 파시촌이 형성돼 인파로 북적였다.

파시는 물고기를 잡은 어선에서 곧바로 매매가 이뤄지는 수상시장이

황량한 욕지도 파시골목
©김창일

다. 파시에 관한 기록은 『세종실록지리지』(1454년)와 『신증동국여지승람』(1530년), 택리지(1751년) 등에 나타날 정도로 연원이 깊다. 현대적인 유통망이 확립되기 전, 파시를 통해서 주요 수산물이 유통됐다. 상선은 어선이 물고기를 잡을 때까지 주변에서 기다렸다가 바다 위에서 어획물을 곧바로 구매했다. 상선이 포구에 도착하면 어물전에 예속된 객주가 사들였다. 각지에 퍼져 있던 객주는 구입한 해산물을 염장하거나 말려서 어물전으로 보냈다. 이동 경로는 지역에 따라 달랐다. 서해와 남해에서 잡은 조기, 준치, 삼치, 멸치 등과 각종 젓갈류는 한강, 임진강, 예성강 등 수로를 통해서 한양과 개성으로 보냈고, 동해에서 잡은 명태 등은 말이나 소를 이용해 육로로 운송했다. 이렇게 모인 해산물은 중간상인, 소매상, 행상 등을 통해서 전국으로 유통됐다.

욕지도 고등어 가두리양식장
©김창일

욕지도 고등어
©김창일

물고기잡이가 활발한 곳은 상당한 규모의 파시가 열렸다. 연평도, 위도, 흑산도는 조기 파시가 성행했고 덕적도, 신도, 임자도는 민어 파시, 나로도는 삼치 파시로 유명했다. 추자도와 부산 대변은 멸치 파시, 울릉도와 영덕은 오징어 파시가 있었다. 욕지도 고등어 파시는 1920년대부터 시작돼 역사가 짧았으나 어선 500여 척, 운반선 290여 척이 조업할 정도로 대규모 고등어 집결지였다. 고등어 어군이 점차 제주도 남쪽 먼바다로 이동하고, 유통 방식이 변화됨에 따라 1960년대 자부포 파시촌은 쇠퇴했다.

욕지도는 고등어 집결지 자리를 부산공동어시장에 내줬지만, 지금은 횟감 고등어 산지가 됐다. 100~150g 정도의 고도리(고등어 새끼)를 잡아서 가두리에서 1년을 키워서 고가에 판매한다. 덕분에 요즘은 내륙에서도 어렵지 않게 고등어 회를 맛볼 수 있다. 민간인이 거주하지 않던 사슴 목장에서 고등어 집결지로 번창했으나, 고등어 어업 쇠락으로 침체됐다가 다시 고등어 활어 산지가 된 섬. 여행 중에 잠깐 머문 자부포 파시촌에서 고등어와 함께한 흥망성쇠 100년의 역사를 느낄 수 있었다. 고등어 비린내 깊이 스민 섬이 욕지도다.

용왕님, 고등어 좀 만나게 해 주세요

울긋불긋 지화(紙花)로 치장한 제단이 차려지고, 오색 뱃기가 펄럭였다. 생선 비린내로 가득한 공간에 사람들이 빼곡했다. 부산공동어시장에 모여 있는 1,000여 명이 풍어제 시작을 기다리고 있었다. 풍어제는 만선(滿船)과 해상 안전을 기원하는 제의로 축제 분위기에서 진행되는 것이 일반적인데 사람들 표정은 어두웠다.

수첩을 들고 있는 나를 기자라고 생각했는지 한 아주머니가 곁으로 다가왔다. 부산공동어시장이 처한 어려운 상황을 털어놓기 시작했다. 부산공동어시장에서 생선 분류하는 일을 오랫동안 했지만 용왕제를 지내는 건 처음 봤다고 한다.

"지난해에 비해 위판 물량이 절반가량 줄었어요. 이런 불황은 처음 봐요. 여기 모인 사람들이 죄다 공동어시장에 매여서 먹고사는데 일거리가 없으니 걱정입니다. 답답하니 용왕님한테 하소연이라도 해야죠."

부산공동어시장에 따르면 지난해 이맘때 13만 t 이상을 위판했으나, 올해는 겨우 7만 t을 넘은 수준이라고 한다. 일감이 줄어듦에 따라 선주, 선원뿐만 아니라 공판장 중도매인과 수많은 노동자들이 어려움을 겪고 있다. 어선에서 공판장으로 하역된 생선을 분류, 운반하는 노동자들이 가장 먼저 어려운 처지에 몰렸다. 처리하는 상자 개수에 따라 일당을 받기에 수입이 절반으로 줄었다. 이에 항운노동조합 측에서 제안해 풍어제를 열게 됐다.

부산공동어시장의 위판 물량이 줄어든 첫째 요인은 고등어 어획량 감소다. 우리나라 고등어 어획량의 80% 이상이 부산공동어시장을 통해서 전국으로 유통된다. 그런데 올해 들어 잡히는 고등어 양이 급감해 위기가 찾아왔다. 한국해양수산개발원의 '해양수산인식조사'에서 한국인이 가장 좋아하는 생선으로 고등어는 늘 1,2위를 다투는 생선이다. 2017년 조사를 시작한 이래 3년 연달아 1위를 차지하기도 했다. 연간 국내 유통량은 14만4000t으로, 국민 1인당 7~8마리를 먹는 셈이다. '바다의 보리'라 불리는 고등어는 명실상부 '국민 생선'이다. 한때 어획량이 너무 많아 골칫거리였으나, 지금은 수입 고등어에 의존하는 비중이 점차 높아져 2023년 5만5000톤을 수입했다.

고등어 만선을 기원하는 풍어제 ©국립민속박물관

풍어기 ©국립민속박물관

연근해에서 어획되는 중대형 고등어가 줄

고등어 풍어를 간절히 바라는 부산공동어시장 노동자들 ©국립민속박물관

고, 상품성이 떨어지는 작은 고등어만 잡히자 대형선망업계 24개 선단, 140여 척은 3개월 동안 조업을 일시 중단했다. 조업을 계속하면 어획량은 늘지만 고등어 씨알이 줄어들고, 자원 회복을 위해 조업을 멈추면, 그 빈자리를 수입 고등어가 차지하는 악순환이 반복되고 있다. 일본과 배타적경제수역(EEZ) 협상이 진척되지 않음에 따라 고등어를 잡을 수 있는 활로 모색이 더욱 어려운 실정이다.

사람들은 2019년을 부산공동어시장 개장 이래 가장 어려운 시기라고 말한다. 현수막에 적힌 '한마음 풍어제'라는 문구처럼 하나로 모인 마음이 용왕님에게 전해지기를. 그리하여 한국인이 가장 좋아하는 고등어가 몰려와 다시 예전의 활기를 찾기를 바란다. 공판장이 고등어 비린내와 노동자들의 투박한 목소리로 떠들썩한 날, 부산 고갈비 골목에서 노릇노릇한 고등어갈비를 안주 삼아 소주잔 기울이는 상상을 해본다.

청춘들이 만든 이름, 고갈비

비릿한 내음과 대학생들의 열기, 술잔 부딪치는 소리 가득하던 도심의 골목길. 주머니 사정 어렵던 청춘들의 우정과 낭만을 풀어놓던 장소가 부산 고갈비 골목이었다. 그러나 1990년대에 접어들면서 문을 닫는 점포가 늘어났다. 생선 굽는 냄새와 자욱한 연기, 젊은이들 노랫가락이 흐르던 공간은 이제 적막한 골목길로 변했다. 20여 년 만에 고갈비 골목을 찾아 나섰다. 광복동 번화가에서 코너를 돌아들면 70, 80년대의 모습을 간직한 2층 건물 두 채가 서 있다. 이른 시간에 도착했다. 장사를 시작하기 전 골목을 쓸고 있는 주인장 박 씨와 대화를 나눌 수 있었다.

"전성기 때는 12집이 고갈비 장사를 했어요. 그때는 일손이 부족해서 직원을 고용할 정도로 손님이 넘쳤죠. 초저녁이면 테이블은 빈자리가 없었어요. 밖에 고무대야를 뒤집어서 놔두면 손님들이 둘러앉아서 먹었는데 골목이 꽉 찼습니다"라며 박 씨는 당시를 회상했다. '고갈비'라는 이름을 누가 지었는지 묻자 그는 이야기를 이어갔다.

"예전부터 대형선망어선이 잡은 고등어는 전부 부산으로 들어왔습니다. 허름한 밥집에서도 고등어 한 토막은 빠뜨리지 않고 내놓던 시절이었으니

까요. 고기 먹기 어렵던 시절, 기름진 고등어는 돈 없는 대학생들에게 최고의 안주였던 셈입니다. 그때 대학생들은 자기들만의 용어를 만들어내는 걸 좋아했어요. 고등어를 언제부턴가 '갈비'라고 부르기 시작하더니, 어느새 이순신 코냑(소주), 야쿠르트(막걸리), 못잊어(깍두기), 파인애플(물김치), 오리방석(물), 포도주(간장)가 되었죠." 그 시절 대학생들이 만들어 낸 신조어는 고갈비 골목 공용어가 되었다고 한다. 신조어를 함께 사용함으로써 고갈비 골목 문화를 공유했던 것이다. 손님이 없어 한산하자 고등어를 굽던 주인 아주머니가 합석했다. 맛있게 굽는 비법을 물었다.

"비법은 없어요. 비린내 나지 않게 잘 씻는 겁니다. 싱싱하니까 소금을 살짝 뿌려서 몇 시간 냉장 보관 했다가 사용합니다. 신선한 고등어는 다른 양념이 필요 없어요. 점고등어(망치고등어)는 맛이 없어요. 골목에 고등어 굽는 연기가 자욱하니, 고소한 냄새에 이끌려서 사람들이 줄줄이 들어왔지요. 하루에 300~400마리씩 굽는 날이면 시어머니는 연탄불 앞에 꼼짝없이 10시간씩 서 있었어요."

고갈비 상차림
©국립민속박물관

수많은 고갈비를 구워내던 곳
©국립민속박물관

고갈비 점포를 20년 전에 물려받은 부부의 이야기는 길었다. 밤이 깊어 갔지만 손님은 뜸했다. 한때 고갈비를 구워내던 연탄불과 젊음의 열기가 어우러지던 공간은 쇠락했고, 고갈비 골목 문화를 공유하던 청춘들은 머리 희끗한 연배가 되었다. 구석진 테이블에서 몇몇 노인이 청춘을 회상하고 있었다. 맘보, 고바우, 단골집, 청기와, 돌고래, 청코너, 홍코너, 갈박사라는 간판은 이제 그들의 기억에만 존재한다. 고갈비는 그리움이며, 낭만과 추억을 되새기는 음식인 듯 보였다.

고갈비 골목 문화는 과거가 되었으나 고갈비라는 이름은 흔적으로 남아서 그 시절의 공간을 증언하고 있다. 주인장 부부와 대화를 마치고 골목을 벗어나자 광복동의 화려한 불빛과 젊음의 물결이 넘실거리고 있었다.

민물고기야 바닷물고기야?

민물고기인지 바닷물고기인지 헷갈리는 어종이 있다. 황복을 주제로 내가 쓴 칼럼을 읽은 지인이 "민물에 사는 복어가 있는 줄 몰랐다. 바다 복어보다 비싼 이유가 뭐냐" 등의 질문을 쏟아냈다. 우선 황복을 민물고기라 한 적이 없음을 인지시켰다. '강에서 태어나 바다에 사는 물고기'라고 했을 뿐이다. 차근차근 해수와 담수를 오가는 물고기에 대해 설명해줬다.

우리 선조들은 바다와 하천을 넘나드는 물고기를 체계적으로 구분하지 않았다. 문절망둑을 김려(『우해이어보』·1803년)는 바닷물고기라 했고, 서유구(『난호어목지』·1820년경)는 민물고기에 포함시켰다. 숭어를 정약전(『자산어보』·1814년)은 바닷물고기라 했으나, 서유구는 강에서 사는 물고기로 봤다. 김려의 유배지는 진해였고, 정약전은 흑산도에서 유배 생활을 했다. 서유구는 관직에서 물러난 후 임진강 유역에 정착했다. 문절망둑을 김려는 진해의 갯벌, 서유구는 임진강 하류에서 봤을 것이다. 정약전은 흑산 바다에서 숭어를 관찰했고, 서유구는 임진강으로 오르는 숭어를 보고 강어(江魚)로 분류했을 터. 이들 물고기는 민물과 바닷물을 오가며 살 수 있는 기수어(汽水魚)다.

해수와 담수가 섞이는 곳에 사는 숭어, 전어, 은어는 물론이고 산란기에 강과 바다를 오가는 황복, 뱀장어, 연어 등도 기수어에 포함된다. 기수어에는 강에서 태어나 바다로 나가서 사는 물고기가 있고, 바다에서 태어나 강에 머무는 물고기가 있다. 황복, 웅어, 연어, 송어, 철갑상어, 황어, 사백어, 칠성장어, 은어, 빙어 등은 소하성 어류로 바다에 서식하다가 강에서 산란한다. 반대로 뱀장어, 무태장어, 꺽정이 등은 민물에서 살다가 산란하기 위해 바다로 들어가는 강하성 어류다. 숭어는 주로 바다에 살면서 해수와 담수가 섞이는 하구뿐만 아니라 강을 거슬러 오르기도 한다. 본래 바다에 살다가 하천에 산란하는 습성이었으나 담수에 적응해 민물고기가 된 육봉형 어류도 있다. 산천어가 대표적이다. 산천어는 바다로 나갔다가 산란기에 하천으로 돌아오는 송어가 담수에 적응해 민물고기로 굳어졌다.

지금까지 알려진 2만여 종의 물고기 중에서 약 1%는 이중삼투가 가능해 민물과 바닷물을 오갈 수 있는 기수어다. 민물보다 바닷물이 밀도가 높으므로 바닷물고기가 강을 오르거나, 담수 어종이 바다로 들어가면 적응하지 못해 죽는다. 농도가 다른 두 용액은 묽은 쪽에서 진한 쪽으로 용매가 이동한다. 이때 반투과성막에 압력이 발생하는데 이를 삼투압이라고 한다. 뱀장어는 민물과 바닷물이 만나는 강 하구에서 2, 3개월 머물며 삼투압과 밀도 변화에 적응한 후 바다로 나간다. 강어귀는 밀물 때 해풍을 동반하는데 뱀장어가 풍천장어라는 별칭을 가진 이유가 여기에 있다. 풍천장어라는 이름에는 '바람 부는 하천에서 잡히는 뱀장어'라는 의미가 담겨 있다.

어느 시인은 '연어, 라는 말 속에는 강물 냄새가 난다.'라고 했다. 괌 인근 마리아나 해역에서 태어난 것을 평생 기억했다가 머나먼 바다로 떠나는 뱀장어와 무엇엔가에 이끌리듯 강물을 거슬러 올라 여울목에 다다르는 황복. 먹이를 따라 바다로 나간 물고기도 있을 테고, 안전한 곳을 찾아서 강으로 들어온 물고기도 있을 터. 민물과 바닷물 경계를 허무는 경이로운 생명체가 기수어다.

청게·웅어·고랑치… 낙동강이 키운 부산 맛

여름휴가를 부산으로 간 지인들 전화를 자주 받는다. 오늘도 전화 두 통, 문자메시지 한 통을 받았다. 용건은 모두 같다. 해운대, 광안리 놀러 갔는데 횟집 추천해 달라는 내용이다. 현지 사정에 어둡고, 생선을 잘 알지 못하니 믿을 만한 사람에게 의존하는 걸 이해하지 못할 바는 아니다. 부산이 연고지인 데다 물고기를 주제로 한 칼럼, 전시, 강연 활동이 이렇게나마 실생활에 쓰임이 있으니 친절히 알려주는 편이다.

부산을 대표하는 음식인 돼지국밥과 밀면 맛집을 물어보는 사람은 없다. 인터넷으로 쉽게 찾을 수 있기 때문이다. 횟집은 인터넷 검색으로 판단하기 어려운 모양이다. 횟집 추천하는 처지에서도 어렵긴 마찬가지다. 밑반찬 가짓수보다는 회가 푸짐한 걸 선호하는 사람이 있고, 회 양은 적더라도 다양한 전채 요리를 좋아하는 부류가 있는가 하면, 창밖으로 보이는 바다 경관을 중시하는 사람 등 유독 횟집 추천할 때는 고려할 요소가 많다.

투고할 칼럼 원고 마감을 앞두고 한창 글을 쓰고 있을 때 문자메시지를 받았다. 해운대에 복국 먹으러 왔는데 복어 종류가 많아서 뭘 먹을지 모르겠으니 알려달라는 문자였다. 답변을 해준 뒤 쓰고 있던 칼럼 원고를 덮었다. 전국의 수족관에 채워진 횟감은 유사하다. 따라서 먹는 회 종류 역시 비슷할 수밖에 없으니 이번 기회에 새로운 해산물을 맛볼 수 있기를 바라는 마음으로 주제를 급하게 바꿨다.

관광객은 주로 해운대, 광안리, 송정해수욕장, 서면, 남포동, 영도의 태종대와 흰여울문화마을, 감천문화마을, 국제시장, 자갈치시장을 찾는다. 관광객 발길이 닿는 곳은 대체로 부산의 중부와 동부다. 이들 지역과는 또 다른 맛을 품고 있는 곳이 서부산이다. 낙동강을 접하고 있는 명지, 녹산, 하단, 대저 등지는 부산의 서쪽 지역이다. 다대포, 몰운대, 가덕도, 을숙도와 수많은 모래톱이 산재해 있는 곳이다. 낙동강과 바다가 만나는 기수역에서 잡히는 청게(톱날꽃게), 갈미조개(개량조개), 재첩, 꼬시래기(문절망둑), 고랑치(등가시치), 웅어, 갱갱이(곤쟁잇과의 일종) 등은 낙동강 하구가 내어주는 풍성한 해산물이다.

동남아에서나 먹을 수 있는 머드크랩의 일종인 청게가 낙동강에서도 잡힌다. 한반도에서 상업성을 가질 정도로 어획되는 곳은 낙동강 하구가 유

가덕에서 잡은 고랑치
©김창일

고랑치미역국
©김창일

청게찜
©김창일

일하다. 꼬시래기회, 고랑치회, 웅어회는 낙동강 주변에 위치한 명지, 녹산, 하단에서 제철에 먹을 수 있다. 갈미조개와 재첩, 갱갱이까지 더하면 부산의 맛은 한층 풍성해진다. 갱갱이는 여간해서는 관광객이 맛보기 어렵다. 낙동강 하구의 모래톱 물골에 서식하는 작은 갑각류의 일종으로 부산 명지를 벗어난 곳에서는 보는 것조차 어렵다. 갱갱이는 잡자마자 이물질을 선별한 후 소금, 마늘, 고춧가루 등 각종 양념에 버무려서 3, 4일간 숙성시킨 후 먹는다. 저장성이 약해서 한 달을 넘기지 못한다. 쌀밥에 참기름 몇 방울 떨어뜨려서 갱갱이젓에 비벼서 먹거나 구운 고기에 쌈장 대신 찍어서 먹기도 한다. 4, 5월이 제철이다.

서울에서 대중화되지 못한 음식은 지역민들만 좋아하는 먹거리라는 말이 세간에 떠돈다. 천만의 말씀. 청게, 웅어, 고랑치, 꼬시래기, 갈미조개, 갱갱이는 어획량이 적어서 다른 곳으로 갈 것 없이 산지에서 다 소비된다.

붉은 살 생선과 흰 살 생선

함께 근무하는 선배가 통풍 치료를 위해 병원에 갔더니 붉은살생선은 먹지 말라고 했단다. 요산 수치를 높일 수 있는 푸린 함량이 높아서 통풍 환자는 먹지 않는 게 좋다고 한다. 구내식당에서 점심 식사 할 때 생선 반찬이 나오면 어김없이 흰살생선이냐 붉은살생선이냐를 물어서 성가실 정도였다. 어느 날은 와인 마시러 갔다가 연어 안주가 나왔는데 붉은살생선이라 먹을 수 없었다며 푸념을 늘어놨다. 연어는 통풍 환자가 먹어도 되는 흰살생선이라는 걸 몰랐던 것이다.

생선의 살 색깔로 흰살생선과 붉은살생선을 나누는 것으로 생각하는 사람이 많다. 하얀색이면 흰살생선, 적색 계열이면 붉은살생선일 가능성이 높은 건 사실이지만 반드시 그런 건 아니다. 연어는 흰살생선임에도 붉은색을 띠는 건 연어의 주요 먹잇감이 크릴새우라는 데에 원인이 있다. 새우 속의 카로티노이드(carotenoid)라는 천연색소 성분이 연어 몸속에 쌓여서 적황색이 된다. 카로티노이드계 색소로는 아스타크산틴(astaxanthin)이 대표적이다. 새우류를 섞지 않은 사료를 먹인 연어의 살은 희멀겋다. 그래서 연어를 양식할 때 아스타크산틴이 함유된 사료를 먹여서 붉은색이 돌게끔 한다.

흰살생선과 붉은살생선을 구분하는 기준은 색깔이 아니라 미오글로빈(myoglobin)이다. 근육 100g을 기준으로 미오글로빈 함량이 10mg 이상이면 붉은살생선, 그 이하면 흰살생선으로 분류한다.

참치, 고등어, 전갱이, 정어리, 방어, 삼치, 꽁치, 전어, 준치, 멸치 등 붉은살생선은 대체로 등푸른생선으로 해수면 상층을 유영하는 표층 물고기다. 지속적으로 힘을 써야 하는 회유성 어류일수록 많은 산소가 필요해 미오글로빈 함량이 높다. 따라서 근육색소와 혈색소를 다량 함유해 적색육이 된다. 반면 흰살생선인 가자미, 넙치, 장어, 조피볼락, 아귀, 복어, 개복치, 참돔, 농어, 명태, 대구, 조기 등은 주로 수심층과 중층에서 활동하는 어류가 많다. 흰살생선은 순발력에 필요한 속근섬유로 이루어져 있고, 색소단백질 함량이 적어서 희게 보인다. 넙치와 우럭 등 정착성 어류, 참돔과 농어 같은 짧은 거리를 회유하는 어종, 대구와 명태처럼 먼 거리를 회유하는 물고기가 혼재돼 있다.

붉은살생선은 주로 부레가 없거나 제 기능을 하기 어려울 정도로 퇴화돼 끊임없이 움직여야 한다. 고등어는 수면 중에도 헤엄쳐야 하는 숙명이다. 같은 고등어지만 대서양고등어(노르웨이산)는 부레가 없으나, 태평양고등어(국내산)처럼 부레가 있는 경우도 있다. 또한 환경 변화에 극도로 민감해서 물 밖으로 나오면 금방 죽는다. 어민들이 '성질이 급해 제 풀에 죽는다'고 말하는 어종에 등푸른생선이 많은 이유다. 성질이 급해서 빨리 죽는 건 아니지만 어민들은 그렇게 인식한다.

활동성이 좋은 등푸른생선은 수족관에서 2, 3일 버티기 어렵다. 반면 흰살생선은 움직임이 많지 않다. 넙치, 가자미는 수족관에서 상당한 기간을 살 수가 있다. 수산시장에서 가자미, 넙치가 활발하게 움직이는 걸 고르는 소비자가 많은데 수족관에 적응이 덜 된 생선이다. 바닥 어종은 가만히 있는 게 좋고, 등푸른생선은 끊임없이 움직이는 게 싱싱한 생선이다. 홍새치, 전어처럼 흰색 살이지만 붉은살생선이 있고, 연어와 점성어처럼 붉지만 흰 살생선인 경우도 더러 있다.

'영덕대게 vs 울진대게' 경쟁과 상생

서로 이기거나 앞서려고 겨루는 막상막하의 맞수 지역이 있다. 희소한 산물을 두고 욕망과 욕망이 충돌하는 경쟁은 서로 적이 되어 무너뜨리거나 굴복시키려는 경향이 있다. 이익과 독식을 목표로 하는 경쟁은 상호배타적인 속성을 지닐 수밖에 없기 때문이다.

한때 원조 논쟁이 치열하게 전개된 지역이 있다. 경상북도 영덕군 축산면 경정리와 울진군 평해읍 거일리를 대게 원조 마을로 지정해 서로 대게의 고향이라 내세웠다. 1990년대 중반부터 대게의 본고장이라는 명성을 차지하려는 신경전이 뜨겁게 달아올랐으나, 요즘은 소모적인 논쟁을 자제하는 분위기다. 사실 의미 없는 논쟁이다. 영덕대게와 울진대게는 별개의 종이 아닐뿐더러 잡는 지역이 다른 것도 아니다. 대게의 주요 서식처는 왕돌초 인근과 울릉도·독도 해역이다. 왕돌초는 거대한 수중 암초로 면적은 대략 여의도 2배 정도로 알려져 있다. 같은 바다에서 잡은 대게잡이 어선이 영덕군 강구항과 축산항에 입항해 판매하면 영덕대게이고, 울진군 후포항과 죽변항에서 유통하면 울진대게가 된다. 어선이 입항하는 항구와 판매 지역에 따라 영덕대게냐 울진대게냐 구분할 뿐이다.

대게
©김창일

같은 해역에서 잡은 자연 상태의 대게 품질에 우열이 있을 리가 없다. 그러나 신선도를 유지할 수 있는 체계적인 유통 시스템, 청결한 위판장, 상인들의 친절도, 합리적인 가격 등에서는 차이를 만들 수 있다. 역사적 우위를 점하기 위한 힘겨루기는 무의미하므로 다른 변별력을 키우는 게 중요하다. 좋은 서비스를 앞세워 소비자와 관광객의 선택을 받으려는 선의의 경쟁은 모두에게 이로운 공생의 길이 될 수 있다.

영덕대게와 울진대게의 명성에 가려져서 잘 알려지지 않았지만, 포항시 구룡포, 경주시 감포, 울산시 정자항도 대게 어획과 유통이 활발한 곳이다. 대게는 우리나라 동해, 러시아 캄차카반도, 알래스카주, 그린란드, 일본해역에 분포하는데 울산 연안이 남방한계선이다. 2006년에는 한류를 따라 남하한 대게가 울산 근해에 몰렸다. 이때 정자항은 대게잡이 어선으로 불야성을 이뤘다.

매년 6월부터 10월까지는 대게를 포획할 수 없는 금어기이고, 11월에서 5월까지 잡을 수 있다. 시중에 판매되는 대게는 전량 수컷이다. 암컷(일명 빵게)은 어자원 보호를 위해 포획을 금하고 있다. 대게와 붉은대게(홍게)의 자연 교잡종인 너도대게도 상당량 어획되고 있다. 육지에서 가깝고 수심이 깊지 않은 연안에서 잡으면 갓바리대게, 200~400m 사이에서 어획한 것은 수심대게라 한다. 깊고 수온이 낮은 곳에 서식하는 대게일수록 살이 꽉 차서 상품성을 인정받아 고가에 거래된다. 요즘은 러시아산 대게 수입 증가로 예년에 비해 낮은 가격대가 형성돼 소비층이 확대되는 추세다.

울진대게와 붉은대게 축제가 '맛있는 대게 여행, 후포항에서 모이자'라는 주제로 열렸고, 영덕 대게축제는 '천년의 맛, 모두의 맛! 영덕대게'라는 구호로 영덕 강구항에서 열렸다. 2023년에는 두 지역 축제 기간이 겹쳤으나, 2024년은 4일 간격을 두고 진행됐다. 경쟁 관계에 있는 자치단체 간에 완전한 협력을 기대하기는 어렵겠으나, 서로를 존중하면서 건전하게 겨룰 때 대게 소비시장을 키워나갈 수 있다. 공존과 상생으로 가는 길은 멀고도 가깝다.

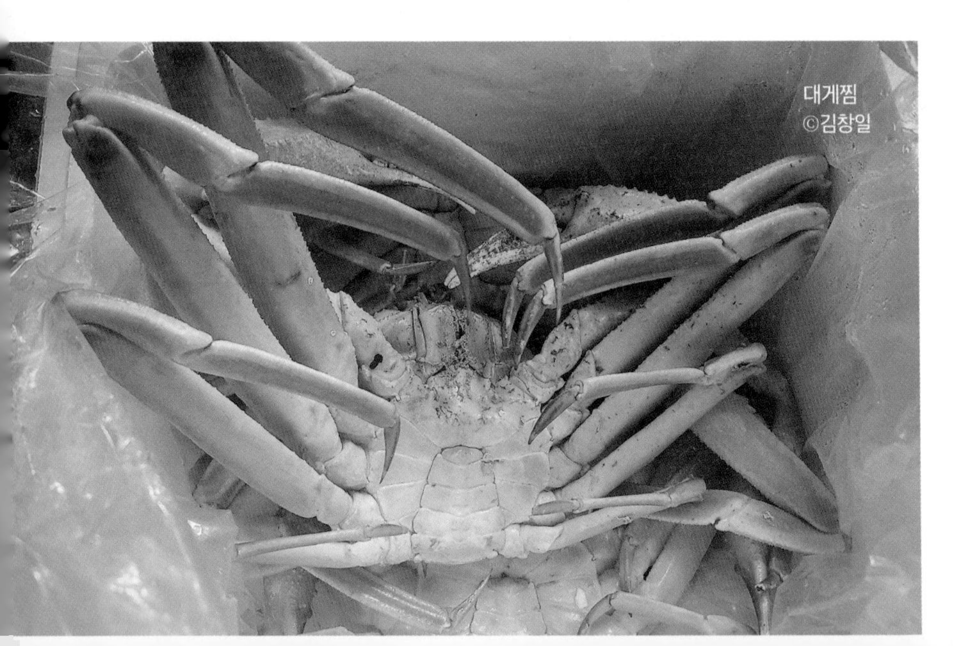
대게찜
©김창일

킹크랩을 잘 고르는 방법

좋아하는 음식 열을 꼽으라면 하나부터 열까지 해산물이다. 그중에서도 독도새우라 불리는 도화새우, 닭새우(가시배새우), 꽃새우(물렁가시붉은새우)와 대게, 킹크랩 등 갑각류가 주를 이룬다. 독도새우 3종 중에서도 가장 비싼 도화새우는 시세로 kg당 30만 원을 넘고, 닭새우와 꽃새우는 12만~18만 원 사이를 오르내리며 판매된다. 부담되는 가격이라 쉽게 먹기는 어렵다.

강연차 부산에 갔다가 기장시장을 둘러봤다. 영덕이나 울진의 여느 항구를 보는 듯 대게와 킹크랩을 판매하는 음식점이 시장 분위기를 주도하고 있었다. 전쟁으로 판로가 막힌 러시아산 킹크랩과 대게 가격이 하락한 탓인지 수족관 앞은 사람들로 붐볐다. 두 종류 다 kg당 7만5000원으로 올해 초 12만~13만 원에 비해 많이 내린 가격이라 지갑을 열기로 했다. 뭘 살까 고민하다가 종업원에게 수율을 물었다. 대게는 90%를 넘었고, 킹크랩은 80% 남짓이라고 했다. 살은 덜 찼지만 먹어본 지 오래된 킹크랩을 구매했다. 찜기에서 게가 익는 동안 종업원과 가벼운 대화를 이어갔다.

소셜미디어에 떠도는 에피소드 중에서 킹크랩 다리가 8개밖에 없다며 항의하다가 창피당했다는 사람들 이야기를 들려줬더니 손님 중에도 그런

킹크랩
©김창일

경우가 있단다. 다리 1쌍은 퇴화해 등딱지 속에 숨어 있는 걸 모르는 사람이 많다고 한다. 킹크랩은 대게, 꽃게, 민꽃게, 칠게 등 우리가 아는 일반적인 게와는 계통이 다르다. 소라게에서 수렴진화한 것이 킹크랩이다. 고래는 본디 어류와 전혀 다른 종이지만 헤엄칠 수 있는 형태로 적응한 결과, 물고기와 비슷한 외형을 갖게 된 것과 같은 이치다.

킹크랩을 구매하는 사람들을 유심히 관찰했더니 단체일 경우 예외 없이 종업원이 유도하는 대로 4kg 이상을 선택했다. 성인 1명에 0.8~1kg 먹는 것으로 잡을 때 4명일 경우 4kg 한 마리보다는 2kg 두 마리를 사는 게 유리하다. 킹크랩은 성장하며 껍데기가 두꺼워지는데 전체 무게에서 차지하는 비중이 높아 살의 양에서 손해를 본다. 나는 아내와 둘이 먹을 거라 2kg짜리를 골랐다. 쇠꼬챙이로 입을 찔러서 짠물을 빼낸 후 찜기에 넣었다. 찌고 나면 수분이 빠져나가서 1.6kg 정도로 줄어든다. 다 먹은 후 껍데기 무게를 재면 700g 내외가 되니까 살의 무게는 900g가량으로 보면 된다. 실제로 먹을 수 있는 살의 양은 최초 수족관에서 꺼내 잴 때 무게의 45% 정도로 계산하면 된다.

수족관을 유심히 보면 계절에 따라 킹크랩 종류가 달라지는 걸 알 수 있다. 늦가을과 겨울에는 등딱지 가운데에 뿔이 4~5개 달린 레드킹크랩(왕게)이 수입된다. 봄과 여름에는 등딱지 가운데에 6개의 뿔이 육각형을 한 블루킹크랩(청색왕게)으로 교체된다. 둘 다 암컷보다는 수컷이 맛있다. 암수 구별은 여타의 게처럼 배딱지가 뾰족한 삼각형이면 수컷이고, 둥글면 암컷이다. 배 부분이 깨끗하면 탈피한 지 얼마 되지 않았을 가능성이 높다. 따라서 지저분해 보이는 걸로 고르는 게 좋다.

아내는 감탄하며 게살을 맛있게 먹은 후 내장 맛을 보더니 실망한 표정이 역력했다. 게 내장을 좋아하는 사람은 킹크랩이나 대게보다는 고소한 맛이 일품인 동해 북쪽에서 잡히는 털게나 남해안에 서식하는 왕밤송이게, 톱날꽃게(청게)를 추천한다.

낙동강 청게, 어디서 왔을까

항구에서 홀로 그물 손질하는 노인의 손놀림은 빠르고 로봇처럼 정확했다. 무슨 물고기 잡는 그물이냐며 조심스럽게 말을 붙였다. 마을에서 최고령 어민이라고 자신을 소개한 82세의 김 노인은 말동무를 만난 반가움 때문인지 계절별로 잡히는 물고기에 대해 한참을 설명했다. "가덕도는 겨울 대구, 봄 숭어, 가을 전어가 유명한데 예전만 못해요. 대신에 거들떠보지도 않던 물고기가 비싸게 팔려서 밥은 먹고삽니다. 고랑치(등가시치), 똥게(톱날꽃게)는 팔리지 않아서 찬거리로 사용했는데 요즘은 다른 데로 갈 것도 없어요. 여기서 다 소비해요. 가덕도까지 고랑치 먹으러 오는 사람들이 많아요. 똥게, 갈미조개(개량조개)는 녹산과 명지가 유명합니다." 노인이 말한 가덕도, 녹산, 명지는 낙동강 하구의 민물과 바닷물이 만나는 기수역에 위치해 사계절 다양한 어종이 잡히는 지역이다.

그물 손질하던 노인을 만난 2020년은 가덕도에 장기간 머물며 어업 조사를 할 때였다. 고랑치와 갈미조개는 자주 먹었으나, 똥게는 접할 기회가 없었다. 노인과 헤어진 후 어떤 맛인지 궁금해서 곧장 명지항으로 향했다. 수산시장과 횟집 수족관을 샅샅이 살폈으나, 보이지 않았다. 상인에게 물었더니 7월에서 10월까지 잡히는 시기에만 먹을 수 있단다. 실망하며 선창으

낙동강 청게
©김창일

로 나갔다가 출항 준비에 여념이 없는 어민을 만났다. 일손을 멈추고 담배 피우는 틈을 타서 말을 건넸다. 4월부터 6월까지는 고랑치를 잡고, 7월부터는 똥게를 잡는단다. '청게'를 '똥게'라 부르는 이유를 물었더니 "진흙 바닥이나 갈대밭의 흙탕물에 살아서 예전에는 다들 똥게라고 했어요. 신호대교 위쪽에서부터 녹산대교 아래쪽까지 잘 잡힙니다"라고 말했다. 하굿둑이 건설되기 전에는 아이들이 물놀이하다 똥게에 물려서 발가락이 잘리는 일도 있었단다. 자신도 물려서 병원 치료를 받은 적이 있다고 했다. 집게발 무는 힘이 다른 게와는 차원이 다르다면서 손가락을 내밀며 흉터를 보여줬다.

우리 바다에는 꽃게, 민꽃게, 깨다시꽃게, 점박이꽃게, 두점박이민꽃게 등 다양한 꽃게가 있으나, 유독 청게는 서식지가 낙동강 하구에 한정돼 있다. 섬진강 하구나 제주도 등지에서 간혹 발견되지만, 상업성 있는 규모로 잡히는 곳은 낙동강 하구 연안이 유일하다. 부산의 특화 품종으로 육성하면서 청게 어획에 나서는 어민이 늘었다. 청게 종묘 생산에 성공한 2010년 이후 매년 방류 사업을 진행해 개체 수가 증가하고 있으나, 식도락가들이 찾던 별미가 점차 알려지면서 수요를 충족하기에는 턱없이 부족하다.

청게의 표준명은 톱날꽃게인데 낙동강 청게가 토착종인지 외래종인지에 관한 설이 분분하다. 동남아에서 맹그로브크랩 혹은 머드크랩이라고 부르는 톱날꽃게와 낙동강 청게는 색깔과 집게발 모양 등에서 미세하게 다르다. 일각에서는 1960~70년대에 동남아시아로부터 목재를 수입하던 선박 평형수를 통해 톱날꽃게가 유입됐을 것으로 추정한다. 이러한 추측이 방송을 통해 소개되면서 마치 정설인 것처럼 전해지고 있다. 이외에 해류를 따라 이동했을 가능성이 제기되고 있다. 하지만 외래종이라 단정 지을 근거는 없다. 일제강점기에 거제도에서 톱날꽃게 미성숙 개체가 채집돼 발표된 적이 있다. 따라서 오래전 낙동강 하구에 정착했을 가능성도 열려 있다.

이탈리아산 푸른 꽃게, 한국 소비자의 선택은?

한국인의 꽃게 사랑은 유별나다. 세계에서 꽃게를 가장 많이 어획하는 중국과 두 번째로 많이 잡는 한국은 서해에서 꽃게 어획 경쟁을 벌이고 있다. 꽃게잡이 전진기지인 연평도에 1년을 상주하며 해양 문화를 조사할 때 어촌계 사무실에서 시간을 보내곤 했다. 해양수산 관련 정보가 모이는 곳이므로 매일 들르다시피 했으나, 특정한 시기에는 방송 카메라의 홍수에 밀려 발을 들여놓을 수가 없었다. 어촌계장과 인터뷰하려는 방송사 카메라가 연일 장사진을 쳤기 때문이다. 암꽃게를 잡는 어획기(4월 1일~6월 30일)와 수꽃게 잡는 시기(9월 1일~11월 30일)에 어촌계장은 인터뷰하느라 분주한 나날을 보냈다. 한국인에게 꽃게는 중요한 수산물이므로 방송사도 꽃게 어획량에 관심을 가질 수밖에 없을 터.

2023년 이목을 집중시킨 뉴스가 있었다. 이탈리아 해안에 푸른 꽃게가 유입돼 골머리를 앓는다는 소식이 전해졌다. '푸른 꽃게의 재앙', '처치 곤란', '바다의 테러리스트', '푸른 꽃게와의 전쟁' 등 흥미를 끄는 기사 제목이 넘쳤다. 뉴스를 접한 다수의 한국인은 고개를 갸웃거렸다. 맛있는 꽃게를 어째서 안 먹는 거냐는 반응이 주를 이뤘다. 언론사가 머나먼 이탈리아의 푸른 꽃게 개체수 증가에 관심을 둔 것은 한국인의 유별난 꽃게 사랑과 무

이탈리아산 푸른꽃게
©김창일

관치 않다.

푸른 꽃게는 대서양 서부에 서식하는 종인데, 이탈리아와 스페인 등 지중해로 유입돼 확산됐다. 이탈리아는 '봉골레 파스타'의 주재료인 봉골레(모시조개) 양식을 많이 해 유럽에서 조개 생산량이 가장 많은 나라다. 그런데 난데없이 푸른 꽃게가 나타나서 봉골레, 바지락 등을 닥치는 대로 먹어치우는 바람에 양식업 피해로 이어졌다. 이에 이탈리아 정부는 푸른 꽃게 퇴치 작업을 벌였다.

한국의 수산물 수입업자들은 발 빠르게 움직였다. 그 결과, 2023년 10월부터 푸른 꽃게 수입이 시작됐다. 막상 수입되고 보니 소비자의 기대만큼 저렴하지 않았다. 이탈리아에서 골칫거리를 수입하는데 비쌀 이유가 무엇이냐는 불만이 일었다. 반면 수입업자들은 "이탈리아인이 게를 즐겨 먹지 않아 부족한 냉동창고 등 수입을 위한 기반 시설이 필요했고, 국내 검역 기준에 맞춰 세척부터 손질까지 모든 과정을 새롭게 가르치는가 하면 인건비, 세척비, 포장비, 운송비 등의 물류비가 만만찮아서 가격 상승이 불가피함을 주장했다.

이탈리아산 푸른 꽃게 수입과 유사한 사례가 앞서 있었다. 튀니지는 2014년 외래종 꽃게의 이상 번식으로 골머리를 앓았다. 현지 판매를 시도했으나, 꽃게 요리가 대중적이지 않아서 효과를 보지 못했다. 2017년부터 한국, 중국, 일본, 태국 등 아시아 국가들이 대량 수입함으로써 외래 침입종이 귀중한 수출품이 됐다.

한국산 꽃게와 맛을 비교하기 위해 푸른 꽃게를 주문해 찜과 게장을 만들고, 된장찌개와 라면에 넣어서 시식했다. 한국산 꽃게 상등품에 비할 바는 못 되지만 비슷한 크기의 냉동 꽃게와 비교했을 때 유의미한 차이점을 느끼지 못했다. 크기가 작아서 찜용으로는 적당치 않을 것 같았고, 한국에서 꽃게 가격이 상승하는 봄가을에 탕, 튀김, 저렴한 게장, 가공식품 재료 등의 대체재 가능성은 엿보였다. 꽃게 보는 눈이 높은 한국 소비자에게 푸른 꽃게가 선택받을 것인지, 외면받을 것인지 아직은 미지수다.

이탈리아산 푸른꽃게 난소
©김창일

독도새우 찬가

부산에서 친구들을 만났다. 함께 길을 걷다 횟집 앞 수조에 가득한 독도새우가 눈에 들어왔다. 특유의 '설명 병'이 도졌다. "독도새우는 표준명칭이 아니고 독도나 울릉도 인근 해역에서 잡히는 일명 꽃새우, 닭새우, 도화새우를 말해. 꽃새우는 물렁가시붉은새우, 닭새우는 가시배새우가 표준명칭이고…." 대단한 인내심으로 설명을 들어준 친구들이 고마워 한마디 더 보탰다. "얼마나 맛있으면 트럼프 대통령이 방한했을 때 청와대 환영 만찬 메뉴에 올렸겠어. 상당히 비싸지만 다음에, 독도새우를 맛보여 줄게." 친구들은 독도새우를 눈앞에 두고 다음이 웬 말이냐며 횟집으로 들어갔다. 한 접시를 시키니 손가락만한 새우 8마리가 나왔다. 이걸로 세 명의 술안주가 되겠냐는 핀잔에 곧장 한 접시를 추가해야 했다.

내가 독도새우에 대한 지식을 쌓을 수 있었던 건 몇 해 전의 현장 조사 경험 덕분이다. 하루는 독도새우잡이 어선에 이튿날 새벽 동승하기로 선장과 약속했으나 샛바람이 예상돼 취소되고 말았다. 허탈해진 조사원들은 초저녁부터 해변에 앉아 맥주를 마셨다. 늦은 밤, 해변을 지나던 선장이 우리를 발견하고는 날씨가 조업할 정도는 될 것 같으니 배 탈 준비를 하라고 했다.

어선 위에서 꽃새우, 닭새우 분류
©김창일

이른 새벽, 늦도록 술을 마신 조사원들은 어선에서 뱃멀미를 피할 수 없었다. 10시간 이상을 혼미한 상태에서 조사와 촬영을 했다. 오로지 빨리 입항하기만을 기다렸다. 항구에 도착하자마자 선장은 자신의 집으로 우리를 데리고 갔다. 지친 조사원들을 위해 시원한 콩국수를 내왔다. 동료들은 맛있게 먹었지만 나는 속이 메스꺼워 입에 대지 않았다. 뒤이어 독도새우가 쟁반 위에 소복이 담겨 나왔다. 속은 불편했지만 한입 먹어봤다. 그 이후부터는 껍질 까는 손을 멈출 수 없었다. 선장은 나를 보며 "속이 불편해도 독도새우는 잘 들어가죠"라며 웃었다. 정말 그랬다. 뱃멀미를 잊게 하는 맛. 머리에 닭 볏처럼 생긴 가시가 있는 닭새우는 쫄깃하고 단맛이 나서 랍스터와 유사했다. 꽃새우는 식감이 부드럽고 단맛이 강하고, 도화새우는 육질이 단단하고 담백했다. 이런 독도새우들 앞에서는 체면을 차릴 수가 없었다. 그 후 선장이 새우 잡아오는 날을 기다렸다가 싼 가격에 구입해 회식을 하곤 했다.

정부는 2018년 국내 최초로 도화새우 알을 부화시켜 일정기간 사육하는 데에 성공하여 12만 마리를 울릉도 연안에 방류했고, 다음해에는 대량으로 생산하여 처음으로 독도 해역에 30만 마리를 방류했다. 1.5~2.5cm의 어린 새우들은 4~5년 뒤 20cm 이상으로 자란다. 앞서 2013년부터는 꽃새우는 매년 5만~10만 마리를 방류하고 있다. 본궤도에 오른 독도새우 방류사업이 성공하길 소망한다. 그리하여 서민들의 밥상에도 독도새우가 오르는 날이 오기를. 그런 날이 오면 정상회담 공식 만찬 메뉴에 독도새우가 올랐다는 이유로 이웃나라에서 불쾌감을 드러내는 황당한 일은 없지 않겠는가.

꽃새우와 닭새우
©김창일

입항 후 독도새우 맛보기
©김창일

배 위에서 담그는 젓갈, 젓새우

김장할 때 멸치액젓을 넣는 곳이 있는가 하면 새우젓을 애용하는 지역이 있다. 경기·서울을 중심으로 한 중부지역은 새우젓갈문화권, 남해안과 동해안은 멸치젓갈문화권이다. 호남·충청권은 멸치젓과 새우젓이 혼재한다. 해당 지역의 바다에서 어떤 어종이 잡히느냐에 따라 젓갈문화권이 결정된다.

김장철이면 인천 강화군 외포항 젓갈수산시장은 김장용 젓갈인 추젓을 구입하려는 인파로 북새통이다. 강화도는 밴댕이(반지), 젓새우, 숭어, 병어, 실뱀장어, 웅어, 까나리, 황복 등 다양한 어족자원으로 주목받고 있다. 가장 큰 비중을 차지하는 어종은 젓새우다. 강화 바다는 한강, 예성강, 임진강을 통해 많은 민물이 유입돼 염도가 낮고 갯벌이 넓어 먹이가 풍족해 젓새우 서식지로 최적이다. 덕분에 국내에서 어획되는 추젓의 70%가량을 강화도에서 생산한다. 젓갈시장 좌판을 둘러보면 오젓, 육젓, 자젓, 추젓, 동백하, 데뜨기 등 다양한 이름의 푯말이 꽂혀 있다. 모두 같은 새우지만 잡는 시기와 크기에 따라 달리 부른다. 음력으로 5월에 잡히면 오젓, 6월은 육젓, 8월은 자젓으로 알에서 깨어난 지 얼마 되지 않은 작은 새우다. 9월과 10월은 추젓, 동백하는 겨울에 잡고, 3~4월에 잡는 젓새우를 강화도 어민들은

추젓 담그기
©국립민속박물관

데뜨기라고 한다.

젓새우는 장기세대와 여름세대가 있다. 장기세대는 음력 7월 하순부터 10월 초순경 알에서 깨어나 겨울에 성장을 멈췄다가 4월부터 성장해 5월과 6월경 알을 낳고 1개월 후에 죽는다. 겨울을 나기에 월동세대라고도 한다. 수명은 9~10개월로, 크게 자라는 오젓과 육젓이 여기에 해당한다. 여름세대는 음력 5월부터 6월 상순에 알에서 깨어나 7월부터 10월 사이에 산란한다. 수명이 3개월 내외다. 동일한 종의 새우인데 산란 시기에 따라 수명이 3배 차이가 난다.

지난해 99km에 이르는 강화도 해안선을 수시로 돌았다. 하루는 해안선에서 가까운 바다에 정체를 알 수 없는 어선이 일정한 거리를 유지한 채 곳곳에서 닻을 내리고 있는 모습을 봤다. 조업하는 것 같지는 않고, 정박도 아닌 듯싶었다. 갯벌로 나가는 주민에게 무슨 배냐고 물었다.

꽁당배 철망작업
©국립민속박물관

"젓새우를 잡는 '꽁당배'는 한 번 위치가 정해지면 1년 내내 그 자리에서 조업해요. 배는 고정돼 있지만 밀물과 썰물이 바뀔 때마다 그물을 끌어올립니다. 잡힌 새우는 배 위에서 선별 작업을 하고 곧바로 젓갈을 담가요. 조수가 바뀔 때마다 밤낮없이 하루에 네 번씩 같은 일을 반복하니 선원들이 배에서 생활할 수밖에 없어요."

선체 꽁무니에 쇠로 만든 봉을 싣고 다닌다 하여 꽁당배, '꽁지배'라 하는데 날개를 팔랑거리는 듯 보여 '팔랑개비'라 부르기도 한다. 선원 3, 4명이 꽁당배에 체류하며 젓새우를 잡는다. 어획한 새우는 배 위에서 두세 차례 불순물을 걸러낸 후 곧바로 젓갈을 담근다. 밀물과 썰물이 바뀌는 6시간 간격으로 주야를 가리지 않고 동일한 작업을 반복한다. 선원들은 2주마다 2, 3일 육지로 나와 휴식을 취한 후 다시 배로 돌아간다. 조선시대부터 줄곧 배 위에서 새우젓을 담가 왔다. 이렇듯 지난하고 힘든 작업 과정을 거쳐 김장용 젓갈이 만들어진다. 중부권 김장김치 맛은 오래전부터 강화 바다로부터 시작되었다.

싱싱한 굴, 한국 바다의 선물

패총에서 굴 껍데기 비중은 압도적이다. 여타 조개류와는 달리 눈에 잘 띄고, 숨거나 도망갈 수 없으므로 고대인들이 손쉽게 채취할 수 있었다. 패총을 마주할 때면 궁금증이 맴돌곤 한다. 수천 년 전 패류 독소에 중독되거나 사망한 사람이 얼마나 됐을까. 굴 섭취로 인한 사망 기록은 조선시대에나 나타난다. 성종 24년 웅천(熊川)에서 굴을 먹고 24명이 사망했다. 뒤이어 연산군 2년에도 웅천에서 사망자가 나왔다. 각 지방 읍지를 엮은 여지도서(輿地圖書)에 기록돼 있다. 패류 독소에 의한 사망으로 추정된다. 3월부터 발생해 6월 중순경 해수 온도가 18도 이상 상승하면 패류 독소는 자연 소멸한다.

웅천은 지금의 진해만과 가덕도 일대다. 『세종실록지리지』에 굴, 대구 등을 이곳 토산으로 기록하고 있을 정도로 예로부터 굴이 풍부했다. 특히 가덕도 해안은 파도가 적은 내만이면서 조류 흐름이 원활해 물이 깨끗하다. 또한 담수 유입량이 적당하고, 플랑크톤 번식에 필요한 영양염류가 풍족해 굴 생장에 좋은 조건이다. 이런 이유로 1923년에 최초로 규립식 살포법을 가덕도 갯벌에서 실험해 굴 양식에 성공했다. 굴을 양식하는 어민을 만나기 위해 가덕도 부속섬인 눌차도를 방문한 적이 있다. 바다는 온통

가덕대교에서 보이는 굴종패 양식장
©국립민속박물관

굴 종패 양식장으로 둘러싸여 있었고, 마을과 마을을 잇는 도로는 마주 오는 차를 비켜나기 어려울 정도로 좁았다. 눌차도에서 대를 이어 굴 종패 양식업을 하는 고 씨는 굴 껍데기 때문에 그나마 땅이 많이 확장됐단다. 배출되는 굴 껍데기를 갯가에 쌓아둔 것이 자연스레 매립되면서 육지가 됐다고 한다. 이렇게 만들어진 땅이 마을 원래 면적보다 넓다고 말했다. 유심히 살폈더니 텃밭과 도로는 물론이고 굴 껍데기 매립지 위에 주택까지 들어서 있었다. 신석기 패총 수백 개 합친 규모의 현대판 패총이었다.

돌아가는 길에 굴 판매장을 들렀다. 주인장께 원산지를 물었더니, 가덕도라는 답변이 돌아왔다. 황당한 표정으로 주인장을 바라보며 예전엔 굴 양식을 했지만, 지금은 종패 양식만 하는 걸로 아는데 무슨 말씀이냐고 대거리를 했다. 주인장의 말인즉슨 가덕도에서 태어난 치패가 통영 바다에서 어른이 돼 고향으로 돌아왔으니 원산지는 가덕도가 아니겠냐는 농담 반 진담 반의 말이었다. 한때 전국 굴 종패 70~80%를 가덕도에서 생산한 적이

굴껍데기 매립지에 들어선 주택가
©김창일

있다. 그러니 통영과 전남 등지에서 양식하는 굴의 고향이 가덕도라는 말이 영 엉뚱한 답변은 아닐 터. 가덕도 바다에서 태어나서 통영 바다에서 생장해 가덕도에서 판매된 생굴을 들고 기분 좋게 집으로 향했다.

'굴은 보리 이삭 패면 먹지 말라'는 말이 있다. 굴의 산란기는 5~8월로 독소가 생성돼 식중독을 일으킬 수 있으며, 육질이 떨어지고 아린 맛이 강하다. 그래서 따뜻한 계절에는 굴을 캐지 않는다. 날씨가 쌀쌀해지면서 제철 굴을 맛볼 시기가 왔다. 우리 바다는 굴 생육조건에 적합한 환경으로 생산력이 다른 나라에 비해 월등히 높다. 이런 까닭으로 세계에서 가장 저렴하게 굴을 즐길 수 있는 특혜를 누리고 있다. 바다 향 가득 머금은 싱싱한 굴을 쉽게 먹을 수 있는 것은 한국 바다가 주는 선물이다.

바위에 붙은 굴
©김창일

굴의 나라 명성을 지키려면

전국에 산재해 있는 패총에서 굴 껍데기 비중은 압도적으로 높다. 사시사철 채취할 수 있는 조개류와 고둥류 등이 다양함에도 독소가 발생해 특정 시기에는 먹지 못하는 굴의 비율이 월등하다. 이로써 오래전부터 굴이 한반도 해안가에 번성했음을 미루어 짐작할 수 있다.

예로부터 굴은 보리 이삭이 패면 먹지 말라고 했고, 벚꽃이 지면 캐지 않는다고 했다. 유럽에서는 'R'자가 들어가지 않는 5월부터 8월(May, June, July, August)에 먹으면 안 된다는 말이 있다. 굴은 이 시기에 산란기 독소가 생성돼 아린 맛이 난다.

수산 시장을 방문한 외국인들은 굴을 그물망에 가득 담아서 무게 단위로 판매하는 광경을 보면 놀란다. 한국처럼 싼 가격에 굴을 먹을 수 있는 곳이 흔치 않기 때문이다. 그만큼 남해, 서해는 굴 양식에 최적의 환경을 갖추고

1960년대 굴 채취 장면
©옹진군청

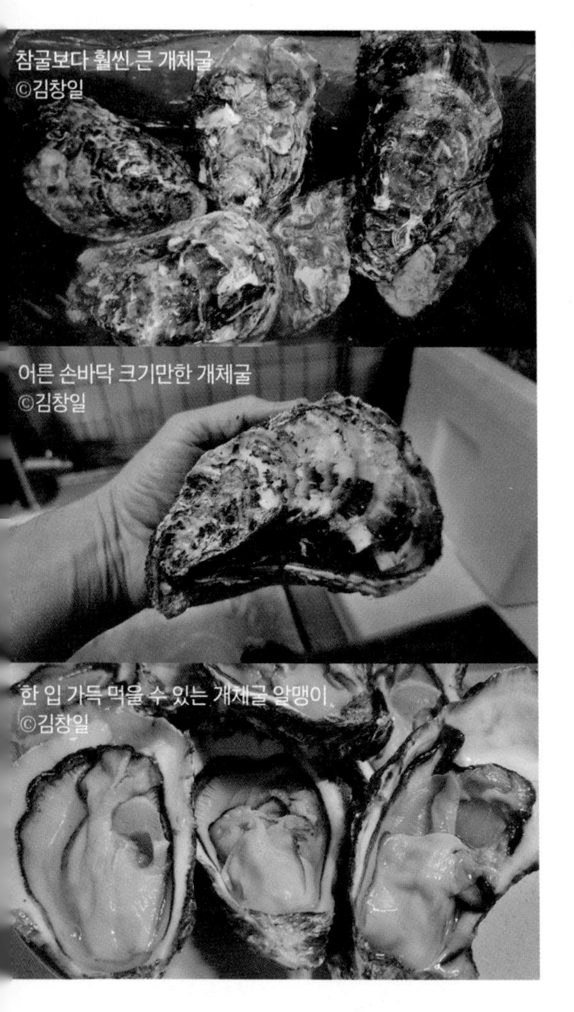
참굴보다 훨씬 큰 개체굴
©김창일

어른 손바닥 크기만한 개체굴
©김창일

한 입 가득 먹을 수 있는 개체굴 알맹이
©김창일

있어 수확량이 많다. 한국은 저렴한 가격으로 굴을 마음껏 즐길 수 있는 데다가 이제는 사시사철 먹을 수 있는 길이 열렸다.

요즘 손님을 초대할 때면 개체굴(기존 다발 양식과 달리 개체 간격을 띄워 양식한 굴)을 자주 내놓는다. 올겨울 우리 집을 방문해 개체굴을 맛본 지인이 10여 명에 달하는데 모두 처음 먹어봤단다. 개체굴은 참굴에 비해 월등히 크고, 진한 맛과 향긋함이 일품이다. 무엇보다도 사계절 내내 먹을 수 있는 장점이 있다.

시중에서 흔히 보는 참굴은 껍질을 포함한 무게가 100g 미만이다. 개체굴은 참굴과 마찬가지로 염색체가 2쌍인 2배체(100~150g)와 염색체가 3쌍인 3배체가 있다. 3배체굴은 200~300g으로 어른 손바닥만 하다. 성장률도 참굴에 비해 2.5~3배에 달한다. 생식소 발달에 사용할 에너지를 성장하는 데에 이용해 빠르고 크게 자란다. 또한 독성을 만들지 않아 연중 생산할 수 있다.

국립수산과학원은 2014년 3배체굴 생산을 위한 4배체 기술을 획득했다. 인공종묘배양장에서 4배체굴의 정자와 2배체굴의 난을 수정시켜 3배체굴 생산에 성공했다. 2015년 대량 생산을 위한 시범 양식을 추진했고, 2016년 어민들에게 모패를 분양했다. 참굴 양식은 통영 바다에 70%가 집중돼 있으나, 개체굴 양식장은 통영시, 거제시, 남해군, 고성군, 고흥군, 신안군 등 남해안 전역으로 확산되고 있다. 기존의 참굴 양식장에서 사용하는 스티로폼 재질의 부표(1만 ㎡당 1600여 개) 사용량을 개체굴 양식에서는 대폭 줄인(1만 ㎡당 600개) 친환경적인 양식 기술을 선보이고 있다.

부가가치 높은 굴 생산 못지않게 뒤따라야 할 건 양식장의 위생 환경이다. 생굴을 좋아하던 사람도 노로바이러스에 감염돼 고생한 후 굴을 기피하는 경우가 꽤 있다. 정화 시설이 제대로 갖춰지지 않은 양식장 인근 화장실이나 어선과 낚싯배 등에서 유입되는 인분의 폐해는 심각하다.

2012년 미국 식품의약국(FDA)은 한국 굴 양식장에서 식중독 원인균인 노로바이러스를 검출했다. 양식장으로 인분이 유입되고 있음을 지적하며 한국산 굴 수입을 전면 금지했다. 이후로 남해안의 여러 지자체는 해상 공중화장실을 설치하는 등 환경 정화를 위해 노력했고, 수출은 재개됐다. 지자체와 양식장 어민들의 환경 개선을 위한 노력은 이어지고 있다. 그럼에도 여전히 노로바이러스에 감염돼 고생한 경험담을 자주 접한다. 굴 소비시장을 확장하는 지름길은 노로바이러스로부터 청정한 바다를 만드는 것이다.

낙동강 재첩의 추억

"재칫국 사이소, 재칫국." 재첩국 아지매의 목소리가 잠결에 환청처럼 크게 들렸다가 점점 멀어지며 희미해질 즈음 급하게 일어나 등교 준비를 하곤 했다. 골목길을 누비던 재첩국 아지매의 독특한 억양과 목소리를 부산의 중장년층은 기억할 터. 뽀얗게 우러난 국물에 부추를 썰어 넣은 맑고 은은한 재첩국과 재첩숙회무침에 밥을 비벼서 먹던 추억의 맛은 아직도 선명하다.

낙동강 재첩은 부산의 명지, 엄궁, 하단과 김해시는 물론이고 양산시 물금읍과 원동면에 이르기까지 광범위하게 분포했다. 그만큼 개체 수가 많아서 국내 최대 산지였다. 1983년 착공해 1987년 완공한 낙동강 하굿둑 조성으로 생산량이 급감했다. 이를 계기로 재첩 주산지는 섬진강으로 옮겨갔다. 낙동강 재첩은 섬진강 재첩과는 달리 껍데기가 까맣고 반질반질 윤기가 돌았다. 강변 마을은 재첩 껍데기가 쌓여 언덕을 이뤘고, 집집마다 재첩 씻는 소리가 담장을 넘었다고 노인들은 회상한다.

1960년대 후반부터 일본으로 수출길이 열리면서 낙동강 재첩잡이는 더욱 활기를 띠었다. 가격이 높게 형성되자 재첩을 잡지 않던 사람들까지 뛰어들었고, 주요 포구는 재첩배로 넘쳐났다. 마을마다 어촌계를 중심으로 공유수면에 대나무 말뚝을 박아 조개장이라는 재첩 양식장을 만들면서 곳곳에서 실랑이가 벌어지곤 했단다. 국립민속박물관에서 발간한 '낙동강 하구 재첩마을과 재첩잡이'(황경숙 저)에 따르면 낙동강 재첩잡이 어민들은 1980년대부터 섬진강, 강원도 송지호, 울산 태화강, 포항 형산강 등지로 재첩잡이 원정을 떠날 정도로 기술이 뛰어났다. 국내 최대 재첩 생산량과 앞선 재첩잡이 기술을 자랑했으나, 하굿둑 조성으로 재첩잡이는 명맥이 끊기다시피 했다.

하굿둑은 물 공급 등 나름의 역할을 했으나, 생태계를 파괴한 것도 사실이다. 이에 정부는 2017년부터 낙동강 하굿둑 수문 시범 개방을 추진해 생태복원 가능성을 확인해 왔다. 2022년 2월부터 매월 밀물이 가장 높은 대조기마다 수문을 열고 있다. 하굿둑 상류로 바닷물이 유입되도록 해 자연 상태에 가까운 기수역(강물과 바닷물이 섞이는 곳)을 만들기 위해서다. 농토에 피해가 없도록 바닷물이 올라가는 범위를 하굿둑에서 상류 15km 이내로 제한하고 있다.

현재 최대 재첩 산지는 섬진강으로 국내 생산량의 70% 이상을 차지한다. 섬진강 재첩잡이는 경남 하동군(75ha)과 전남 광양시(65ha)가 양분하고 있다. 두 지역 주민들은 장대 끝에 부챗살 모양의 긁개가 달린 '거랭이'라 부르는 손틀 도구를 이용해 재첩을 캔다. '하동·광양 재첩잡이 손틀어업'은 2018년에 '국가중요어업유산(제7호)'으로 지정됐다. 오랜 시간에 걸쳐 형성된 유·무형의 어업자원으로 보전 가치를 입증받은 셈이다. 섬진강 상류 주암댐 건설 이후 유량이 줄어 유속이 느려지고, 광양만 일대 준설로 바닷물이 역류하면서 재첩 서식 환경이 나빠지고 있다. 주민들은 치패 방류 사업과 재첩 서식지를 잠식하는 우럭조개를 잡아내는 등 재첩 보호에 힘쓰고 있다. 섬진강 재첩 서식지가 잘 보존되고, 낙동강 생태가 복원돼 어느 지역 재첩이 맛있는지를 두고 미식가들이 옥신각신하는 모습을 미리 상상해 본다.

혼란스러운 그 이름 '고둥, 고동, 소라'

이름이란 다른 것과 구별하기 위해 사물, 현상 따위에 붙여서 부르는 말이지만 해산물은 이름 때문에 오히려 헷갈리는 경우가 많다. 책의 앞 쪽에 "너는 '참'이고 나는 '개'란 말이여?"에서 언급했듯이 '숭어'와 '가숭어' 두 종의 숭어는 참숭어가 됐다가 개숭어가 되기도 한다. 어디선가 '참'은 다른 곳에서 '개'가 되고, 여기서 '개'는 저기서 '참'이 된다. 지역에 따라 참이 개가 되고, 개가 참이 되는 것이다. 그곳에서 많이 나는 것이 참일지니, 참은 참만의 본성이 따로 있지 않다.

고둥류 역시 이름 때문에 혼란스러울 때가 많다. 어느 날 해산물 정보를 알려주는 웹사이트 동영상을 본 적이 있다. 잘 알려진 채널 운영자였는데 참소라에 대해 설명을 했다. 부가적인 설명 없이 참소라라고 하는 게 의아했다. 그냥 참소라라고 하면 시청자의 거주지에 따라 다르게 받아들일 터였다. 서해에서는 피뿔고둥, 동해는 갈색띠매물고둥, 제주도와 남해안 일부 지역에서는 뿔소라를 참소라라 한다.

예를 들어, 참소라 타액선의 제거 필요성을 설명한다고 치자. 일부 고둥류에는 어민들이 귀청 혹은 골, 침샘이라 부르는 타액선이 있는데 '테트라

동해의 갈색띠매물고둥 ©김창일
삼척 물레고둥 ©김창일
부산 송정 뿔소라 ©국립민속박물관
서해 피뿔고둥 ©김창일

민(tetramine)'이라는 신경독성이 함유돼 있다. 고둥을 까서 가운데를 세로로 가르면 유백색 혹은 노란색의 타액선 덩어리가 나온다. 많은 양을 섭취하면 어지럼증, 졸음, 오한, 설사, 구토, 두통, 식은땀이 나는 증상이 나타날 수 있다. 동해의 참소라(표준명 '갈색띠매물고둥'·이하 괄호 안은 표준명)은 타액선의 양이 상당히 많아서 제거하고 먹어야 한다. 반면 제주와 남해의 참소라(소라·일명 뿔소라)는 타액선이 없다. 서해의 참소라(피뿔고둥)는 타액선이 작아서 그냥 먹는 사람도 있다. 참소라에 대해 설명할 경우 청자의 거주지에 따라 달리 받아들일 가능성이 높다.

앞에서 언급한 종류 외에 타액선을 없애고 먹어야 하는 고둥으로는 전복소라(관절매물고둥), 나팔골뱅이(조각매물고둥),

털골뱅이(콩깍지고둥) 등이다. 타액선 없는 고둥류는 백골뱅이(물레고둥·일명 참골뱅이)와 통조림용으로 주로 이용되는 흑골뱅이(깊은물레고둥), 범고둥(수랑), 코고동(각시수랑) 등이 있다. 이상으로 나열한 고둥류 명칭을 살펴보면 고둥, 고동, 소라, 골뱅이가 규칙 없이 혼재돼 있음을 알 수 있다. 소비자는 물론이고 어민들조차 혼란스러워서 잘 구별하지 못한다. 소라와 고둥은 같은 뜻으로 쓰일 때가 많다. 고둥은 연체동물문 복족강에 속하는 나사형태의 패각을 가진 동물의 총칭으로 소라보다 넓은 개념이다. 소라는 소랏과로 분류되는데 고둥의 한 종류라 할 수 있다.

고둥이 표준명이지만 강원, 경상, 전남, 충남 등 많은 지역에서 고동이라고 한다. 언중에게 '고둥'보다 '고동'이 절대적으로 우세하다. 『우해이어보』(1801년)와 『자산어보』(1814년)에 '고동(古董)', '고동(古董)'으로 적혀 있고, 동문유해(1748년), 방언집석(1778년), 한청문감(1779년) 등 거의 모든 고문헌에 '고동'으로 표현돼 있다. '고둥'은 경기 일부 방언이었으나 표준어로 채택되는 바람에 '고동'이 비표준어로 밀려났다. 현장에서 통용되는 용어와 괴리된 이름을 선택한 결과는 혼란이다.

제주도에서 준치는 준치가 아니다

바다는 넓고 물고기 종류는 많다. 먹어보면 앎이 깊어진다는 믿음으로 식사든 안주든 대체로 해산물을 시킨다. 제주도로 생활 근거지를 옮긴 지 한 달쯤 됐을 때다. 안주를 시키기 위해 차림표를 펼치자 준치가 눈에 들어왔다. 썩어도 준치라는 말이 있으니 먹어보자며 친구에게 동의를 구했다. 준치에 대해 한껏 아는 척하고 있는데 반건조 오징어가 테이블 위에 놓였다. 놀란 눈으로 주인장께 준치를 주문했다고 말하니 앞에 놓인 게 준치란다. 준치가 반건조 오징어라니? 한바탕 웃음으로 당황스러움을 겨우 수습했다.

제주 해안 길 곳곳에서 오징어 건조하는 장면을 볼 수 있다. 관광객들은 즉석에서 구워내는 반건조 오징어에 맥주를 마시며 색다른 경험을 한다. 오징어 잡는 철이 아님에도 건조하는 곳이 많아서 의아했지만 예사롭게 지나쳤다. 올레길 걷는 사람들이 늘면서 관광 상품의 일환으로 생긴 게 아닐까 추측만 했다. 어느 날 해안 길을 걷다가 궁금증을 풀 겸 반건조 오징어와 맥주를 시켰다. 석쇠에 오징어를 굽는 주인장께 몇 가지를 물었다. 원양어선에서 대량으로 잡은 냉동 오징어를 건조한단다. 맛과 크기가 오징어와 한치의 중간 정도라 하여 '중치'라 부르다가 '준치'로 바뀌었다고 한다. 10

구운 준치
©김창일

여 년 전부터 해풍에 말려서 관광객을 대상으로 구워서 팔았는데 요즘은 제주도 특산품이 됐다.

옆 테이블에 앉은 관광객의 대화가 들렸다. "제주도에서 잡히는 싱싱한 한치를 건조해서 더 맛있다"는 연인 간 대화였다. 한동안 유심히 살폈더니 준치를 한치로 알고 먹는 사람들이 의외로 많았다. 껍질을 벗겨서 말리기 때문에 한치처럼 보였을 터. 오징어와 달리 한치는 다리 길이가 한 치 정도로 짧다고 하여 붙여진 속명이다. 많은 관광객은 껍질 벗긴 오징어와 한치를 구별하지 못했다. 제주시 한경면 자구내 포구 등 서쪽 해안은 한치와 준치를 말리고, 동북쪽 성산읍과 구좌읍 해안도로에서는 주로 준치를 건조한다.

집에 도착하자마자 준치를 검색해 봤더니 주인장 말이 옳았다. 원양어선이 1980년대 중반부터 포클랜드 제도와 인근 공해인 남서 대서양에서 잡은 '아르헨티나짧은지느러미오징어(학명 Illex argentinus)'였다. 흔히 일렉스오징어로 통용된다. 이를 제주도에서 해풍으로 건조해 준치라 부른다.

제주시 한경면 자구내포구에서 말리는 준치
©김창일

동해에서 살오징어를 9월부터 이듬해 1월까지 잡는데 일렉스오징어는 2월부터 6월까지 어획한다. 연근해산 오징어 공급이 감소하는 시기에 수급돼 가격 안정에 중요한 역할을 한다. 일렉스오징어는 국내 원양산 오징어의 70% 이상을 차지할 정도로 비중이 높다.

동해의 살오징어, 서해의 참갑오징어 외에도 무늬오징어라 불리는 흰꼴뚜기, 동해산 한치인 화살꼴뚜기, 제주도 한치로 알려진 창꼴뚜기 등이 우리 바다에 서식한다. 제주도의 여름 밤바다는 한치잡이로 불야성을 이룬다. 주광성인 한치를 유혹하려는 집어등은 가깝고도 아득한 불빛으로 제주도를 둘러싼다. 오징어는 개떡, 한치는 인절미라는 말이 있을 정도로 제주민은 한치에 애정이 깊다. 지금은 일렉스오징어인 준치 인기가 치솟고 있어 개떡에서 백설기 정도로 오징어 위상이 높아진 듯하다. 제주의 여름은 한치물회와 한치회가 제철이고, 해풍에 말린 준치까지 더해 입이 즐거운 계절이다.

한국 김, 세계인의 먹거리가 된 이유

문화와 국력이 성장하면 음식 산업은 자연스럽게 세계화된다. 14년 전, 네팔 카트만두의 호텔에서 아침 식사를 할 때였다. 카레 위주의 식사가 지겨워진 일행이 한국에서 가져간 김을 꺼냈다. 호텔 종업원이 한참을 쳐다보더니 궁금해했다. 김을 설명했으나, 이해시키는 데에 실패하고, 조미김 두 봉지를 건넸다. 다음 날 우리 일행과 마주친 종업원이 맛있게 먹었다며 반가워했다. 여분의 김이 있었다면 더 주고 싶을 정도로 호들갑스레 고마움을 표현했다.

얼마 전 미국 오하이오주 클리블랜드에 머문 적이 있다. 호텔 인근에 먹거리가 마땅찮아서 마트에서 장을 봐서 저녁 식사를 해결했다. 마트에 들어서자마자 식품 진열대의 김밥이 시선을 끌었다. 내용물은 오이, 맛살, 식초에 절인 미역 줄기, 아보카도, 머스터드소스였다. 장바구니에 담으려다가 멈칫했다. 한국 김밥의 절반도 안 되는 양인데 가격이 7달러였다. 냉동 김밥이 미국에서 불티나게 팔린다는 뉴스를 접했으나, 가격이 두 배가량 비싼 일반 김밥도 인기를 끌고 있었다.

김의 선풍적인 인기는 수출액으로 나타나고 있다. 수십 년 동안 수산물 수출 부동의 1위였던 참치 실적을 2019년부터 김이 넘어섰다. 작년에는 7억9000만 달러를 수출해 세계시장 점유율 70%를 차지했다. 수산 식품 수출 역사상 단일 품목에서 처음으로 1조 원을 달성했다. 한국이 김을 수출하는 국가는 2010년 64개국에서 2023년 124개국으로 약 두 배로 증가했다. 세계인에게 김은 곧 한국산이라는 인식을 심어주고 있다.

한국 문화의 높아진 위상 덕에 한국 식품도 세계인의 주목을 받고 있다. K팝, K드라마, K영화 열풍이 불면서 자연스레 한국 음식 저변이 확대됐다. 다양한 한국 음식 중에서 김이 세계인의 입맛을 사로잡은 이유로 다양한 상품 개발을 꼽을 수가 있다. 조미김뿐만 아니라 각양각색의 간식류 출시와 더불어 김밥의 인기도 한몫했다. 또한 좋은 김 생산을 위한 지자체 간 선의의 경쟁은 김의 품질을 높이고 있다. 지리적 표시로 등록된 완도김, 장흥김, 신안김, 해남김, 광천김, 고흥김 등 많은 지자체가 김의 명산지임을 내세우며 김 품질 개선에 앞장서고 있다. 한국 김이 세계를 석권할 수 있었던 건 양식 어민의 신기술 적용 노력과 가공업체의 신제품 개발, 수출기업의 신규 시장 개척이 있었기에 가능했다.

울산 제전마을 김 뜨는 장면 ©김창일

김 전성시대가 갑자기 하늘에서 떨어진 건 아니다. 김 양식 기원에 관한 여러 가지 설이 전해진다. 『한국수산지』(1910년)에는 "전남 영암 출신인 김여익이 태인도에 살면서 떠내려온 조릿대에 김이 붙어 자라는 걸 보고 나뭇가지를 이용해 양식을 했다"는 기록이 있다. 전남도는 태인도의 김 시배지를 기념물로 지정했

연평도 지주식 김양식장
©국립민속박물관

다. 또 다른 이야기는 '조선의 수산'(1924년)에서 소개하고 있다. "100년 전 완도군 조약도에 사는 김유몽이 해안을 거닐다가 밀려온 나무에 김이 자라는 걸 보고 나뭇가지를 꽂아 김 양식을 하게 된 것이 시초다"는 내용이 있다. 굴비나 도루묵 유래담처럼 허구성이 가미된 이야기인지 역사적 사실인지 명확하지 않지만 김 양식이 조선 시대부터 시작된 것은 틀림없는 사실이다. 1908년 한국어업법 공포 후 1909년 시행될 당시 김이 유일한 양식업이었으니 가장 오래된 수산 양식이라 할 수 있다.

1970년대 연평도
지주식 김양식장
©국립민속박물관

2부
사람

눈으로 물고기 잡는 망지기 노인

수 킬로미터 떨어진 물고기 떼의 움직임을 주시하며 때를 기다리는 침묵의 사냥꾼이 있다. 이른 새벽부터 어두워질 때까지 군사지역에 머무는 망지기 노인을 만나려는 시도는 여러 번 무위로 돌아갔다. 조업 막바지 시기였기에 그를 만나지 못한다면 다음 해까지 기다려야 했다. 애타는 마음에 항구에서 우연히 만난 주민에게 하소연을 했다. 어촌계원인 김 씨는 때마침 망대에 식료품을 공급하는 날이라며 동행을 허락했다. 매주 한 차례 식료품 배달하는 차량에 탑승해야 철책을 통과할 수 있었다. 차량 한 대가 겨우 통행할 수 있는 산비탈을 오르자 바다가 훤히 내려다보이는 망대가 나타났다. 노인은 바다를 주시하고 있었다.

망지기 노인
©국립민속박물관

김 씨 노인 옆에 앉아 숭어 잡이에 관한 질문을 했다. 새벽 3시에 망대로 걸어와서 해질녘까지 바다만 바라본단다. 적적함을 라디오로 달래고, 담배와 커피를 친구 삼지만 시선은 늘 바다에 고정돼 있다고 한

과거 무동력선으로 숭어를 잡던 육소장망어선
©국립민속박물관

기계화된 현재의 숭어들이어망
©국립민속박물관

숭어들이 어장에서 본 망대
©국립민속박물관

다. 노인은 40여 년간 숭어 기다리는 일을 했다. 그는 '숭어들이조업'에 대해 차분히 설명했다. "숭어들이는 물고기 길목에 그물을 가라앉혀 두고 숭어 떼가 지나가기를 하염없이 기다리는 게 일입니다. 시거리(숭어 떼의 형체)를 알아보는 게 제일 중요해요. 먼바다에 숭어 어군이 나타나면 불그스름한 색을 띠는데 밤에는 하얀빛을 냅니다. 물색의 작은 변화를 알아채야 해요. 예전에는 6척의 목선에서 대기하던 선원들에게 깃발로 작업을 지시하다가 이후에는 마이크를 사용했어요. 몇 년 전부터 기계식 양망기가 20여 명의 선원을 대신하고 있습니다. 망대에서 스위치만 누르면 280마력 엔진이 그물을 끌어 올리니, 선원들의 왁자지껄한 그물 당기는 소리 대신 기계 소리만 나지요."

숭어는 나타날 기미를 보이지 않았다. 여러 해 전 방송국에서 숭어 잡는 장면을 촬영하기 위해 망대에서 며칠을 머물며 겨우 찍었다고 하니 그의 이야기를 기록한 것만으로 만족했다. 심심할 때 읽으라며 손에 들고 있던 책을 건넸을 때 노인이 한 말이 인상적이었다. "망지기는 바다에서 눈을 떼면 안 됩니다. 책 읽고 딴짓하면 숭어를 못 잡아요." 방금까지 노인의 말을 듣고도 망지기 일상을 이해하지 못했음을 느끼며 책을 되돌려 받았다. 인사를 나누고 돌아서는 순간에 노인은 바삐 움직이며 스위치를 눌렀고, 수천 마리의 숭어가 그물에 걸려 올라오는 장면을 볼 수 있었다. 대화하고, 커피 마시면서도 노인은 숭어 떼의 움직임을 주시하고 있었던 것이다.

필자와 대화를 나눌 때에도 바다를 주시하는 망지기 노인. ©국립민속박물관

전망대 울타리 안에서 바다를 꿈꾸는 삶이 망지기다. 숭어 떼를 알아볼 수 있는 경험, 날씨에 따른 숭어 출현 예측과 바다에서 눈을 떼지 않는 집중력이 요구된다. 본격적인 숭어들이조업 전에 노인은 여서낭, 산신, 역대 망지기를 모신 제단에 고사를 지낸다. 망지기는 사후에 숭어 잡이 신으로 승화된다. 첫 숭어를 잡는 날, 여러 날 잡히지 않을 때, 특별히 많이 잡은 날에도 전망대 인근의 제단 위에 숭어와 술을 올리고 축원한다. 뒤를 이을 미래의 망지기 역시 언젠가는 김 씨 노인을 모신 제단에 술과 숭어를 바치는 날이 올 것이다. 한평생을 바다만 바라보고 숭어를 기다렸는데 죽어서도 숭어 잡이 신(神)이 되어 숭어와 함께해야 할 운명이 망지기 노인이다.

기다림의 어업, '숭어들이'

바다를 터전으로 삼은 노인들은 반신반의한 눈빛으로 대강당에 앉아 있었다. 서울 소재 박물관에 근무하는 사람이 서해안 어업에 대해 강의한다니 미덥지 않았을 터. 조기, 꽃게, 젓새우, 숭어 등에 대해 이야기하다가 틈틈이 질문을 했다. 서해에서 흔히 보던 어류였을 테니 나이 지긋한 청중들은 적극적으로 호응했다. 웅어 사진을 보여주자 웅어가 아니라 '우어'(웅어의 방언)라고 응수한 청중 때문에 강당은 한바탕 웃음바다가 됐다. 노인은 '우어'를 표준어라 여겼던 것이다. 이를 계기로 물고기 명칭으로 강의 방향이 흘렀고, 지역별로 가장 다양한 방언을 가진 숭어에 대해 많은 시간을 할애했다. 충남 보령에서 강의할 때 에피소드다.

강의 후 귀갓길에 한국해양대 교수의 전화를 받았다. 내가 쓴 가덕도 숭어들이 어업에 관한 책을 읽다가 전화했단다. 부산지역 일간지 칼럼에 인터뷰 내용을 싣고 싶다고 했다. 때마침 숭어 강의를 했던 터라 기쁜 마음으로 응했다. "숭어들이는 가덕도, 통영, 거제 등 남해안 일부 어촌에서 행하는 어법으로 숭어가 다니는 길목에 그물을 가라앉혀 뒀다가 지나갈 때 끌어올려 어획하는 방식이다. 어군탐지기 대신 육지에 있는 망지기 노인의 시력에 의존하는 매우 희귀한 어업 형태다. 망지기 역할이 절대적으로 중

공중으로 들린 숭어들이 그물 아래로 들어가는 작업선
©국립민속박물관

작업선에서 숭어를 끌어올리는 선원들
©국립민속박물관

요하므로 사후에 풍어를 관장하는 신으로 추앙받는다. 뒤를 잇는 망지기와 선원들은 제단을 만들어 선대 망지기 위패를 모셔두고 매년 고사를 지내는데 다른 곳에서 보기 어려운 독특한 사례다"라고 답변했다.

통화를 마치자 핵심을 빠뜨린 것 같아 아쉬웠다. 장거리 운전을 하는 내내 숭어들이를 표현할 어휘를 고민한 결과 '기다림'으로 귀결됐다. 숭어잡이를 진두지휘하는 망지기 노인과 20여 명의 선원들은 무작정 기다린다. 동트기 전에 배를 타고 바다로 나가서 6척의 무동력 목선에서 대기한다. 숭어는 소리에 민감해 엔진 소리가 나면 접근하지 않으므로 무동력선을 이용하는 것이다. 무료한 시간을 보내다가 빈 배로 돌아갈 때가 부지기수다. 내리쬐는 햇볕을 온몸으로 받아내고, 빗방울은 간이 천막을 치고 버틴다. 숭어잡이 철에 작은 목선은 선원들 집이 된다.

절벽 위에서 숭어 떼를 기다리는 망지기 노인 역시 기다림의 연속이다. 바다에서 눈을 뗄 수 없으므로 목선에서 음식을 조리해 육지와 연결한 밧줄로 식사를 배달한다. 망지기는 바닷물 색깔과 파도의 미세한 일렁거림으로 숭어 어군을 알아채야 하고, 선원을 통제할 수 있는 카리스마, 새벽부터 해질녘까지 오로지 바다만 응시하는 집중력이 필수요건이다. 망지기 노인(김관일, 당시 78세)는 아무리 졸려도 눈을 감으면 안 된다고 강조했다. "졸다가 숭어 떼를 놓치면 온종일 배 위에서 기다리던 선원들 얼굴을 어떻게 보겠어요. 망지기의 첫째 덕목은 바다를 주시하며 숭어가 나타나기를 진득하게 기다리는 겁니다"라는 말에서 숭어들이는 기다림의 어업임을 재차 확인했다.

언제 나타날지 모르는 숭어 떼를
하염없이 기다리는 게 일
ⓒ국립민속박물관

숭어들이어망을 끌어올리는 어로장
ⓒ국립민속박물관

지금은 해안가에 설치된 기계식 양망기가 목선과 선원 역할을 대신하고 있다. 그나마 망지기 역할은 유지돼 오늘도 노인은 숭어를 기다린다. 사라져가는 이유가 있겠으나 기계로 대체되지 않는 것 하나쯤은 오래 남았으면 하는 바람이다. 그물 당기는 선원들 구령은 양망기 엔진 소리로 바뀌었고, 해변 언덕에 방치됐던 목선은 태풍에 유실됐다.

물고기여, 그가 오면 줄행랑 쳐라

주민들이 망둥이를 낚을 때 그는 갯벌을 걸어 다닌다. 바닷물이 빠지는 3시간 동안 맨손으로 500마리 넘게 잡는다. 아니 건져 올린다는 표현이 어울릴 듯하다. 팔을 뻗으면 열이면 열 다 잡힌다. 작은 인기척에도 눈이 따라가기 어려울 만큼 빠르게 숨는 망둥이가 자석에 쇳조각 붙듯 한다. 박하지라 부르는 돌게도 보이는 족족 그의 손에서 벗어나지 못한다. 꽃게에 비해 무는 힘이 월등히 센 집게발도 그의 손놀림에는 속수무책이다. 신석기인이 창으로 물고기를 사냥하던 모습이 저러했으리라. 몸의 감각과 민첩한 동작만으로 밥벌이를 하는 연평도의 신석기인 채 씨 아저씨.

그는 연평도 최고의 낚시꾼이기도 하다. 26년 동안 매년 200일 이상 낚시를 했다. 연평도 해안의 물때, 장소와 시기에 따른 어종, 낚시 포인트, 수심, 해저 지형 등 섬 해안과 물고기를 훤히 꿰고 있다. 물고기의 생태, 좋아하는 장소, 물을 따라 들어왔다가 나가는 길목 등 모르는 게 없다. 그는 몸으로 바다와 물고기를 익힌 사람이다. 그에게는 오랜 경험을 꼼꼼히 기록한 노트가 있다. 썰물과 밀물의 높이와 갯바위 아래 여의 깊이, 계절에 따른 물의 흐름과 바람, 물고기의 종류 등을 빠짐없이 적었다.

선상낚시에서 낚은 우럭
©김창일

그를 보며 『자산어보』가 떠오른다. 신유박해 때 흑산도로 유배를 간 정약전(丁若銓)은 흑산도 주민인 장덕순(張德順·일명 昌大)의 도움을 받아 『자산어보』를 저술했다. 『자산어보』는 물고기의 형태, 습성, 맛, 이용법, 어구, 어법 등을 기록한 흑산도 어류박물지다. 200여 년 전 정약전에게 해산물에 대한 정보를 제공한 섬 주민이 있었기에 『자산어보』는 만들어질 수 있었다. 장덕순의 경험담과 정약전의 기록이 합쳐진 공동 저작인 셈이다. 우리 바다의 해양생물을 기록한 최고의 어보는 그렇게 탄생했다.

채 씨 아저씨는 자연의 순환에 따라 물고기가 들어오고 나가는 것을 알고 있다. 이런 경지에 오르기까지 지난한 과정이 있었다. 먹고살기 위해 물고기와 쫓고 쫓기는 숨바꼭질의 연속. "연평도 앞바다에 사는 농어는 풀망둑을 낚시 미끼로 쓸 때 반응이 좋아요. 연평도 갯벌에는 문절망둑보다 풀

갯바위 농어 낚시
©국립민속박물관

망둑이 훨씬 많거든요. 고기도 먹어본 사람이 더 잘 먹는다고, 물고기도 자주 보던 먹이에 반응이 더 좋을 수밖에요." 물고기는 정해진 법칙대로 움직이는 것처럼 보이다가도 개별적 습성과 변덕이 앞서기도 한다. 아저씨도 빈손일 때가 많았다. 그래서 물고기와 바다의 움직임, 바람과 갯바위를 관찰해서 기록하고 다시 고치기를 20여 년간 반복했다.

나는 그의 기록물을 보며 환호했다. 마치 200여 년 전에 흑산도에 살던 장덕순을 연평도에서 만난 기분이랄까. 한동안 그가 가는 곳마다 무조건

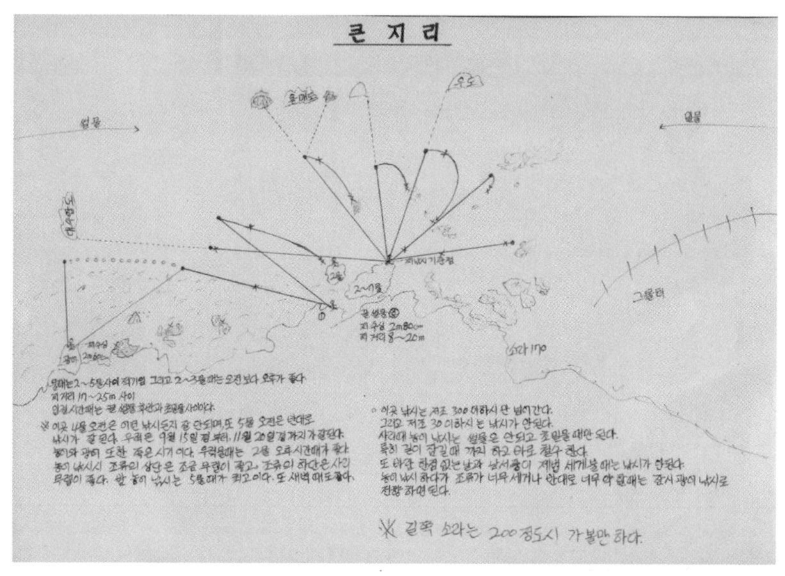

채씨 아저씨의 기록 ©국립민속박물관

따라다녔다. 정약전이 그러했듯이. 바다 일을 기록하는 데 이골이 난 나도 몸으로 말하는 그의 지식을 온전히 적을 수가 없었다. 10개월을 연평도 주민들과 함께 생활하며 그들의 삶을 관찰하여 기록했지만 낚시와 갯벌에 관한 내용은 채 씨 아저씨의 노트에 의존했다. 기록을 남기는 자는 몸으로 체득한 사람에게 의지할 수밖에 없다. 오늘도 정약전과 장덕순의 노고를 생각하며 연평도의 채 씨 아저씨를 떠올린다. 그는 여전히 연평도의 갯벌이며 갯바위를 넘나들고 있을 것이다.

돌게를 놓치는 법이 없는 채 씨 아저씨 ©국립민속박물관

바다의 원혼을 위로한 남근목

남근목(男根木)을 바다에 바치는 마을이 있다는 이야기를 듣고 동해안 국도 7호선을 달렸다. 강원 삼척의 신남마을에 도착하니 방송국 촬영팀이 와 있었다. 정월 대보름에 열리는 동제(洞祭)를 참관하기 위해서 촬영팀과 나는 제관(祭官)의 면접을 통과해야 했다. 제관이 내 띠를 물었다. 소띠라고 하니 제관은 고개를 끄덕였다. 옆에 있던 방송국 PD가 말띠라고 하자 제관은 고개를 가로저었다. 동제를 볼 수 없다는 단호한 태도였다. 원래 민속신앙에서는 말띠를 기피하는 현상이 있으나 제관은 재밌는 이유를 들어서 PD의 참관을 금지했다. 외지의 말띠 남성이 동제를 참관할 경우 마을에서 신으로 모시는 애랑 처녀의 마음이 밖으로 빠져나간다는 것이다. 결국 PD는 동제를 보지 못했다.

애랑 이야기는 이러했다. 옛날 애랑이라는 처녀와 덕배라는 총각이 살았는데 둘은 사랑하는 사이였다. 어느 봄날 덕배는 미역이 많은 바위섬에 애랑을 내려주고 마을로 돌아왔는데, 돌풍이 불어 집채 같은 파도에 애랑이 휩쓸렸다. 이후로 고기가 전혀 잡히지 않았고, 바다로 나간 청년들이 줄줄이 사고를 당했다. 그러던 어느 날 한 어부가 술에 취해서 화풀이로 바다를 향해 욕을 하면서 소변을 봤다. 그런데 이게 웬일인가? 다음 날 다른 배

애랑상이 세워져 있는 애바위
ⓒ김창일

들은 빈 배로 돌아왔으나 소변을 본 어부만은 만선이었다. 그 후로 남자들은 바다를 향해 오줌을 누고 조업을 나갔고, 모두 만선으로 돌아왔다.

마을에 닥친 재앙이 애랑의 원한 때문임을 확신한 주민들은 갯바위가 내려다보이는 해안 끝자락에 서 있는 향나무를 신목(神木)으로 삼아 동제를 지냈다. 매년 정월 대보름과 시월 오일(午日)에 남근을 깎아 바쳐서 애랑의 원한을 풀어주고 있다. 정월 대보름에 제사를 지내는 것은 풍어를 기원하는 것이고, 시월 말날(午日)에 제사를 지내는 것은 십이지 동물 중 말의 양물(陽物)이 가장 크기 때문이라고 한다.

제당 내부에는 애랑을 그린 그림이 걸려 있다. 좌우 벽면에는 매년 깎아서 바친 수십 개의 남근목이 마치 굴비 엮인 듯 새끼줄에 걸려 있다. 땅과 바다(물)는 생명을 탄생시키는 모태이기에 여성을 상징한다. 남근목을 바

신남마을 해신당
©김창일

치는 행위는 여성신으로 상징되는 바다에 씨앗을 뿌리는 행위에 비유할 수 있다. 실제로 우리 풍속에서는 남자아이를 발가벗기고 밭을 기어 다니게 하거나, 성기가 큰 남성이 옷을 벗고 경작을 하기도 했다. 이는 여성으로 비유되는 밭에 남성 성기를 보임으로써 땅의 생산력이 증대되기를 바라는 인류 보편의 주술의례이다.

현재 해신당 주위는 예술가들이 깎은 다양한 크기의 남근이 세워진 공원이 조성돼 있다, 이를 보기 위해 많은 사람이 찾으면서 관광명소가 됐다. 애랑이 애태우다 죽은 바위라 하여 '애바위'라고 부르는 갯바위의 실제 소유권은 이웃한 갈남마을에 있다. 애바위에는 미역이 많이 자생하고 있어 대대로 갈남마을 주민들의 주 소득원이 되고 있다. 하나의 갯바위가 질 좋은 미역을 키워내고, 관광객을 불러들여서 두 마을 주민을 먹여 살리고 있다. 실로 풍요의 바위섬이라 하겠다.

장군은 왜 조기잡이 신이 됐을까

1년을 머물렀던 연평도에서 아찔한 기억이 있다. 썰물 때 잠깐 바다에 길이 생긴 틈을 타 인근 모이도에 들어갔다. 이곳은 '매~' 소리로 포효하며 섬에서 주인 행세를 하는 야생화된 염소 3마리만 있는 무인도. 밀물이 들어오기 전에 섬 정상을 가로질러 보기로 마음먹었다. '섬이 고향이고 한국 바다를 두루 누볐는데 이쯤이야.'

잠깐 섬을 둘러보고 나오려고 하니 믿을 수 없는 광경이 펼쳐졌다. 길은 온데간데없고 시커먼 거센 물살이 출렁이고 있었다. 나는 그 자리에서 햄릿이 됐다. '무인도에 갇혀 있다가 길이 다시 열리는 밤에 탈출할 것인지, 허벅지까지 찬 물살을 뚫고 200m 바닷길을 건널 것인지' 이것이 문제로다.

하지만 생각할 겨를도 없이 어느새 물살을 헤치고 있는 내 모습을 발견했다. 바닷길을 걷는 동안 수심이 점점 깊어지고 있음을 느낄 정도로 물살은 빠르게 밀려들었다. 발걸음을 재촉했으나 검푸른 물살로 바닥이 보이지 않아 공포감은 극대화됐다. 천신만고 끝에 섬을 탈출해 건너왔던 물길을 돌아보니 물은 거침없이 차오르고 있었다. 식은땀이 주르륵. '아, 과연 임경업 장군 전설이 서릴 만한 곳이구나.'

바닷길이 열린 모이도
©김창일

병자호란으로 소현세자가 청나라의 볼모로 잡혀갔다. 이에 임경업 장군이 병사들과 함께 세자를 구하기 위해서 청나라로 가던 중 물과 식량이 떨어져서 연평도에 상륙했다. 병사들에게 가시나무를 모이도 주변 바다에 꽂아두게 했다. 썰물에 바닥이 드러나자 가시나무에 조기가 수도 없이 꽂혀 있었다. 이때부터 조기 잡는 법이 전파됐다는 것. 이후로 주민들은 연평도에 사당을 짓고 임 장군을 어업의 신으로 모셨다.

물론 이는 전설일 뿐 실제로는 훨씬 전부터 조기를 잡아왔다. 조선 초기에 편찬된 『세종실록지리지(世宗實錄地理志)』에 연평도의 토산(土産)은 조기이며 여러 곳의 어선이 연평도에 모여 그물로 잡았다는 기록이 있다. 역사적 사실과는 별개로 민속신앙과 결부된 전설에는 민중의 역사 인식이 투영된다. 임 장군에 대한 당대 지배층의 인식이 어떠하든 민중은 그들만의 방식으로 장군을 신격화시켰다. 임 장군 외에도 남이 장군과 최영 장군 등

충민사 내부의 임경업 장군 영정
ⓒ김창일

역사적 인물이 신격화된 예는 드물지 않다. 이들은 민중의 기억 속에 억울한 죽음을 맞이한 것으로 믿어지고 있다. 용맹한 장군의 억울한 죽음은 주술성과 결부되어 신(神)으로 승화됐다.

조기는 동중국해에서 월동을 하고 흑산도, 위도, 격렬비열도, 연평도 해역을 거쳐서 북한의 대화도까지 북상한다. 서해안 최대 어획 어종이던 조기가 사라지면서 연평도에서 평안북도의 대화도 해역으로 이동하던 조기의 길도 사라졌다. 조기 떼가 자취를 감추니, 조기잡이 어부들도 찾지 않고, 임경업장군 신앙도 힘을 잃고 사라졌다.

임경업 장군이 가시나무를 꽂게 하여
조기를 잡았다는 안목어장
ⓒ김창일

그물에 걸린 시신에 예를 다하다

가엾은 주검들이 동구 밖에 누워있다. 풍랑에 배가 뒤집혔다. 바다에서 단련된 사내들은 검은 파도의 공포를 느끼며 생을 마감했다. 그 주검들이 거적 위에 나란히 누웠다. 바닷가 마을은 일시에 음산한 기운에 휩싸였다. 어둠이 깔리면 사람들은 집 밖으로 나오지 않았다. 바다에서 생을 마감한 주검을 두려워했다.

1980년대 초반, 남해의 섬에 살며 겪었던 유년기의 기억이다. 장례가 끝난 후에도 한동안 주검을 뉘었던 동구 밖 언덕배기는 기피의 공간이었다. 원혼이 떠돌지 모른다는 두려움에 동네 조무래기들뿐 아니라 어른들도 그곳을 지나다니기를 꺼렸다. 우리의 전통적인 죽음관에는 천수를 누리고 집 안에서 죽음을 맞이하면 조상신이 된다. 반면 밖에서 사고사나 혼인을 못 하고 죽으면 객귀, 몽달귀, 처녀귀 등의 원혼이 된다. 원혼은 저승으로 가지 못하고 주변을 떠돌며 산 사람에게 해코지하는 것으로 여겨졌다. 그래서 결혼을 못 하고 죽은 젊은 남녀를 혼인시키는 사자혼례식을 치르기도 했다. 죽은 이의 한을 풀어서 산 사람의 안녕을 도모한 것이다.

갯마을에서의 삶은 불확실성의 연속이다. 누구나 만선의 꿈을 품고 출항하지만 시시때때로 빈 배로 입항한다. 과거에는 날씨 예측을 선장의 경험에 의존했기에 예상치 못한 풍랑에 난파돼 목숨을 잃는 경우가 다반사였다. 농촌에 비해 어촌 주민의 삶이 불안정할 수밖에 없었다. 의지할 곳을 필요로 한 어촌 사람들은 다양한 민속신앙에서 위안을 얻었다.

기상예보의 정확도가 높아졌고, 어군탐지기 등 최신의 장비를 장착한 지금도 바다에 생명을 의탁하고, 바다가 내어주는 만큼의 물고기를 잡을 수밖에 없는 삶의 불안정성은 여전하다. 그래서 바다를 관장하는 용왕에게 제를 지내기도 한다. 바다거북이 그물에 걸리면 술을 먹여 대접한 후 다시 바다로 돌려보낸다. 거북을 용왕의 대리인으로 여기기 때문이다. 칼을 바다에 떨어뜨리는 것은 용왕의 등에 칼을 꽂는 행위로 간주되어 금기시된다. 용왕의 실재를 믿지 않더라도 거친 바다 위에서 인간은 나약한 존재이기에 의지할 대상을 필요로 한다. 연평도에 거주하며 꽃게잡이 어업을 조사할 때의 일이다. 어선이 조업 중 시신을 건져서 입항했다. 선원들이 시신을 수습해 차분히 해경에 인계하는 모습이 인상적이었다. 연평도에서는 매년 한두 번은 시신이 그물에 걸려서 올라온다. 한강, 예성강, 임진강에서 바다로 흘러드는 물길이 연평도 근해를 통과하기 때문이다.

바다에서 시신을 발견하면 배를 돌려서 선박의 왼쪽으로 끌어올린다. 뱃사람들의 오랜 관습이다. 시신을 잘 거둬주면 해상 안전과 풍어를 불러온다고 믿는다. 반면 시신을 발견하고도 외면하면 저주를 받아서 물고기를 잡지 못하게 된다고 여긴다. 어민들의 속신(민간신앙의 일부로 주술적 함축성이 짙은 신앙체계)에는 자연과 인간을 대하는 삶의 자세가 녹아있다. 삶과 죽음에 대한 인식, 제액과 기복에 대한 소망, 신에 대한 인간의 경배와 인간에 대한 신의 태도가 담겨있다. 어민들의 속신은 현대인에게 미신이고, 거부해야 할 것으로 치부되지만 수천 년 동안 그들과 함께하며 위로해 준 손길이었다.

바다 귀신과 도깨비불

모 언론사 단장으로부터 문자메시지를 받았다. 부재일기(孚齋日記)를 훑어보다가 병술년(1706년) 인천의 어살(물고기를 가두어 잡는 전통어법)에 관한 기록이 재밌다며 번역문(서울역사편찬원, 2020년)을 보내왔다. 그중에서 흥미로운 구절이 눈에 띄었다.

> "물에는 물고기 귀신이 있는데, 바로 얼굴 앞에서 파도를 치고 물결 위로 뛰어올라 물고기가 노니는 모습을 만드니, 사람들이 간혹 제대로 살피지 못하고 물고기라고 생각한다. 그래서 쫓아가 잡아 움켜쥐면, 갑자기 나타났다가 물속으로 들어가고 거의 잡은 것 같다가 홀연 빠져나간다. 만약 물고기 귀신이 유인하면 사람이 갑자기 정신이 혼미하여 물속에서 허우적거리는 것도 깨닫지 못한다. 그러다가 조수를 만나 휩쓸려가 죽게 된다." 갯벌 인명 사고를 물고기 귀신에게 홀려서 시간을 지체하다 밀물에 휩쓸려 죽음에 이르는 것으로 인식했다.

이 구절을 읽으며 최근 잇따른 해루질(물이 빠진 얕은 바다에서 맨손으로 어패류를 잡는 일) 사망 사고가 떠올랐다. 최근 인천해양경찰서는 갯벌에서 의식이 없는 60대 여성을 발견하고 병원으로 옮겼으나 숨졌다. 사고를 당한 여성은 해루질을 하다가 빠르게 들어차는 밀물을 피하지 못한 것으로 추정됐다. 얼마전에도 인천 무의도의 하나개해수욕장 인근 갯벌에서 해루질을 하던 2명이 밀물을 피하지 못해 변을 당했다. 야간 해루질 사고로 매년 많은 사람이 사망한다. 서해는 세계적으로 조수간만의 차가 큰 지역이다. 빠른 속도로 물이 들어오는 것을 피하다가 갯고랑에 갇히거나, 안개로 방향을 잃으면 위험한 상황에 놓이게 된다.

바다를 터전으로 삼았던 조선의 어부들도 밤에 갯벌에서 사망하는 일이 잦았던 모양이다. "하루 중에 두 번 조수가 일어나는데, 조수가 밤이나 새벽에 일어날 때면 어둠을 타고 어살에 들어가야 하니 더욱 어렵고 고생스러움이 심하다. 게다가 바닷가 갯벌이 넓게 펼쳐져 있어 밤에는 길을 헤매기도 하고 혹은 해무가 땅을 뒤덮고 있어 향할 곳을 알 수 없게 되니, 죽는 자가 많다."(부재일기 중에서) 갯벌을 훤히 꿰뚫고 있던 어민들도 화를 당하는 일이 많았음을 알 수 있다. 바다를 잘 아는 사람조차 목숨을 잃을 수 있다는 공포감이 귀신의 해코지로 귀결되었을 터.

반면 바닷가에서 도깨비불은 풍어의 징표다. 서해와 남해의 수많은 어촌에서 도깨비불은 물고기를 몰아오는 존재로 인식됐다. 어민들은 풍어와 조업의 안전을 빌며 도깨비가 좋아하는 수수범벅이나 메밀묵, 도토리묵 등을 올리고 제를 지냈다. 서남해안 도서지역에서는 산망(山望)이라고 하여 야간에 산에 올라 도깨비불이 모인 데를 살폈다. 물고기가 집결하는 곳에 어장을 설치하기 위해서다. 서해의 조기잡이 덤장, 건강망 어업과 남해의 멸치, 갈치 어로를 하는 어민들이 많이 믿었던 민간신앙이다.

여기서 주목되는 것이 대상 어종이 주로 조기, 멸치, 갈치라는 점이다. 모두 은빛을 띠는 물고기로 달빛에 반사되면 빛을 발한다. 경남의 거제도와 통영, 부산 가덕도에는 낮에 산 위에서 숭어 떼를 감시하는 망지기 노인들이 있다. 먼바다에서 숭어가 몰려오면 수면이 미세하게 빛을 낸다고 그들은 말한다. 초자연적인 존재로 알고 있던 도깨비불이 사실은 물고기가 반사한 빛일 수 있다고 한다면 너무 건조한 해석일까.

고마웠소 영등할머니, 잘 계시소

그리스·로마신화에 등장하는 신들이 그러하듯 우리의 토속 신도 변덕을 부린다. 치성을 드리면 복을 주고, 그렇지 않으면 재앙을 불러온다. 그래서 정성껏 굿을 하고 당산나무에 제를 지내고 성주신을 안방에 모셨다. 우리는 그런 신들과 공존해 왔다. 사람들에게 절대 권위를 가졌던 신이었으나 이제 그 힘이 역전됐다. 사람이 신을 외면하고 있다. 주민들이 정성을 다하던 마을 제당은 발길이 끊겨서 폐허가 되고 부엌의 조왕, 변소의 측신, 장독대의 철륭, 우물의 용왕, 대문의 문신, 땅의 신인 터줏대감을 모시는 집을 찾기란 하늘의 별 따기가 됐다.

그중에서 변덕이 심하고 까탈스럽기로 유명한 신이 있다. 바람의 신인 영등할머니다. 매년 음력 이월 초하루에 지상으로 내려와서 각 가정에 2, 3주 머물다가 하늘로 올라간다. 음력 이월은 꽃샘추위와 꽃샘바람이 맹위를 떨치는 시기다. 이러한 기상현상을 초자연적 존재가 부리는 힘에서 원인을 찾았다. 영등할머니가 며느리를 데리고 지상으로 내려올 때 따뜻한 바람을 몰고 왔다가 딸과 함께 차가운 바람을 몰고 하늘로 올라간다고 믿었다. 꽃샘추위가 지나면 봄바람이 부는 현상을 그렇게 인식한 것이다. 혹은 영등이 내려올 때 바람이 불면 딸을, 비가 내리면 며느리를 데리고 오는 것으로

영등할머니에게 마지막 인사를 올리는 장면
©국립민속박물관

여겼다. 딸과 함께 올 때는 바람이 치마를 찰랑거리게 하여 예쁘게 하고, 며느리와 함께 올 때는 치마가 비에 젖어서 누추하게 보이도록 한다는 생각이다. 심술궂은 꽃샘바람의 속성을 빗댄 것이다.

오랜 세월 기세등등하던 영등할머니도 사람들의 외면에 힘을 잃었다. 몇 년 전 울산의 어촌을 조사할 때다. 울산 제전마을의 김모 할머니(76)는 시집와서 한 번도 거르지 않고 매년 영등고사를 지냈다. “영등을 모셨으면 해를 거르지 말아야지. 소홀히 대접하거나 이유 없이 제(祭) 지내는 걸 중단하면 집안에 큰일이 나. 영등할머니는 심술궂고 변덕이 심해 해코지를 피할 수가 없어." 이렇게 말하는 김 할머니조차 더 이상 영등고사를 지내지 않기로 했다. 마지막 영등고사를 지내기 전날 김 할머니는 떡과 각종 나물을 준비했다. 이월 초하루 새벽에 음식을 차리고 영등할머니를 떠나보냈다. "몸이 성치 않아서 마지막으로 모십니다. 할머니 잘 계시소."

과거 제전마을은 집집마다 영등을 모셨다. 특히 동해안에서 바람은 어로활동 여부, 선원들의 안전과 직결되기에 영등을 매우 중요한 신으로 여겼다. 영등고사를 지내기 위해 매년 집집마다 떡과 나물을 장만하느라 어촌 전체가 분주했으나, 이젠 영등할머니에게 이별을 통보하는 집이 줄을 잇고 있다. 박모 할머니(75)도 몇 해 전에 영등을 떠나보냈다. "자식들에게 영등할머니 모시는 부담을 주면 안 되지요. 내가 모셨으니 내 손으로 보내드려야지요. 그동안 우리 집안 잘 돌봐줘서 고맙심데이 하고 보냈어요"라고 말했다.

사람들이 줄줄이 작별을 고하니 영등할머니는 갈 곳이 없다. 영등을 모셨던 사람들이 노쇠해짐에 따라 영등할머니의 영험도 힘을 잃었다. 이제 영등할머니가 머물 곳이 제전마을에 없을지도 모르겠다. 기세등등하며 심술을 부리던 바람의 신은 어느 마을을 헤매고 있을까.

전복을 피해 도망간 사람들

어떤 사람들에게 전복은 고통의 근원이었다. 전복 잡는 일은 힘들었고, 수탈당하는 것은 더 큰 고통이었다. 버텨내기 버거웠지만 피할 수 없었기에 바다로 가서 전복을 잡았다.

"위태롭구나, 전복 따는 여인이여. 바다에 나가 맨몸으로 들어가네. 저 괴로운 생애 가련해서, 어진 사람은 차마 목구멍으로 넘기지 못하네." 제주목사 이예연은 전복 따는 해녀의 애처로운 모습에 차마 전복을 먹을 수 없음을 시로 표현했다. 세종 때 제주목사로 부임했던 기건은 전복 따는 노고를 본 후로 전복을 먹지 않았다고 한다. 홍재전서(弘齋全書)에서 정조는 "전복 캐는 수고로움을 생각해 보니 어찌 전복 먹을 생각이 나겠는가"라고 했다. 많은 위정자들이 전복을 먹지 않겠다고 선언할 정도로 백성의 노고를 잘 알고 있었음에도, 폭압적인 전복 공납은 이어졌다. 말린 전복은 왕의 하사품, 사례품 등으로 이용된 중요한 공물이었기에 철저히 관리했다.

김상헌은 남사록(南사錄)에서 "진상하는 전복 수량이 매우 많고 관리들이 공을 빙자해 사욕을 채우는 것이 몇 곱이 되므로 전복 잡는 포작인들은 견디지 못해 도망가고 익사하여 열에 두셋만 남게 됐다"고 했다. 제주목사

이형상의 상소문에 실상이 잘 나타나 있다. "지아비는 포작에 선원 노릇을 겸해 힘든 일이 허다하며, 지어미는 잠녀(해녀) 생활을 하여 1년 내내 진상할 미역과 전복을 마련해 바쳐야 하니 그 고역이란 목자(牧者)보다 10배나 됩니다. (중략) 죽기를 무릅쓰고 도망하려 함은 당연한 이치입니다."

혹독한 수탈이었다. 버티고 버텨도 나아질 기미가 없으니 도망칠 수밖에. 해산물 공납에 지친 포작인과 해녀는 목숨을 걸고 난바다의 검푸른 파도를 건넜다. 관리들 힘이 미치지 않는 뭍과 해안에 정착하거나 이 섬 저 섬 옮겨 다니며 살았다. 육지 사람들은 이들을 두모악(한라산의 별칭)이라 불렀다. 성종실록에 두모악이 경상도와 전라도 해안에 집단으로 정착한 사실이 기록돼 있다. "처자들을 거느리고 배를 타고 경상, 전라 바닷가에 정박하는 자가 수천 명이다"고 했다. 전복을 잡아서 공납할 사람이 부족해지자 얕은 물에서 미역 채취하던 해녀들에게 역을 지게 했다. 제주목사 이익태가 지은 지영록(知瀛錄)에 "전복 캐는 해녀는 90명, 미역 채취하는 해녀는 800명에 이른다. 해녀들이 전복 캐는 일은 죽기를 무릅쓰고 피한다"고 했다. 고역의 정도가 현격히 달랐기 때문이다. 심지어 노쇠하거나 병약한 해녀는 다른 해녀에게 전복을 사서 바치기도 했다.

박물관에 근무하며 전시실과 수장고에 보관된 전복 껍데기를 마주할 때면 전복 공납을 피해 달아난 사람들이 떠오른다. 어느 날 유물 촬영하다가 전복 껍데기가 유난히 크다는 것을 느꼈다. 유심히 봤더니 우리가 흔히 접하는 북방전복(참전복)이 아니라 제주도 연해에 서식하는 둥근전복과 말전복이었다. 제주 바다는 큰 전복이 자생하는 축복받은 곳이지만 잡아서 바쳐야 하는 사람들에게는 견디기 힘든 괴로움이었다. 둥근전복과 말전복은

제주도 둥근전복
©김창일

북방전복보다 깊은 곳에 서식하므로 더 힘들게 잠수해서 잡았을 것이다. 어렵게 잡은 전복을 그들은 먹지 못했고, 도망갔다.

조선시대의 해남, 포작인

평범한 사람들의 삶을 기록하는 일은 사소한 것처럼 보이지만, 사소하지 않다. 현재의 생활상을 기록하는 것은 단순한 사실을 적는 행위가 아니라 사실과 사실을 엮어서 만든 '사람에 관한 이야기'다. 주민들과 함께 사계절을 보내며 울산의 어촌을 조사할 때다. 해녀 물질이 끝날 즈음이면 나는 바다를 주시했다. 해녀들이 뭍에 닿기 전에 기다렸다가 해산물이 든 망사리를 육지로 올리는 일을 도왔다. 이를 매일 반복하면 어느 순간 마을 사람들에게 마을 청년이 된다. 카메라와 수첩만 들고 다니는 외지인이 아닌 마을 주민으로 인식하면 먼저 다가와서 더 많은 것을 이야기해 준다.

무더위가 기승을 부리던 여름, 여느 때처럼 바닷가에서 해녀들을 기다리고 있었다. 물질을 마친 할머니 해녀들이 유난히 지쳐 보여 윗옷을 벗어 던져두고 바다로 뛰어들었다. 바닷물로 들어가서 모든 해녀의 망사리를 뭍으로 끌어올렸다. 육지로 올라온 해녀 할머니들이 나를 향해 한마디씩 했다. 서울 올라가지 말고, '해남(海男·물질하는 남자)' 하면서 마을에 같이 살자는 것이었다. 농담 반 진담 반의 우스갯말에 함께 웃었다. 이후 의문이 생겼다. 남성이 물질을 하면 더 많은 해산물을 채취할 수 있을 텐데 해녀사회는 왜 여성으로만 이뤄졌을까.

자료조사를 하던 중 울산에 '두무악(豆無岳)'이라는 제주민이 마을을 형성했고, 전복을 잡아서 진상한 기록을 확인했다. 울산 읍지인 학성지(鶴城誌·1749년)에 "제주 한라산을 두무악이라 하는데 근본을 잊지 않아서 이와 같이 되었다"고 했다. 울산에 거주한 두무악은 17, 18세기에 180호 이상을 유지했다. 이들은 제주 포작인(鮑作人)으로 고역을 견디다 못해 도망 나온 유민들이다. 제주도에서 포작인은 전복을 잡아서 진상하는 일 외에도 진상선(進上船)이나 전선(戰船)의 사공으로 차출되어 목숨을 잃는 경우가 허다했다. 채취한 해산물을 진상하고, 진상선의 노를 젓고, 왜구를 방어하는 역할까지 했다. 과도한 역(役)으로 여자들이 혼인을 꺼려서 평생을 홀아비로 지내기 일쑤였다. 김상헌은 남사록(南사錄)에서 "진상하는 전복의 수가 매우 많고 관리들은 공(公)을 빙자하여 사욕을 채우는 것이 몇 곱이 되어 포작의 무리들은 견디지 못하여 도망가고, 익사하여 열에 두셋만 남게 되었다. 그럼에도 거둬들이는 세금은 줄지 않으니, 이웃에 홀어미가 있다 하더라도 차라리 빌어먹다가 죽을지언정 포작인의 아내가 되려 하지 아니한다"라고 했다. 경상·전남 해안가로 탈주하거나 섬을 유랑한 포작인이 늘어난 이유다.

뭍으로 나오는 해녀
©국립민속박물관

해녀의 망사리를 끌어당기는 조사자
©국립민속박물관

포작인의 배는 가볍고 빨랐으며, 단련된 몸과 사나운 기질을 가져 왜구들도 피해갈 정도였다. 누구보다 바다를 잘 알기에 임진왜란 때 이순신 장군이 지휘하던 수군에 동원되었다. 해안 지형과 물길에 해박했기에 수군의 도선사로서 크게 기여했다. 이러한 점을 왜인들도 이용했다. 포작인을 우대해 주고 해적질할 때 안내인으로 삼았다. 대표적인 인물이 일본 고토(五島)에 표류했다가 왜구의 앞잡이가 된 사화동(沙火同)이다. 왜군이 여수 손죽도 해상을 침입한 정해왜변(1587년) 때 사화동이 길 안내 노릇을 했다. 포작인은 바다를 잘 알기에 수군으로 큰 활약을 했고, 일부는 과도한 공납과 부역에 반감을 품고 왜구의 앞잡이가 되기도 한 것이다. 통제와 수탈을 피해 유랑했던 그들의 삶의 모습은 기록되지 않았기에 구체적인 생활상은 알 길이 없다.

극한 공포와 미지 기행이 피워낸 표해록

항해 역사는 표류 역사다. 망망대해를 낙엽처럼 떠다니다가 외국에 표착한 조선인들이 있었다. 어디로 흘러가는지 알지 못한 채 해류에 목숨을 맡길 수밖에 없는 막막함과 공포에 휩싸인 나날. 천운으로 육지에 닿았으나 낯선 땅에서 우여곡절 끝에 송환된 사람들. 임진왜란 이후부터 19세기 말까지 일본에 표착한 조선인이 수천 명에 달한다. 베트남, 대만, 중국 등에 표류됐다가 생환한 사람들도 허다하다. 국립제주박물관에 근무할 때 소장품 중에서 번역할 만한 고문헌을 검토한 일이 있다. 상설전시실에 나란히 진열돼 있는 장한철의 표해록, 최부의 표해록, 이익태의 지영록을 살피다가 미지의 땅에 표착해 극적으로 생환한 사람들 이야기를 접했다.

장한철은 제주 애월 사람으로 향시에 여러 번 붙었으나 가난해 과거 보러 갈 수가 없었다. 이를 딱하게 여긴 제주 관가에서 노자를 마련해 줘 한양을 갈 수 있게 됐다. 1770년 12월 배를 탄 장한철 일행 29명은 강풍을 만나 조난당했다. 며칠을 표류하다가 유구국(오키나와) 무인도인 호산도에 닿았다. 과일을 따 먹거나 전복 등 해산물을 잡아서 먹으며 연명하다가 왜구에게 약탈당했다. 큰 배가 지나갈 때 연기를 피워 구조를 요청해 안남국(베트남) 상선에 구조됐다. 사흘 뒤 한라산이 보이자 자신들이 '탐라인'이라는 것을 알리고 내려주기를 간청했다. 안남 상인들은 탐라인과의 원한을 말하며 표착했던 배에 도로 태워 바다로 밀어 넣었다. 다시 표류하다가 청산도에 닿았을 때 8명만 생존했다. 장한철은 제주로 돌아와 자신이 겪은 사건을 표해록으로 남겼다.

제주도 관원으로 부임한 최부는 1487년 부친상을 당해 육지로 가다가 풍랑을 만나 16일간 표류했다. 해상 강도를 만나 탈출한 후 명나라 절강 하산이라는 섬에 표착했다. 왜구로 오인받아 사형당할 위급한 상황에서 중국 관리를 만나 신분을 밝히고 풀려난다. 대운하를 따라 북경으로 이송됐고, 반년 만에 3200km를 거슬러 조선으로 돌아왔다. 최부는 중국 대륙을 종단하며 경험한 일을 조정에 알렸고, 성종은 서책으로 만들 것을 지시했다. 명나라의 교역, 운하, 산천, 기후, 풍속 등에 관한 내용을 일기 형식으로 기록했다. 최부는 처음 보는 고래와 신비한 바다 생물, 배고픔과 두려움에 떨던 순간을 손에 잡힐 듯 박진감 넘치게 썼다. 그의 표해록은 일본 에도시대에 상업 출판돼 개정판까지 낼 정도로 국제적인 베스트셀러가 됐다.

제주목사 이익태가 지은 지영록에는 10여 건의 표류기가 수록돼 있는데 '김대황표해일록'이 주목된다. 김대황 일행은 공납할 말을 싣고 출항했다. 추자도 앞바다를 지날 때 북동풍을 만나 31일을 표류하다가 안남국에 표착했다. 조선과 교류가 없던 안남에서 갖은 노력 끝에 중국 각 지방을 거쳐 16개월 만에 귀환했다. '김대황표해일록'은 이익, 박지원 등 당대 실학자들에게 주목받았다. 머나먼 안남국에 표류해 어떤 경로를 거쳐 귀환했는지를 알 수 있는 자료다. 조선왕조실록에서 조선에 표류한 중국인 송환 선례로 삼았다고 할 정도로 중요한 사건이다.

타국의 정보를 담은 표해록을 통해 조선은 새로운 세계를 인식했다. 난바다의 아득함 속에 천운으로 살아난 사람들의 기록인 표해록은 한 편의 감동적인 드라마다.

300여 년 전 조선인과 베트남인의 만남

바로 앞 장의 '극한 공포와 미지로의 기행이 피워낸 표해록'이 칼럼으로 실리자, 이를 읽은 지인이 여러 질문을 해왔다. 장한철 일행이 안남국(베트남) 상선에 구조됐다가 탐라인이라는 사실이 알려져 쫓겨난 건 무슨 사연 때문인지, 김대황 일행이 안남국까지 표류했다가 먼 길을 어떻게 되돌아올 수 있었는지를 물었다.

안남국 표착 자료를 꼼꼼히 살폈으나 장한철이 지은 '표해기행록'과 '김대황표해일록' 외에 두 건의 기록을 더 찾는 데에 그쳤다. 일본, 중국, 대만 등으로 표류한 기록 수백 건에 비하면 희귀한 사례라 할 수 있다. 1687년 김대황 일행 24명은 탐라를 출항해 31일간 표류하다가 안남국에 닿았다. 그곳에서 환대를 받으며 생활하다가 중국 상선을 통해 귀환했다. 김대황 일행과는 달리 장한철 일행은 안남국까지 표류한 건 아니고 안남국 상선에 발견되었다. 1770년 12월 장한철 일행 29명은 강풍으로 조난당한 뒤 유구국(오키나와) 무인도에서 일본으로 향하던 안남국 상선에 구조됐다.

두 표해록에는 주변국 사람들의 탐라인에 대한 인식이 뚜렷이 나타난다. 안남국 상선에 구조된 장한철 일행은 항해 중 한라산이 보이자 탐라 사람임을 알리고 내려주기를 간청했다. 한데 안남 상인들은 이들의 출신지를 알고선 죽이려 했고, 동승한 명나라 상인의 도움으로 표류했던 배에 태워져 풀려났다. 여러 날을 떠다니다가 청산도에 도착했을 때는 8명만 살아남았다.

김대황 일행은 일찍이 일본에 표착했다가 돌아온 이로부터 탐라인에 대한 감정이 좋지 않으니 숨겨야 한다는 사실을 들어서 알고 있었다. 안남국에 표착해 그곳 관리에게 표류 경위를 설명할 때 탐라가 출신지인 것을 감춘다.

두 가지 일화를 통해 당시 탐라인에 대한 부정적인 인식이 퍼졌음을 알 수 있다. 탐라 바다는 동아시아 주요 뱃길이었기에 외국 상선이 표착하는 일이 잦았다. 간혹 표류인을 죽이고 재물을 빼앗은 기록이 보이는데, 이것이 주요 원인이었을 것으로 추정된다. 특히 제주목사 이기빈과 판관 문희연은 탐라에 표착한 안남국 상선에 실린 희귀한 물건에 눈이 멀어 재물을 취하고 배를 불태워 증거를 없앤 만행으로 유배형을 받았다. 이 배에 유구국 태자가 타고 있었다고 전하지만 확실치 않다. 탐라 해안은 날카로운 암석이 수면 아래에 숨어 있어 외국 선박의 파선과 사망 사고가 잦았다. 약탈과 난파 사고가 거듭되면서 사실과 오해가 혼재된 소문이 확산된 게 아닐까.

정동유의 『주영편』, 정운경의 『탐라문견록』, 『숙종실록』에 안남국에 표류했던 고상영의 증언이 수록돼 있다. 고상영은 김대황과 함께 표류했던 일행이다. 동일한 표류 사건이 두 사람의 표류기로 따로 전해지는 셈이다. 두 사람의 증언과 기록을 통해 안남국 표착 전말과 생환 경과를 상세히 알 수 있다. 이들은 4개월간 머물렀던 안남국의 농경, 가축, 옷차림, 기후, 과일, 인심 등을 생생히 묘사했다. 가는 곳마다 주민들이 쌀, 젓갈, 동전 등을 풍족히 내줬다고 한다. 안남 국왕의 호의와 안남인들 도움으로 중국 상인에게 인계돼 광주, 천주, 영파 등을 거쳐 16개월 만에 귀환했다. 교류가 없던 미지의 땅에서 극적으로 귀환할 수 있었던 이면에는 안남국 사람들의 따뜻한 마음이 있었다. 300여 년 전 조선과 안남국은 교류가 없었으나, 조선인과 안남인의 훈훈한 만남은 있었다.

조선에서 고향사람 만난 네덜란드인

64명이 탄 배가 표류하다가 26명이 익사하고, 2명이 병사해 36명이 생존했다. 1653년 네덜란드 동인도회사 상선 '스페르베르'호가 제주도 서귀포에 닿았을 때 상황이다. 생존한 헨드릭 하멜과 일행은 난파선을 탈출해 막막함과 두려움 속에 낯선 땅을 밟았을 터. 바닷길로 수만 km 떨어져 있는 섬에 표착했을 때 그곳에서 고향 사람을 만날 확률은 얼마나 될까.

몇 년 전 국립제주박물관에서 근무한 적이 있다. 출근 첫날 전시실을 둘러보다가 인상적인 유물을 접했다. 지영록, 하멜표류기 번역본 등 표류 관련 자료가 놓여 있는 진열장이 눈에 들어왔다. 제주 해역은 조선의 선박이 자주 표류하는 시발점이며 떠돌던 외국 상선이 자주 표착하는 곳임을 드러내고 있었다. 운명이었는지 그해에 지영록 번역서 발간 업무를 맡게 됐다. 지영록 내용을 검토했더니 하멜 일행이 제주도에 표류한 경위가 기록돼 있는 게 아닌가. 머나먼 이국에서 네덜란드인들이 만나는 장면은 영화를 보는 듯했다.

"중국어, 일본어 역관과 유구국(오키나와에 있던 왕국)에 표류했다가 돌아온 자와 대면케 했으나, 모두 말이 통하지 않아 사정을 물어볼

길이 없었다. 남만 서양인으로 의심이 들어 조정에 보고했더니, 오래전에 표류해 온 박연을 내려보냈다. 박연과 서양 오랭캐 3인은 장시간 자세히 살피다가 '나와 형제 같은 사람'이라고 말했다. 서로 이야기를 하며 슬픔에 눈물이 그치지 않았다. 다음 날 박연이 서양 오랑캐를 죄다 불러 각자 사는 곳의 이름을 말하게 했는데 그중 한 아이의 나이가 겨우 열세 살이고 이름이 데네이스 호베르첸이었다. 그 아이는 박연이 살던 곳과 가까운 지방 사람이었다. 박연이 자기 친족에 대해 물었더니 대답하기를 '살고 있던 집은 무너져 옛터엔 풀이 가득하고 아저씨는 돌아가셨지만, 친척은 살아 있습니다'라고 했다. 박연은 비통함을 이기지 못했다."

하멜 일행보다 26년 먼저 조선에 표착한 박연의 네덜란드 이름은 얀 야너스 벨테브레이다. 박연과 그의 부하 2명은 1627년 제주도에 표착했다. 닿은 곳이 어디인지도 모르고 땔감과 식수를 구하다가 관원에게 붙잡혔다. 한양으로 압송된 박연 일행은 훈련도감에 배치돼 총포 제작법을 전수했다. 유럽인으로는 처음으로 귀화하여 병자호란에 참전해 박연을 제외한 2명은 전사했다. 박연은 무과에 급제했고, 조선 여성과 결혼해 1남 1녀를 낳았다.

하멜은 박연에게 일본으로 보내달라고 간청했다. 일본에 가면 네덜란드 상선이 반드시 정박해 있을 것이고, 그편으로 살아 돌아갈 수 있을 것이라 말했다. 하멜의 바람과는 달리 박연은 조선의 무사였다. 한양으로 올라가서 훈련도감의 포수로 들어가면 옷과 음식이 여유 있고 신변이 안전할 것이라고 말하며 한양으로 호송했다. 하멜 일행은 탈출을 여러 번 시도해 실패하다가 8명이 일본으로 도망치는 데에 성공했다. 1668년에 네덜란드로 돌아간 하멜은 그동안 받지 못한 임금을 동인도회사에 청구하며 보고서를 써냈는데 이후에 하멜표류기로 발간됐다. 조선 사회의 모습을 과장하거나 왜곡한 내용이 있으나, 그에게는 역경을 이겨낸 탈출기라 하겠다. 남아 있던 8명도 2년 후 조선 조정의 배려로 돌아갔다.

하늘에서 고양이는 만나셨습니까

인연은 우연을 가장한 필연이라 했던가. 아지랑이 뭉실뭉실 피어오르는 화창한 봄날에 경남 남해군 해오름예술촌으로 향했다. 입구에 들어서자마자 독특한 차림의 노인이 눈에 들어왔다. 흰 수염이 온 얼굴을 덮었고, 두건을 두르고 한복을 입은 모습이 도인을 연상시켰다. 노인은 하던 일을 멈추고 말을 걸어왔다. "날씨 참 좋습니다." 호탕한 목소리와 활짝 웃는 얼굴에 인자함과 카리스마가 중첩되었다.

그는 해오름예술촌장이다. 남해군의 '독일마을' 만들기 사업에 동참하던 중 폐교를 발견하고 허물어져 가는 건물에 예술의 피가 돌게 하는 데에 생의 마지막을 쏟겠다는 다짐을 했다. 2년을 몰두하여 '해오름예술촌'을 만들었다.

사람과 사람 사이는 구태여 토를 달지 않아도, 억지로 도(道)를 갖추지 않아도 차나 한 잔 마시면 될 것이라는 촌장의 말에 끌려 예술촌을 자주 찾았다. 그럴 때마다 촌장은 커피를 내려줬다. 어느 날 촌장과 대화를 나누면서 왠지 모를 낯익음의 이유를 깨달았다. 고교 시절 내 은사였던 것이다. 그렇게 20여 년 전의 인연이 우연을 가장하여 불현듯 찾아왔다.

해오름예술촌장
©국립민속박물관

고교 시절 선생님은 시골여행을 다니다가 버려진 궤짝, 농기구 등 민속품을 코란도 뒷좌석에 싣고 오는 게 취미라고 했다. 그저 기이한 선생님이라고 생각했었다. 그런데 그때 모은 민속품이 해오름예술촌 전시실을 가득 메우고 있었던 것이다. 진열된 민속품에 놀라지 않을 수 없었다. 희귀성과 지역성이 뚜렷한 민속품으로 가득한 전시실은 웬만한 박물관보다 나았다.

손길이 닿지 않은 곳이 없으니, 예술촌에 있는 나무, 꽃, 장승까지 촌장을 닮은 듯했다. 커피와 허브 향을 좋아하여 정원 가득 커피나무와 허브를 심었지만 최고의 향은 사람 냄새라고 했다. 방문객에게도 진한 사람 내음을 주고 싶어 했다. 여기에 오지 않고는 맡을 수 없는 향기가 있다면 그걸로 성공했단다.

해오름예술촌
©국립민속박물관
해오름예술촌 전시실
©국립민속박물관

한번은 차 트렁크를 열어서 삽과 향을 보여주었다. 집과 예술촌을 오가다 보면 길가에 로드킬당한 고양이 사체를 종종 보는데 항상 묻어주고 향 하나를 피워 준단다. "나는 훗날 저승에 가도 외롭지 않을 거야. 내가 묻어 준 수많은 고양이들이 촌장님 오셨습니까 하며 마중 나올 거니까"라며 웃는다.

장인과 장모께도 사람 내음 진하게 나는 예술촌을 보여드리고 싶어서 모시고 간 적이 있다. 촌장의 매력에 반한 장인은 촌장처럼 수염을 기르기 시작했다. 사람 내음에 반한 건지 단지 수염에 반한 건지는 알 수 없지만. 그 후 다시 해오름예술촌을 찾았으나 사람 내음이 나지 않았다. 교사, 도예인, 사진작가, 장승꾼, 서예가, 천연염색가, 촌장으로 살다가 바람처럼 저세상으로 떠나가고 없었다.

차를 내리는 촌장
©국립민속박물관

남해를 매년 한두 번씩 방문하지만 촌장 없는 예술촌은 더 이상 가지 않았다. 올해는 예술촌을 찾아서 "하늘만큼 좋은 세상. 참 좋은 인연입니다"라고 촌장이 쓴 팻말 앞에서 그가 남겨둔 내음을 맡고 올 생각이다. 길게 기른 장인의 흰 수염을 보며, 고양이에게 둘러싸여 웃고 있을 촌장의 모습을 그려 본다.

희망 찾아 독일로, 그리움 따라 남해로

여느 때처럼 빌헬름 엥겔프리트 씨는 반려견을 앞세우고 해변을 산책했다. 해안을 따라 펼쳐진 천연기념물인 방조어부림 숲을 거닐다가 몽돌해변에 앉은 노인은 한참 동안 수평선 너머를 바라본다.

몇 개월째 경남 남해 물건마을에 머무르며 민속조사를 하던 나는 노인의 뒷모습에 그리움이 배어 있음을 느꼈다. 하루는 그의 옆에 말없이 앉았다. 그때 노인은 자신을 '빌리라 부르라'며 웃어 보였다.

이후 빌리의 집을 방문했다. 빌리 할아버지와 춘자 할머니는 남해 독일마을에 가장 먼저 입주한 가정이다. 빌리는 아내와 결혼 후 줄곧 독일에서 살았기 때문에 여생은 아내의 나라에서 살겠다는 생각으로 왔단다. 그의 이름인 '엥겔프리트'는 '평화의 천사'라는 의미이다. 남해의 맑은 공기와 멋진 풍경을 누리다가 천사처럼 아내의 곁에서 죽을 거라며 웃었다.

춘자 할머니는 파독 간호여성으로 살다가 남해로 왔다. "1971년 서독으로 가보니 말이 안 통하잖아요. 기숙사 방문 앞에 신발을 벗어놓고 들어갔는데 독일인 동료가 매일 방문을 두드려서 신발을 가리키며 중얼거려요.

빌리와 애견 페터
©국립민속박물관

신발에서 냄새가 나서 그러는 줄 알고 자주 빨았죠. 나중에 무슨 뜻인지 알게 됐죠. 신발을 방에 넣어두라는 말이었어요."

남해 독일마을은 파독 광부와 파독 간호여성들의 정착촌이다. 파독 광부를 한 김 씨 아저씨는 독일에서 사업으로 성공했다. 사업체는 아들에게 물려주고 한국으로 왔다.

"독일에서 40년을 살았지만 한국이 그리웠어요. 온돌방과 음식에 대한 향수가 제일 컸죠. 여기 오니까 한국 음식을 마음껏 먹을 수 있어 좋았어요. 그래도 아침은 독일식으로 먹어요. 한국에 오니 이제는 독일 햄과 빵, 치즈가 생각나요."

파독 간호여성인 박 씨 할머니는 간호기술학교를 졸업하고 보건소에서 일하다가 외국에 대한 동경과 호기심으로 서독행을 택했다.

"서독 생활 초창기에 '닥터 지바고'를 보러 갔는데 반대 방향으로 가는 차를 타는 바람에 한참을 돌아 극장에 도착했죠. 사람들이 나와 있어서 끝난 줄 알고 기숙사로 돌아왔어요. 영화를 보고 온 동료들에게 물으니 1편이 끝나고 휴식시간에 잠깐 사람들이 나온 거라고 하더군요."

우리 경제 발전 과정을 설명할 때 가장 앞줄에 있는 것이 이 파독 근로자들이다. 지금까지 이들을 1960, 70년대의 울타리에 가둬뒀다. 그들은 국가를 위해서 서독행 비행기에 올랐던 것도 아니고, 외화 획득이나 돈벌이만을 위해 고된 일을 견뎌내고 외로움과 그리움을 이겨낸 것도 아니다. 그 시절, 서독은 희망의 땅이었다. 누군가에게는 가난으로부터 탈출할 수 있게 해주는 땅이었고, 어떤 사람에게는 더 큰 세계에서 꿈을 펼칠 수 있는 무대였다.

우리가 지금까지 그들의 어깨에 올려둔 거창한 구호와 무거운 짐을 내리고, 있는 그대로의 모습으로 바라볼 때이다. 그리움을 따라 남해로 찾아왔지만 이 땅 역시 그들에게는 낯선 곳이다. 젊은 날, 꿈을 찾아갔다가 그리움을 따라 다시 왔다. 긴 여정의 종착점으로 남쪽의 따뜻한 섬을 택한 노년에 평안이 깃들기를.

남해독일마을
©국립민속박물관

파독 근로자와 외국인 선원

우아한 생활을 하는 노인들이 있다. 정원에서 내려다보는 바다는 눈부시게 아름답다. 그 바다에서 힘겨운 나날을 보내는 아랫마을의 외국인 선원들이 있다. 윗마을 노인들도 50여 년 전 아랫마을 외국인들처럼 고단한 세월을 보냈다. 밤에는 가족을 그리워하며 잠들던 시절. 그 청춘들은 노인이 됐고 지금은 멋진 풍경이 펼쳐진 남해독일마을에 모여서 산다.

남해독일마을 아래에 있는 어촌에는 동남아시아인 선원 수십 명이 일하고 있다. 남해 해양문화를 조사하던 어느 날, 열대야를 피해 캔맥주를 들고 바닷가로 나갔다. 그때 외국인 선원의 통화 소리가 들렸다. 며칠 전 멸치잡이 어선을 타고 어업조사를 할 때 동승했던 선원이었다. 기다렸다가 맥주를 들고 다가갔다. 그는 휴대전화에 저장된 가족사진을 보여주며 밝게 웃었다. 우리는 밤바다를 보며 캔맥주 두 개씩을 마시고 헤어졌다.

그는 쉬는 날은 어김없이 인도네시아인 동료들과 고향 음식을 해 먹으며 그리움을 달랬다. 윗마을 파독 근로자들도 50여 년 전 그랬다고 한다. 필자에게 서독 생활을 이야기해 주던 노인들로부터 의외의 이야기를 들었다. 세월이 흐를수록 부모, 형제자매, 친구들에 대한 기억은 희미해지고 음식

정치망 어선에 탄 외국인 선원
©김창일

에 대한 향수는 깊어지더란다. 독일에서는 한국 음식을, 한국에서는 독일 음식이 간절히 그리워지는 걸로 봐서 혀의 기억은 머리나 가슴의 기억보다 오래가는 것 같다고 말했다.

서독은 1950년대 중반부터 경제 호황으로 노동력이 부족했다. 특히 자국인들이 기피하는 업종인 광부와 간호사 인력을 보충하기 위해 외국인 노동자를 받아들였다. 파독 광부 첫 모집에 지원자가 구름처럼 몰려들었다. 동아일보(1963년 8월 31일자)의 '좁은 루르 갱구(坑口)의 길목 광부'라는 옛날 기사 중 "경쟁 5 대 1, 20대 태반… 고졸만 50%"라는 내용에서 확인된다. 광부 선발 조건은 20~35세의 남성으로 1년 이상의 경력자였다. 그러나 실제 선발된 인원 중 광부 경력을 가진 사람은 거의 없었다. 과거사위원회 조사 결과에 의하면 1963~1966년 전문대를 포함한 대학 졸업자의 파독 비율이 24%였다. 당시 평균을 훨씬 웃도는 고학력자들이었다. 파독 간호여

삼척 갈남마을박물관을 축하하는 주민들
©국립민속박물관

채워 넣었다. 닳아 해진 해녀잠수복과 물질 도구, 머구리 잠수 장비와 빛바랜 사진 등을 주민들은 스스럼없이 내놓았다. 주민과 함께 생활하며 기록한 사진과 영상물로 생동감을 주었다.

내팽개쳐진 건물의 심장이 다시 뛰기 시작했다. 어민들의 역사를 간직한 기억의 장소로 재탄생한 것. 보여줄 게 없는 삶이라며 입버릇처럼 말하던 노인들의 가슴에 자긍심이 돋아났다. 냉랭한 시선을 보내던 사람들도 손자손녀를 데리고 마을박물관을 둘러보며 자신의 삶을 설명하기 시작했다. 사람들의 반짝이는 눈빛이 어두운 내부를 환하게 밝히고, 적막을 깨우는 아이들의 웃음소리가 건물을 빛나게 했다.

이 소박한 박물관을 석 달만 운영하고 닫는다는 게 국립민속박물관의 계획이었다. 그런데 마을박물관에서 해설하던 주민과 건물을 기꺼이 내어준 주민들이 전시를 계속 하기를 원했다. 운영 지원을 약속할 수 없는 상황에서 오래가지 못할 거라 생각했다. 착각이었다. 벌써 5년 넘게 외부 지원 없이 자율적으로 운영하고 있다. 마을박물관 해설사의 열정과 건물을 조건 없이 사용하도록 허락해 준 주민들이 있었기에 가능했다. 마을박물관 해설사인 이옥분 씨는 대학생 시절 잠깐 갈남마을에 놀러왔다가 어부와 결혼했다. 누구보다 갈남마을을 사랑하는 그는 해설을 원하는 사람이 있으면 하던 일을 멈추고 마을박물관으로 달려온다. 단지 해설에 머물지 않고 마을박물관 앞에서 공연, 마을극장 등 다양한 문화행사를 진행한다.

가리비종패 시설물을 그대로 활용한 마을박물관 내부
©국립민속박물관

마을박물관이 지속될 수 있었던 건 국립민속박물관의 조사, 전시기획과는 별개로 해설사의 열정, 마을에 대한 자부심이 있었기에 가능했다. 그는 10여 평의 작은 공간에 진열된 물건과 사진으로 삶의 현장과 노동, 시름, 환희를 이야기해 준다. 그리하여 방문객에게 이해와 공감을 불러일으킨다. 특별할 것 없는 평범한 삶의 소중함을 깨닫는 순간 밤하늘의 달이 되고 별이 된다고 그는 말한다. 삼척갈남마을박물관의 꽃은 이옥분 해설사다.

수영하다가 관람하는 동네 아이들
©국립민속박물관

갈남마을에 상주하며 기록한 자료를 토대로 한 전시
©국립민속박물관

과 전시자료를 기꺼이 제공하고, 열정적인 해설을 마다하지 않는 주민 참여가 있었기에 마을박물관은 지속될 수 있었다.

현재의 기록 없이 미래의 역사를 논하는 일은 공허하다. 우리가 두 발을 딛고 서 있는 곳에서 함께 살아가는 사람들의 생활 양상을 기록하는 일은 현재를 증언하는 미래의 역사가 된다. 평범한 삶을 기록하는 일은 사소한 것처럼 보이지만, 결코 사소하지 않다. 그래서 그럭저럭 별 의미 없는 인생을 살았다고 말하는 주민들에게 평범한 삶의 소중함을 느낄 수 있도록 전시 기획을 했다.

어느 날 삼척에서 걸려온 전화를 받았다. 마을박물관으로 활용하도록 공간을 내어준 주민이 건강이 좋지 않아서 건물을 팔고 이사하게 됐단다. 삼척 갈남마을박물관은 그동안 주민들에게 기억의 저장소로, 방문객에게는 이해와 공감의 공간이 됐으나 이제 역할을 다했다. "지는 해 노을 속에/잊을 수 없는 것들을 잊으며 가자"라는 시구처럼 잊을 수 없는 것과 작별하기 위해 나는 삼척으로 향한다.

작은 섬, 연도에 여인들이 살았다

섬에는 여자들만 남았다. 남자들은 고기 떼를 찾아 흑산도, 연평도 등지로 떠나고 없다. 남자들이 섬을 비웠을 때 상(喪)이 나면, 남아 있는 여성들이 장례를 치러야 했다. 작은 생활 터전이 묘지로 잠식되는 것을 막기 위해 마을 맞은편에서 400m 떨어진 무인도를 공동묘지로 사용했다. 여자들은 상여를 배에 싣고 무인도로 향하며 노래와 놀이로 전송했다. 도착하면 다시 상여를 메고 산으로 올라가서 매장했다. 바위가 많은 솔섬은 흙이 부족했다. 봉분을 만들기 위해 사방으로 흩어져서 흙과 잔디를 모았다. 그러고 나면 "쾌지나 칭칭 나네" 등을 부르며 다시 신명난 놀이를 이어갔다. 이는 슬픔에 젖어 있는 가족들을 위로하고 상여꾼들의 피로를 풀기 위함이다. 장례식을 마치고 연도(椽島)로 되돌아오는 뱃길에서도 놀이는 계속된다. 아낙네들은 춤과 노래, 걸쭉한 육담으로 웃음판을 만들어 상주가 잠시나마 슬픔을 잊도록 했다. 창원 진해의 연도라는 작은 섬에 살던 여성들 이야기다.

연도 여성들의 장례의식은 진도의 다시래기를 연상시킨다. 장례식장에서 벌어지는 일종의 연극판인데 상주까지 웃게 만든다. 연극은 산모가 아이를 낳는 장면으로 끝맺는다. 이는 새로운 생명의 탄생으로써 소멸의 흔적을 지우고, 삶을 제자리로 되돌려 놓는 것을 의미한다. 죽음이라는 혼돈

에서 코스모스로의 전환, 즉 잃어버린 조화를 되찾는 것이다. 춤과 놀이로 저승길을 전송하는 것은 오래전부터 우리에게 존재했던 죽음에의 대응 방식이었다. 수서(隋書) 동이전 고려(고구려)조에 "고구려인들은 장례할 때 북을 두드리고 춤추며 노래 부르면서 보냈다"고 하니 그 연원은 오래됐다.

진해의 연도 장례놀이는 상주가 슬픔을 이겨낼 수 있도록 돕는다. 죽음은 산자가 극복해야 할 일이기에 놀이와 웃음으로써 이웃을 위로한 것이다. 연도 여성들의 공동체적 삶을 지속시키려는 강한 의지를 엿볼 수 있다. 진해에 유배를 갔다가 우리나라 최초의 어보(魚譜)를 집필한 김려(金(려, 여)·1766~1821)는 그가 목격한 섬 여인들의 강인함을 우산잡곡(牛山雜曲)에서 여러 차례 언급했다. "튼실한 아낙 호랑이처럼 억세서, 머리에 수건 쓰고 두멍에 정어리를 담고 있네"라고 했다. 또한 "섬 마을 각시들 남자처럼 튼튼해서 엉덩이 크고 허리 넓어 유행에 어둡다"거나 "어촌 아낙은 배도 잘 부려서, 키를 돌려 뱃머리 열자 제비처럼 날아간다"며 놀라움을 표현했다.

부산 신항 건설현장
©국립민속박물관

척박한 환경을 이겨내며 지켜온 연도와 공동묘지로 이용되던 솔섬은 신항만 건설로 육지와 연결됐다. 주변 바다는 매립되었고 컨테이너 선박이 접안하는 항만의 일부가 됐다. 연도의 아낙네들이 솔섬으로 운구하던 소형 목선을 대신해 초대형선박이 컨테이너를 실어 나르고 있다. 신항만이 완공되면 물동량 기준 세계 3위 컨테이너항이 될 것으로 예상되는 만큼 그 규모는 상상을 초월한다. 필자는 가덕도 끄트머리에서 신항의 웅장한 모습을 마주하며 호랑이처럼 억세고, 남자처럼 튼튼하며, 제비처럼 날아가듯이 노를 젓던 여성들을 떠올렸다. 그 땅에는 작은 섬이 있었고, 물고기 잡이를 떠난 남편, 아비, 아들을 기다리며 섬을 지키던 강인한 여인들이 있었음을 나는 기억하려 한다. 또한 여기에 기록하여 남긴다. 많은 사람들이 그 섬에 살던 여성들을 기억하기를 바라며.

건설중인 신항과 대형여객선
©국립민속박물관

억척 아지매들의 본향, 부산

삶의 무늬는 소리로 기억된다. 이른 새벽 싱싱한 생선을 확보하려는 자갈치 아지매의 우렁찬 목소리. '재칫국(재첩국) 사이소'를 외치며 골목을 누비던 재첩국 아지매. 선박에 매달려 철판을 두드리던 깡깡이 아지매. 이 아지매들이 내는 소리는 항도 부산을 움직이는 심장소리였다.

소리로 상기되는 재첩국 아지매에 대한 기억은 뚜렷하다. 매일 새벽 잠결에 듣던 '재칫국사이소, 재칫국'이라는 외침은 점점 크게 들렸다가 희미하게 멀어져 갔다. 한 번쯤은 재첩국 아지매를 봤을 텐데 만난 기억은 없고, 소리만 생생하다. 낙동강 하구에서 잡은 재첩은 대티 고개, 만덕 고개, 구덕령 고개 등 일명 '재첩고개'를 넘어 부산 골목골목으로 퍼졌다. 재첩국 아지매가 다니는 골목의 집들에서는 아침상에 재첩국이 자주 올랐고, 자연스럽게 부산 서민음식이 됐다. 낙동강 하구의 재첩마을 어민들은 재첩을 잡고, 아낙네들은 재첩국 동이를 이고 행상을 했다. 1960년대 후반부터 일본으로 수출해 판로가 넓어지면서 재첩잡이 배가 넘쳐났다. 재첩국 행상도 부산을 넘어 김해, 밀양 삼랑진, 양산 물금 등으로 확산됐다. 1980년대 낙동강하굿둑 조성으로 재첩잡이는 쇠퇴했고, 재첩국 아지매를 보기 어렵게 됐다.

이른 아침부터 밤까지 좌판을 지키는 자갈치아지매들
©국립민속박물관

자갈치 아지매들
©국립민속박물관

부산 하면 자갈치시장을 떠올리는 사람이 많다. 자갈치시장을 만든 사람들이 자갈치 아지매다. 일제강점기에 부산 남항으로 입항하는 어선에서 신선한 생선을 받아 좌판을 펼친 것이 자갈치시장의 시초다. 6·25전쟁으로 피란민이 몰려들었다. 생계가 막막한 사람들은 자갈치 바닷가에 노점을 차렸고, 급속히 확장됐다. 곰장어구이 판때기장수, 삶은 고래 고기를 파는 판때기장수, 반건조 생선을 파는 판때기장수 등 변변한 시설 없이 널빤지 하나 걸쳐두고 수산물을 팔던 판때기 아지매들. 그들이 자갈치시장을 만들었고, 억척스러움을 상징하는 자갈치 아지매가 됐다.

영도대교를 건너면 오른쪽에 '깡깡이마을'이라 불리는 대평동이 있다. 피란민과 선원, 이주노동자들이 모여든 곳이다. 여기에 깡깡이 아지매가 있다. 여성들이 밧줄에 매달린 채 종일 망치질을 했다. 망치를 두드려 선박 표면에 슨 녹과 페인트를 떼어 낼 때 '깡깡' 소리가 난다고 해서 붙은 이름이다. 피할 곳 없는 땡볕, 끝없이 반복되는 망치질, 숨쉬기조차 어려운 분진, 공중에 매달린 공포, 온종일 듣는 쇳소리로 인한 이명과 불면증 등 열악한 노동 환경에서 삶을 이어갔다. 수십 년간 깡깡이 소리에 노출돼 청력이 손상됐지만 깡깡이질로 자식을 키워냈기에 고마운 소리라고 말한다. 억척스러움에 억척스러움을 더한 깡깡이 아지매다.

새벽은 자갈치 아지매가 열고, 아침잠은 재칫국 아지매가 깨우며, 낮 열기는 깡깡이 아지매가 지폈다.

뭍에 온 제주 해녀들… 뭇 총각 애간장 녹여

“니들이 바다를 알아?” 역사, 문화, 의식주 등 어촌의 모든 걸 조사·연구한다고 자부하는 학예연구사로서 가끔 지인들에게 이런 농담을 한다. 나도 처음에는 어촌과 바다를 많이 안다고 생각했다. 경남 남해 출신이니까. 하지만 2013년 고향 남해 물건마을을 시작으로 어민들과 사계절을 함께 지내며 느낀 바닷가는 흥미로운 것, 모르는 것의 보고였다. 관찰자의 세밀한 시선으로 바라보자 몰랐던 것이 보였다.

2013년 강원 삼척 갈남마을로 향했다. 동해안 무인도 중에서 유일하게 갈매기가 알을 부화한다는 ‘큰섬’을 끼고 있는 어촌이었다. 에메랄드빛 바다와 투명한 거울을 뚫고 나온 듯한 기암괴석이 외지의 연구자를 반겼다. 마을에 도착하자 또 다른 진귀한 풍경이 펼쳐졌다. 검푸른 물결 위에 까만 점이 수면으로 나타났다가 사라지기를 반복했다. 겨울 칼바람 속에서 물질하는 해녀들이었다. ‘근데 동해안에 웬 해녀? 제주도도 아니고….’

물질을 마치고 나와 모닥불로 몸을 녹이는 해녀 할머니들 곁으로 조심스럽게 다가갔다. 카메라 셔터를 누르자 항구를 쩌렁쩌렁 울리는 우렁찬 핀잔이 돌아왔다.

한겨울 물질하는 삼척 갈남마을 해녀
©국립민속박물관

"추워죽겠는데 성가시게 뭘 찍어."

할머니들의 기세에 눌린 백면서생은 한쪽 귀퉁이에 망부석처럼 굳어 서 있었다. '아, 이분들과 1년 내내 함께 지내야 하니 나는 죽었구나.' 첫날부터 맥이 쭉 빠졌다.

'그런데 이 할머니들 말투가 이상하네.' 알고 보니 이분들은 '해녀 사관학교'인 제주도 출신이었다. 이른바 출향 해녀. 출향 해녀는 제주도에서 육지로 나와 삶의 터전을 마련한 해녀를 이르는 말이다. 이제는 제주에서 물질하는 해녀보다 육지 해안에서 물질하는 해녀 수가 더 많다.

출향 해녀의 역사는 이렇다. 강점기에 일제는 제주 해녀를 뭍으로 '공수'했다. 해녀들을 동원해 우뭇가사리를 채취하기 위해서였다. 우뭇가사리는 군수물자였던 공업용 아교와 일본인이 좋아하는 간식인 양갱의 주재료였다.

6·25전쟁으로 잠시 중단됐던 제주 해녀의 '상륙작전'은 1950년대 중반 재개됐다. 육지에는 미역, 전복을 딸 해녀가 없었기 때문이다. 제주 해녀들도 쏠쏠한 돈벌이를 마다할 리 없었다. 갈남마을을 비롯해 동해안 어촌 남성들은 매년 2월이면 해녀를 '스카우트'하기 위해 제주로 향했다. 남성 1명이 10~15명의 해녀를 인솔해 육지로 나왔다. 해녀를 모집해 마을로 데려오는 사람을 '해녀 사공'이라고 했다. 사공은 해녀가 채취한 해산물의 10%를 수수료로 챙겼다. 나머지 90%는 해녀의 몫이었다.

사공을 따라 뭍으로 온 10대 후반~20대 중반 해녀들은 3월에서 추석 전까지 해산물을 채취하고 제주로 돌아갔다. 1960, 70년대 동해안 어촌에는 적게는 30, 40명, 많게는 100명 이상의 제주 해녀가 들어와 생활했다. 이들은 3~6월 미역을 채취했고 추석 전까지 전복, 소라, 성게, 문어를 잡았다.

물질을 끝낸 해녀들은 저녁이면 자연스레 마을 총각들과 어울리기도 했다. 여러 해 동안 같은 마을을 찾다 보면 남녀 간에 묘한 감정이 싹트는 게 자연스럽다. 정이 쌓였지만 해녀들은 추석 무렵이면 제주로 가야 했다. 서로를 그리워하던 육지 총각과 제주 해녀는 혼인해 하나둘 동해에 정착했다.

박씨 할머니는 제주 출신이지만 원래 해녀는 아니었다. 친구가 삼척에서 물질

물질 후 몸을 녹이는 삼척 갈남마을 해녀
©국립민속박물관

할 때 잠깐 놀러왔다가 동네 청년과 사랑에 빠져 삼척에 정착했다. 제주와 삼척을 오가며 몇 년째 물질하던 김씨 할머니도 1974년 삼척 총각과 결혼했다. 김 할머니는 "친구 꾐에 빠져서 왔지, 저 영감 보고 삼척까지 왔겠느냐"며 너털웃음을 터뜨렸다. 제주에서 친구로 지내던 두 할머니는 삼척까지 인연을 이어오며 평생을 함께하는 둘도 없는 친구 사이다. 이렇게 1960년대 중후반~70년대 초반 갈남마을의 청년과 결혼해 정착한 해녀들은 지금도 삼척 바다를 주름잡고 있다.

맨몸으로 제주를 떠나 삼척에 정착한 이들은 50년 동안 물질해서 자식들 공부시키고, 시집 장가를 보냈다. 마을 해변에서 가장 높고 좋은 집은 한결같이 출향 해녀들의 집이다. 이제는 쉬어도 될 나이지만 할머니들은 지금도 바다로 향한다. 물 밖에 있으면 온몸이 아프다가도 물에 들어가면 편안해진단다. 끊임없이 해산물을 내어주는 바다가 있는 한 일흔을 훌쩍 넘긴 할머니들은 물속에서만큼은 청춘이다.

집으로 향하는 해녀들
©국립민속박물관

거긴 물질, 여긴 요리… 어촌의 '공생'

공동 채취, 공동 분배, 공동 건조, 공동 판매한 후에 수익금을 동일하게 나눈다. 젊은 층과 80대 노인 사이의 노동력 우열에 차등을 두지 않는다. 공유자원의 공평한 분배와 노동현장에 공평하게 참여하는 제도는 노동활동으로 생계를 꾸리기 어려운 노인들도 공동체의 당당한 일원이 되도록 한다.

이는 다른 세상 이야기가 아니다. 평등하게 노동을 하고, 평등하게 분배하는 대원칙은 동해안 돌미역 작업의 일반적인 모습이다. '곽암', '짬' 등으로 불리는 미역바위는 어촌의 공유자원이다. 미역바위를 배정 받은 어촌계원들은 관리, 채취, 건조, 판매 등 처음부터 끝까지 함께 작업을 하는 공동운명체가 된다. 울산 해안에서 채취되는 돌미역은 최상품으로 유통된다. 좋은 품질의 돌미역을 많이 생산하기 위해 겨울에는 바닷물 속에 잠겨있는 미역바위를 대대적으로 청소한다. 농부가 땅을 갈아 농사를 짓듯 어민들도 바다를 경작한다. 울산 제전마을은 해녀 60여 명이 호미를 들고 잠수하여 갯바위를 긁어내는 작업을 10일 동안 한다. 미역바위를 긁어내는 데에 호미 수백 개가 사용된다.

갯바위를 긁어내느라 무뎌지는 날을 수시로 갈아서 해녀들에게 제공하

해녀들이 물 속에 있는 미역바위 표면을 긁어내는 장면
©국립민속박물관

는 주민들, 작업자에게 제공할 식사를 준비하는 사람들, 해녀들을 운송하는 7척의 작업선 등 모든 어촌계원이 분업하여 미역바위 청소를 돕는다. 150명에 불과한 마을에서 동원되는 인원이 100명에 달한다. 미역바위 청소에 들어가는 제반 경비가 1억 원을 넘는다. 미역바위 청소를 위해 일부 갯바위에 스킨스쿠버를 투입한 결과 60%의 경비 절감 효과가 있었다. 효율성이 높음에도 전면적으로 스킨스쿠버를 활용하지 않는다. 그렇게 되면 지금처럼 많은 수의 해녀가 투입될 필요가 없고, 식사를 준비하는 사람, 호미날 가는 사람, 작업에 이용되는 어선 등이 대폭 줄어든다. 어촌계원 개개인은 미역바위 청소비용을 지출하는 주체이면서 또 한편으로는 작업에 참여하여 일당을 벌어들인다. 재화가 마을 내에서 순환되어 지출한 돈이 마을 주민들에게 재분배되는 구조다.

동해안의 어촌을 조사하던 몇 해 전의 일이다. 한가하던 어촌은 미역바위 청소 준비로 떠들썩했다. 나도 카메라와 수첩을 내려놓고 일손을 거들

부산 송도해변의 인어들

"네 명의 누님들이 해녀였어요. 어릴 때부터 물질하는 어머니 모습을 보고 자연스럽게 배운 겁니다. 10대 후반부터는 바깥물질을 다녔습니다. 2월 말에 뭍으로 나가서 추석이 지나 제주로 돌아왔어요. 육지 해안에서 해산물을 채취한 돈으로 가족을 부양한 거죠. 셋째, 넷째 누님은 70대 중후반인데 지금도 물질을 합니다. 누님들 생각하면 마음이 아려옵니다."

70세의 고 씨 노인은 무거운 빚을 지고 있다며 떨리는 목소리로 말을 이어갔다. 누나들의 희생으로 자신이 교육받을 수 있었기에 고마움을 잊을 수 없다고 했다. 제주 구좌읍 출신인 노인은 경찰이 된 후 40여 년을 부산에서 살았다. 퇴임 후 줄곧 제주 출향해녀문화 전승과 복지 향상을 위해 노력했다. 그는 누나들의 바깥물질 행적을 따라 울산 방어진, 포항 구룡포, 통영, 삼천포 등 곳곳을 누볐고, 부산 영도해녀문화전시관이 성공적으로 개관할 수 있도록 도왔다.

고 씨 노인의 누나들처럼 제주 해녀는 1950~70년대 바깥물질을 다니며 가족의 생계를 책임졌다. 주로 10대 후반에서 20대 중반의 나이였다. 이 시

송도해녀 물질
©국립민속박물관

기 수천 명의 제주 해녀는 육지 남성과 결혼해 뭍에 정착했다. 바깥물질은 1910년 이후에 본격화됐다. 제주 해역에서 일본 잠수기선의 남획이 지속되면서 해산물이 고갈됐고, 수산물 상품화에 따른 현금 소득화와 해상 교통수단 발달 등으로 바깥물질 행렬이 이어졌다. 일부는 동력선을 이용했지만, 무동력선인 돛배를 타고 뭍으로 나서기도 했다. 제주에서 출항하여 전남의 신지도를 거쳐서 금당도, 나로도, 돌산도, 거제도, 가덕도 등 섬과 섬을 징검다리 삼아 목적지로 향했다.

고 씨 노인과 동향인 제주 구좌읍 출신 해녀들이 있는 부산 송도해수욕장을 찾았다. 1913년 우리나라 최초로 개장한 해수욕장이다. 해수욕장과 암남공원이라 불리는 송도국가지질공원 사이의 아담한 포구에서 해녀들이 담소를 나누고 있었다. 오 씨 할머니(80)는 제주 구좌읍 하도리 출신이다. 바깥물질을 다니면서 송도에 정착했다고 한다. "4형제를 뒀어요. 예전에는 학교에서 부모 직업을 적어 오라고 했잖아요. 셋째 아들만 엄마 직업을 해녀라고 적고, 나머지 세 녀석은 빈칸으로 갔어요. 물질하는 걸 드러내기 꺼리던 시절이었으니까. 지금은 80세 노인이 제 몸 움직여서 돈 벌 수 있는 직업이 해녀 말고 있겠어요? 물에 들어가면 날아다닙니다. 저기 홍 씨 언니는

83세인데 물속에서는 인어로 변해요"라고 말했다. 옆에서 잠수복을 손질하던 박 씨 할머니(80)는 17세에 물질을 배워 해녀 경력이 64년 됐단다.

태왁과 망사리를 설명하는 해녀
©국립민속박물관

한때 100여 명의 해녀가 있었으나, 지금은 5명이 물질을 한다. 이들은 10여 년 전부터 해산물을 함께 채취하고 공동으로 판매해 수익금을 나눈다. "많이 채취하는 사람이 있을 테고, 적게 잡는 사람이 있을 건데 갈등이 없나"고 물었다. 경쟁하지 않고 똑같이 나누는 지금이 행복하다며 막내 해녀 양 씨 할머니(66)가 웃었다. 며칠 후 다시 송도해수욕장을 찾아갔다. 노인들은 인어로 변해 연신 숨비소리(해녀의 휘파람 소리)를 내뿜고 있었다. 바다는 평화로움으로 빛났고, 인어들은 쉴 새 없이 무자맥질을 했다.

최고령 송도해녀의 잠수복 수선
©국립민속박물관

가덕도에서 만난 제주해녀

가덕도 해양문화를 조사하던 중에 지역 해녀가 아님에도 바다로 뛰어드는 해녀들을 먼발치에서 봤다. 어디서 왔는지 알기 위해 뭍으로 나올 때까지 몇 시간을 기다렸다. 4명의 해녀가 물질을 마치고 해안가로 나와서 쉴 때 이야기를 나눌 수 있었다. 부산 영도에 거주하는 제주 출신 해녀로 젊은 시절 영도까지 바깥물질을 다니다가 정착했다고 한다. 남항대교를 건설하면서 해안이 매립돼 물질할 곳이 마땅찮아 가덕도까지 원정을 왔단다. 매년 11월부터 다음 해 6월까지 해산물을 채취한 뒤 영도로 돌아간다. 제주도에서 영도로 이제는 가덕도까지, 섬에서 섬으로 물질할 바다를 찾아다닌 삶의 여정이었다. 해녀들이 공동으로 머무는 집에 초대받아서 오랜 시간 대화를 나눴다. 이야기하는 내내 그녀들은 해맑게 웃었지만 살아온 가시밭길은 육지에 정착한 해녀의 전형적인 생애사였다. 출향(出鄕) 해녀의 역사는 100여 년 전으로 올라간다.

제주해녀의 바깥물질은 일제강점기 때 본격적으로 시작됐다. 19세기 후반부터 간헐적으로 육지로 나가서 물질하는 해녀가 있었고, 1910년 이후 활발해졌다. 1890년대부터 일본 잠수기 어선 수백 척의 남획으로 제주어장에는 채취할 해산물이 부족했다. 당시 육지 사람들은 미역 이외의 해조류

가덕도로 원정물질 온 영도해녀들
©국립민속박물관

에 관심이 없었으므로 제주해녀는 해산물이 풍부한 내륙으로 눈을 돌렸다. 초창기에는 경상, 전남 해안 위주로 물질을 했으나 점차 강원도, 함경도, 황해도는 물론이고 일본, 중국, 러시아까지 원정물질을 다녔다. 바깥물질하는 해녀가 늘어나면서 현지 주민들과 분쟁이 발생했다. 그 이면에는 상권 확보를 위한 해조상인 간 갈등이 있었다. 결국 비용을 지불하고 해산물을 채취했지만 입어료가 점차 인상돼 어려움을 겪는 해녀가 늘어났다. 이에 제주 유지들은 해녀조합을 조직해 한동안 해녀 권익보호를 위해 활동했다. 그러나 일본인 도지사가 조합장을 겸하던 해녀조합은 1920년대 후반부터 오히려 해녀를 수탈하는 조직이 됐다.

부산 영도를 거점으로 활동하던 해조류 상인들은 해초의 수급 안정이 필요했다. 제주해녀를 모집해 영도에 집결시켰다가 기장, 울산, 경주, 포항

입수 준비를 하는 해녀들
©국립민속박물관

등 해산물이 풍부한 어촌으로 보냈다. 이런 전통이 이어져 광복 후에도 제주도민이 영도로 대거 이주했다. 동아일보(1970년 7월 25일자)에서 "물질 원정 왔다가 정착, 영도는 주민의 8할이 제주계(濟州系)"라고 했다. 가덕도에서 만난 해녀 4명도 이 시기에 영도로 이주했다. "가덕도 끝을 넘어가면 등바당을 넘어간다. 다대 끝을 넘어가면 부산 영도이로구나." 해녀노래의 마지막 구절이다. 여기서도 최종 목적지는 영도다. 제주도민회관, 제주은행, 해녀문화전시관이 영도에 있는 것만 봐도 제주도민의 위상을 짐작할 수 있다. 영도는 작은 제주도라 할 만하다.

1970년대 중반까지 제주해녀의 바깥물질 행렬은 이어졌고, 현지 주민들과 크고 작은 갈등도 지속됐다. 한적한 어촌에 매년 수십 명, 많게는 100명 이상 모여들었다. 청춘남녀가 있는 곳에 사랑이 싹트는 건 자연스러운 일이고, 육지에 정착하는 해녀가 늘어났다. 도전과 적응의 세월을 보낸 출향해녀의 위상은 높아졌고, 어촌계 결정권을 해녀들이 가진 마을이 곳곳에 생겼다. 지금도 출향해녀의 힘찬 숨비소리는 겨울 바다와 맞서고 있다.

바다로 뛰어드는 장면
©국립민속박물관

행복한 인어들

난바르 촬영을 위해 해녀 운반선에 승선했다. 여러 날 이 섬 저 섬을 돌면서 배 위나 섬에서 숙식하며 해산물을 채취하는 물질을 '난바르'라 한다. 운반선이 방파제 밖으로 나가자마자 거친 파도가 뱃머리에 부딪혔다. 물질할 수 없다고 판단한 선장은 배를 선착장으로 되돌렸다. 내친김에 해녀 할머니들의 숙소로 따라나섰다. 날씨가 허락하지 않아서 물질을 며칠째 못한 상황이었음에도 웃음소리가 멈추질 않았다. 물질하는 날은 돈 벌어서 좋고, 궂은 날씨로 바다에 못 나가면 놀아서 좋단다. 제주 서귀포시 성산읍 온평리에서 40여 년 전에 부산으로 이주한 김 씨 할머니가 밀가루, 막걸리, 달걀노른자, 우유, 소금, 설탕을 넣고 반죽을 시작했다. 이런 날은 제주도에서 해 먹던 찐빵을 만들어서 함께 먹는단다. 반죽이 숙성되는 동안 해녀들의 웃음소리는 담장 밖을 넘어 골목길까지 흘렀다.

쉬는 날 찐빵을 만들어 먹는 해녀들
©국립민속박물관

병산열도에서 잡은 해삼
©국립민속박물관

다음 날 다시 해녀들과 함께 배에 올랐다. 거제도와 가덕도를 연결하는 거가대교와 바다 아래를 가로지르는 침매터널이 있는 병산열도로 향했다. "병산열도 앞쪽에 등대가 세워진 갯바위 보이지요. 가덕도에 살던 호랑이가 먹이가 없어서 거제도로 헤엄쳐 건너다가 저기에서 굶어 죽었답니다. 그래서 범여라고 해요." 대죽도, 중죽도, 미박도, 구슬여, 노동여, 망덕여 등 선장은 섬과 갯바위에 얽힌 이야기를 쉼 없이 이어갔다. 바다에 해녀를 내려주고 입항하면서도 선장의 설명은 계속됐다. 가덕도 주민과 거제도 주민 간 병산열도 쟁탈전에 관한 흥미진진한 전설을 듣는 사이에 배는 육지에 닿았다. 4시간 후 해녀를 태우기 위해 다시 출항했다. 망사리에 담긴 해산물의 편차가 심했다. 채취한 양이 다른데 수익금을 동일하게 나누면 많이 잡은 해녀는 불만이 없느냐고 물었다. "오늘은 막내가 적게 잡았지만 며칠 전에는 혼자서 우리 셋이 잡은 것보다 많이 채취했다. 경쟁하는 것보다 서로 도우며 일하고 똑같이 나누는 게 즐겁다"고 말했다. 필자는 동일한 이야기를 지난해 부산 송도 해녀를 조사하면서도 들었다.

한때 100여 명의 해녀가 있었으나 지금은 5명이 물질을 하는 송도 해녀

언제나 행복한 해녀들
©국립민속박물관

작업장을 찾았을 때다. 10여 년 전부터 채취한 해산물을 공동으로 판매해 수익금을 동일하게 나누는 곳이다. "많이 채취하는 사람이 있을 테고, 적게 잡는 사람이 있을 건데 갈등이 없느냐"고 물었다. 경쟁하지 않고, 함께 잡고 똑같이 나누는 지금이 행복하다며 다섯 명의 할머니들이 동시에 고개를 끄덕였다. 막내 67세 해녀와 최고령 84세 해녀의 노동력 우열에 차등을 두지 않고, 공평한 분배와 노동 현장에 공평하게 참여하는 제도다. 이는 독자적인 노동으로 생계를 꾸리기 어려운 노인들도 공동체의 당당한 일원이 되도록 했다. 결과적으로 노동 약자에 대한 사회안전망이 된 것이다.

두 해녀 집단의 노동 방식은 탐욕, 이기심, 욕망을 제어하여 경쟁심과 갈등을 최소화했다. 권리와 의무에 차별이 없으며, 모두에게 혜택이 주어지는 호혜평등 관계다. 평등하게 노동하고, 평등하게 분배하는 대원칙은 효율의 극대화보다는 공동체 가치를 앞세운 생산과 분배 방식이다. 물론 소규모 집단이기에 유대관계 속에서 나눔, 배려, 포용하는 집단으로 쉽게 변모할 수 있었으리라. 거친 바다를 행복한 일터로 만든 해녀들을 따라다니며 일주일을 행복하게 지냈다.

육지 해녀의 바다 사용료

삶의 양상을 기록하는 일은 대중에게 역사의 발언권을 주는 일이다. 현장 기록은 사실을 엮어 만든 '사람들에 관한 이야기'이므로 삶의 현장 깊숙이 들어가서 오랜 시간 참여하고 관찰하려 한다. 삼척과 울산 어촌에서 주민들과 사계절을 함께 생활하며 해양문화를 조사한 적이 있다. 두 마을의 가장 중요한 생업이 돌미역 생산이라는 점과 해녀가 돌미역 채취를 도맡는다는 점이 같았다. 해녀 계통은 다르다. 삼척 갈남마을 해녀는 제주도에서 이주했다. 울산 제전마을에는 바깥물질 온 제주 해녀를 보고 배운 자생 해녀 집단이 있다.

제주 소재 언론사 초청으로 동해안 해녀에 대해 발표한 적이 있다. 질의 응답 시간에 당황스러운 일이 발생했다. 객석에 앉아 있던 제주 주민이 발표 내용에 감정이 이입돼 격앙된 목소리로 화를 내기 시작했다. 그는 '해녀가 어촌계에 입어료를 지불하는 육지 어촌의 관행은 부당하다. 이는 육지로 이주한 제주 해녀의 노동력을 갈취하는 행위'라며 분통을 터뜨렸다. 시간이 촉박해 차분히 설명할 수 없어서 아쉬웠다. 이미 100년 전부터 이런 갈등은 동해안 어촌 곳곳에서 발생했다.

해녀가 채취한 해산물 무게에 따라
일정 비율의 수수료를 책정하는 어촌계
©김창일

일제강점기에 제주 해녀들은 육지 해안으로 바깥물질을 다녔다. 이 과정에서 난관에 봉착했다. 1921년 3월 19일 동아일보 '해녀문제해결호'에서 단면을 확인할 수 있다. "제주도에서는 해녀가 있어서 해마다 경상남도 울산, 장승포에 나와서 옷을 벗고 바닷속으로 들어가 해조와 전복 등을 따는 사람이 4000명 이상이라. … 그들이 버는 금액이 수백만 원에 달하는데 울산 장승포 등지에 있는 지방 인민은 남의 지방에 와서 이와 같이 무수한 수산품을 가져가서는 안 되겠다 하여, 해녀와 그 지방 인민 사이에 서로 분쟁이 있음으로 당국이 조정하여 해녀는 그 지방 인민에게 입어료라는 것을 바치고 이것만은 무사히 해결되었으나…." 수많은 제주 해녀들이 몰려와 해산물을 채취하자 지역민 불만이 증폭됐고, 이에 해산물 채취 대가를 지불했다는 내용이다.

광복 후에도 갈등이 잦아들지 않자 1952년 수산업법에 '입어관행보호법'이 제정됐으나 충돌은 이어졌다. 입어료, 위판 수수료 등 명목으로 채취한 해산물에 일정한 요금을 매겼다. 해녀들은 이를 과도한 수탈로 봤고, 해당 어촌 주민은 자신들의 바다에서 채취한 것이기에 당연한 권리라 여겼다. 1962년 수산업협동조합법이 제정돼 어촌계로 연안어장 관리 권한이 위임됐다. 이로써 어촌계가 합법적으로 지선어장에 대한 통제권을 행사했다.

현재 대부분 어촌계는 어민 의견을 민주적으로 수렴해 운영하고 있다. 동해안에서 해녀는 이제 약자가 아니라 어촌계 의사결정에 중심 역할을 한다. 삼척 갈남마을과 울산 제전마을은 해녀가 어촌계 의사결정을 좌지우지하다시피 하고 있다. 제주도 해녀보다 육지 해녀가 더 많이 물질하고 있다. 뭍 해안에서 제주 해녀는 튼튼히 뿌리내렸다. 개별 어촌 상황과 시대 변화에 맞춰 새로운 문화를 만들어가고 있다. 더 이상 피해의식을 가질 필요가 없다는 말을 늦게나마 지난번 청중에게 전하고 싶다.

영도 해녀촌, 해묵은 갈등에서 평화로운 공간으로

만인 대 만인의 투쟁은 삶을 거칠게 만든다. 협력해야 할 상대를 경쟁 대상으로 여기는 피로한 삶은 끝날 기미를 보이지 않았다. 욕심과 욕심의 충돌은 자정 능력을 잃었고 갈등은 일상화됐다.

어느 날 예능프로그램을 시청하고 있었다. 백종원이 바닷가를 찾아서 음식물 먹는 장면이 TV 화면에 비쳤는데 낯익은 공간이었다. 부산 영도구 중리 해녀촌에서 성게알김밥을 먹다가 멈칫거리기를 반복했다. 소리가 들리는 뒤편으로 신경 쓰는 표정이 역력했다. 출연자는 이유를 설명하지 않았지만, 곧바로 알아챌 수 있었다. 손님 쟁탈전으로 해녀 할머니들 사이에 목청이 높아진 상황이 그려졌다.

해녀촌은 80세 전후의 노인들이 갯바위에 천막을 치고 해산물을 판매한다. 매일 물질을 하는데 제주도를 떠나서 영도에 정착한 50여 년을 반복해 온 삶이다. 그런데 손님이 해녀촌으로 들어설 때마다 다툼이 생긴다. 과열된 경쟁을 막기 위해 순서대로 돌아가며 손님을 받는 원칙이 있음에도 언쟁은 일상이 되었다.

영도 해녀촌 실내 판매장
©김창일

여타 지역 해녀도 물질 후 해산물을 직접 판매하는 곳이 있지만 유독 이곳만 다른 모습을 보이는지 의아했다. 의문을 풀기 위해 수시로 해녀촌을 방문해 관찰했다. 여타 지역 해녀들은 물질 후 휴식을 취할 여유가 있으나, 중리 해녀는 물질 후 곧바로 해산물 판매를 했다. 매일 전쟁터나 다름없는 고된 삶을 이어온 것이다. 바다와 싸우고, 물질이 끝난 후에는 옆에 있는 해녀와 경쟁하는 상황의 연속이었다. 더군다나 갯바위 위에서 겨울에는 바닷바람을 맞고, 여름에는 뙤약볕에서 일했다. 열악한 환경에 노출돼 더욱 각박해졌다.

문제는 여기서 그치지 않았다. 해녀들 간에 편이 갈리어 대치하고 있었다. 원래 청학팀과 봉래팀은 함께 물질을 했으나, 갈등이 생기는 바람에 해변 양쪽으로 갈라섰다. 양측은 대립하며 오랫동안 왕래하지 않았고, 해묵은 갈등은 해소될 기미가 없었다.

이러한 문제점을 어촌계와 구청에서 파악하고 있었다. 해녀문화전시관을 건립하면서 건물 1층에 해녀가 채취한 해산물을 판매하는 공간을 마련했다. 해녀들 간의 복잡한 갈등을 해소하지 않고, 입점하면 더 큰 문제를 불러올 수 있음을 어촌계와 구청 관계자는 알고 있었다.

운영 규칙을 정하고, 50년 동안 쉼 없이 물질하고 판매하던 관행을 바꿔서 휴식을 충분히 취할 수 있는 방향으로 체계를 만들었다. 영도해녀문화전시관 개관(2019년 11월 6일) 후 불과 몇 주 지나지 않아서 급격한 변화가 일어났다. 함께 하는 시간이 많아지면서 서로 간 앙금이 완화됐다. 개관 후 1개월이 지나면서 다른 팀 구성원들과 섞여서 대화를 나누는 화기애애한 장면이 자주 목격됐다. 자연스럽게 양측의 물질하는 바다 경계도 없어졌다. 팀 내 구성원 간의 경쟁이 아닌 협업을 통해 수익을 창출할 수 있는 시스템으로 변경함으로써 개인 간의 불화도 사라졌다. 개인 간 갈등과 집단 간의 대치가 해소됨은 물론이고, 노동 강도가 줄어들어 심리적인 안정을 찾으면서 삶의 질이 개선됐다. 공간의 효율적인 활용과 질서 잡힌 운영 체계의 힘을 보여준 사례다.

이번 추석 연휴에 중리 해녀촌을 찾았다. 실내외에는 빈 좌석 찾을 수가 없었다. 인파 속에서 가만히 지켜보다가 뒤돌아섰다. 해녀 할머니들의 얼굴과 몸짓에 여유가 넘치고 있었다.

해녀 잠수복이 불러온 태풍

촌스럽고 오래된 간판이 걸린 2층 계단을 오르자 역한 냄새가 짙어졌다. 문을 여는 순간 접착제와 고무 냄새가 밀려왔다. 바닥과 테이블에는 검정 고무원단이 널려 있고, 그 속에서 노인 3명이 원단을 잘라서 붙이고 있었다. 잠수복을 만드는 가내수공업 현장이다.

해왕잠수복사와 울산잠수복사는 동해안 해녀들의 잠수복을 책임지고 있다. 한때 호황을 누리던 수많은 해녀 잠수복 제작사들은 폐업했고, 동해안에 단 두 곳만 남았다. 둘 다 가족이 운영하는 영세업체다. 3명이 협업해 하루 잠수복 3벌을 만든다. 모든 과정이 수공업이다. 단골 해녀 수백 명 각각에게 꼭 맞는 잠수복을 만들기 위해서는 손의 수고로움에 기댈 수밖에 없다.

두 업체는 친자매가 운영한다. 언니가 해왕잠수복사를, 동생이 울산잠수복사를 운영한다. 40여 년을 경쟁하는 관계다. 해녀들은 전화로 잠수복을 주문한다. "작년보다 배가 좀 나왔으니 조금 늘려주시오." 그러면 장인은 해녀의 치수를 꼼꼼히 기록한 양식지를 바탕으로 조정해서 제작한다. 이 양식지는 버리지 않고 보관했다가 다음 주문이 있을 때 사용한다. 동해

잠수복 만드는 장면
©국립민속박물관

접착제 바르는 장면
©국립민속박물관

안 모든 해녀의 신체 치수는 두 잠수복사가 보관하고 있다. 세월의 흐름에 따른 해녀들의 치수 변화까지 알 수 있다. 1980년대 후반부터 해녀들의 신체가 커졌다고 한다. 1970년대는 3호에서 4.5호까지를 주로 만들었으나, 지금은 5호에서 7호가 대세란다.

고무 잠수복 역사는 50년밖에 되지 않는다. 고무 잠수복의 보급은 해녀에게 혁명이었다. 1960년대 후반, 일본에 있는 친지가 보내주거나 일본으로 원정 물질 갔던 해녀들이 가지고 오면서부터 알려졌다. 이렇게 되자 해산물 채취량이 몇 배로 증가했다. 고무 잠수복을 가진 해녀와 그렇지 못한 해녀 사이에 갈등의 골이 깊어졌다. 잠수복을 구입할 수 없는 다수의 제주 해녀들은 고무 잠수복 착용 금지를 결의했다. 워낙 고가여서 소수의 해녀만 착용할 수 있었기에 발생한 갈등이다. 제주도에서 고무 잠수복 착용을 금지하는 마을이 늘어나자 육지에서는 더 빠르게 확산되었다. 동해안과 남해안 등지의 해녀 77% 정도가 입을 때, 제주도 해녀는 30% 만 착용할 만큼 차이가 났다.

고무 잠수복 이전에는 광목으로 만든 물옷을 입었다. 방한이 되지 않았고, 몸을 가리는 역할만 했다. 보온성이 없으니 물질 시간이 짧았고, 겨울에는 작업을 할 수 없었다. 반면 고무 잠수복은 보온성이 탁월해 바다에 오래 머물 수 있고, 부력이 좋아서 힘을 적게 들이고 떠 있을 수 있으며, 납 벨트를 착용해 더 깊이 잠수할 수 있었다. 탄성이 있어서 날카로운 바위에 부딪혀도 웬만해서는 다치지 않았다.

그러나 명(明)이 있으면 암(暗)이 따르는 법. 효율성의 이면에 어두운 그림자가 드리웠다. 이전에 없던 직업병이 나타났다. 무리한 작업으로 두통, 현기증, 난청, 축농증, 불안, 피부질환이 급증했다. 납 벨트 때문에 요통 환자가 급격히 늘었다. 항히스타민제, 진통제 같은 약물 오남용 부작용도 생겼다. 편리함이 가져다준 고무 잠수복은 장시간 노동과 각종 질병이란 근심거리를 동반했다. 문명의 이기가 늘 그러하듯이.

물질하는 해녀
©국립민속박물관

문어 잡은 해녀
©김창일

해녀 잠수복은 누가 만들었을까

'잠녀(해녀) 옷 짧아, 알몸으로 만경의 물결 속에 자맥질하네. 요즘 일은 힘들고 어물 잡기 어려운데, 예사로 채찍질하는 관아는 몇 곳인가?'라는 시에서 조정철(趙貞喆)은 제주 유배 때 본 해녀의 처참한 모습을 담았다. '위태롭구나, 전복 따는 여인이여. 바다에 나가 맨몸으로 들어가네. 저 괴로운 생애 가련하여서, 어진 사람은 차마 목구멍으로 넘기지 못하네.' 제주목사였던 이예연(李禮延)은 전복 따는 해녀의 안타까운 모습에 차마 전복을 먹을 수 없음을 시로 표현했다. 두 시에서 해녀가 알몸으로 물질했다고 한 것은 상의를 입지 않았기 때문이다. 「탐라순력도」(耽羅巡歷圖·1702년)에 물소중이만 입고 물질하는 해녀 모습이 그려져 있어 이를 확인할 수 있다.

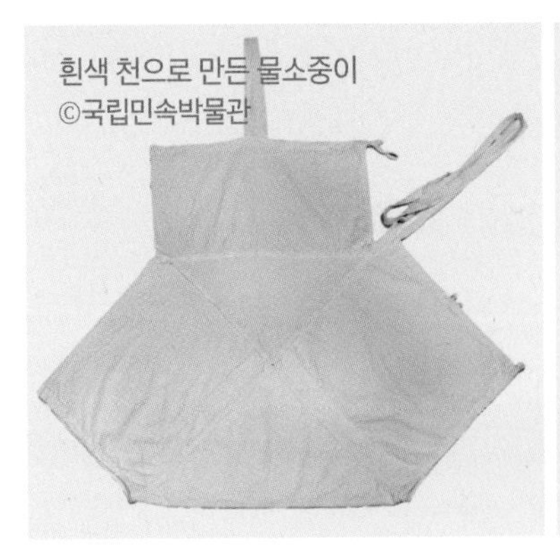
흰색 천으로 만든 물소중이
©국립민속박물관

검정색 천으로 만든 물소중이
©국립민속박물관

물질을 마치고 뭍으로 나오는 노년의 해녀
©국립민속박물관

'우리 부모 날 낳을 적에, 해도 달도 없을 적에, 나를 낳아 놓았을까. 어떤 사람 팔자 좋아서, 고대광실 높은 집에서, 긴 담뱃대 물고 앉아, 사랑방에 잠을 잘까. 해녀팔자는 무슨 팔자라, 혼백상자 등에 지고서 푸른 물속을 오락가락.' 해녀들은 고단한 삶을 민요에 담았다. 얼마나 고단한 삶이면 혼백상자를 지고 물속으로 들어간다고 했을까. 해녀를 조사하면서 가장 힘든 게 무엇인지 물었다. 해녀 할머니들의 한결같은 답변은 추위였다. 1970년대 초반까지 방한 기능이 전혀 없는 무명으로 만든 물소중이(하의)와 물적삼(상의)을 입었다. 쌀쌀한 날 물질하고 나오면 사시나무처럼 온몸이 부들부들 떨렸다고 한다. 방한이 잘되는 고무 잠수복으로 바뀌면서 오래 물질할 수 있게 되어 더 많은 해산물을 채취했다. 부력으로 힘을 적게 들이고 떠 있을 수 있었고, 납 벨트를 착용해 더 깊이 잠수할 수 있게 되었다.

해녀에게 고무 잠수복의 보급은 혁명이었다. 1960년대 일본으로 물질 갔던 해녀들이 가지고 오면서 알려졌고, 한국도 만들기 시작했다. 처음 잠수복을 만든 사람의 이야기를 듣고 싶었다. 수소문한 결과, 동해 해녀들은 해왕잠수복사와 울산잠수복사에서 주문 제작하고 있었다. 40여 년을 경쟁 관계에 있는 두 잠수복사의 주인은 자매였다. 두 곳의 주인 모두 "최초의 잠수복 제작사는 부산의 보온상사"라고 증언했다. 우여곡절 끝에 보온상사를 찾았다. 하지만 설립자는 만날 수 없었고 아들이 운영하고 있었다. 아버지는 돌아가셨고 가업을 물려받은 그의 형도 세상을 떠났다. 최근까지 잠수복을 만들던 어머니도 2년 전 교통사고를 당하여 일을 할 수 없었다.

제주 해녀 출신인 그의 어머니는 1960년대 후반부터 일본에서 고무 원단을 수입하여 잠수복을 만들었다고 한다. 고성, 속초, 제주의 잠수복 제작자들에게 기술을 전수했다. 1980년대는 10명의 직원을 뒀고, 작업장도 두 곳을 운영할 정도로 호황을 누렸다. 지금은 찾는 사람이 드물다. 홀로 자리를 지키는 모습이 힘겨워 보였으나, 보온상사의 역사를 말할 때 눈은 반짝였다. 그는 한국해양대 해양공학과에 다니던 4학년 여름방학 때 아버지를 돕기 위해 발을 들여놨다가 홀로 지키게 됐다며 담배 연기를 뿜었다. 우연과 필연이 교차한 그의 선택에는 자부심과 회한이 중첩되어 있었다. 고무 잠수복 역사를 찾아 나선 여정도 그렇게 빈 공간을 남겨두고 갈무리했다.

보온상사를 찾아서 고경영 씨와 인터뷰하는 장면
©국립민속박물관

저승서 벌어 이승서 산 '머구리들'

강원도 삼척시 갈남마을. 이곳에는 제주도에서 건너온 해녀 말고 내 눈을 사로잡은 이들이 또 있었다. 바로 옛날 잠수부 '머구리'들이었다. 머구리와 해녀는 모두 바닷속을 누빈 역전의 용사들. 하지만 차이가 있다. 알뜰살뜰 행복한 삶을 영위한 해녀들과 달리 머구리들에게는 죽음의 그림자가 깊게 드리워 있었다.

머구리 출신인 동제(洞祭·마을을 지켜주는 동신에게 주민이 공동으로 기원하는 제사) 제관은 1960, 70년대 그들의 생활을 이렇게 추억했다.

"한때는 이 마을에 해녀보다 머구리가 많았어. 16명이나 됐으니까. 근데 누구는 산소 호스가 터지는 바람에 죽고, 누구는 잠수병으로 고생하다가 합병증으로 떠났지. 잠수병 없이 편안하게 간 사람은 둘밖에 없어. 나도 잠수병으로 힘들어서 절벽에서 뛰어내릴 생각까지 했어. 지금도 후유증으로 정신이 흐릿해. 무슨 일이 있었는지는 기억은 하는데 그게 30년 전 일인지 10년 전 일인지 가물가물해."

해녀가 10m 이내에서 잠수하는 것에 비해 머구리들은 50m까지 들어간

작업을 마치고 나오는 잠수부
©국립민속박물관

다. 일제강점기에 등장한 머구리들은 배 위에서 펌프처럼 생긴 천평기에서 나온 산소를 긴 호스를 통해 공급받았는데 산소 호스가 꼬이거나 끊어지는 사고가 많았다.

호스가 끊어져 죽을 고비를 3번이나 넘긴 노인회장은 당시를 떠올리며 손사래를 쳤다. "말도 마. 기절해서 죽기 직전에 올라온 적도 있어. 잠수복, 투구, 납추, 신발 무게까지 합치면 50kg이 넘어. 탈출을 할 수가 없어. 나는 운이 좋았어. 남동생이 머구리 일을 못 하게 하려고 잠수복을 버린 적도 있어."

1967년 머구리 일을 시작한 이 씨 할아버지는 울진 후포항에서 20km 남짓 떨어진 왕돌초에서 작업을 하다가 잠수병에 걸렸다.

"오전에 물에 들어갔다가 시베리(잠수병)를 맞았지. 늦은 밤에 백암온천으로 실려가 5일 동안 온천물을 먹으면서 탕 속에서 살다시피 했어. 몸만 나으면 다시는 머구리 안 한다고 다짐을 했는데 또 물에 들어갔어." 그 시절에는 잠수병을 어떻게 하면 예방하는지 몰랐단다. 동해안에서 잠수병에 걸려 숨진 머구리들이 한 해 100명씩이나 됐다고 말했다.

김 씨 할아버지 형제는 해안가에서 함께 살았다. 형은 33세에 잠수병에 걸렸고, 형의 치료비를 마련하기 위해 동생도 머구리 일을 했다. 동생은 "그 시절 질소가 뭔지 다들 몰랐잖아. 물밑이 저승인데 40년을 저승에서 일하다 살아 돌아왔으면 됐지"라며 바다를 원망하지 않았다. 그때는 감압하면서 물속에서 천천히 올라와야 잠수병의 원인인 혈액 속 질소를 없앨 수 있다는 지식을 몰랐던 것이다.

잠수부였던 노인들은 물에 들어가면 몸이 가벼워지고 아픈 곳이 없어진단다. 몸을 망가뜨린 심해에서 위안을 얻는 이해 못 할 상황을 그들은 숙명으로 받아들였다. 맨몸으로 닿을 수 없는 해저 세계는 공포와 죽음, 자유와 풍요를 주는 야누스의 얼굴이었다.

조사를 마무리한 후 나는 박물관으로 복귀했고, 서울에서 김 씨 할아버지의 형이 세상을 떠났다는 소식을 들었다. 노인은 그렇게 '용궁'으로 돌아갔다.

잠수병으로 다리를 움직일 수 없어도
바다 일을 하는 김씨 노인
©국립민속박물관

호미 들고 왜 갯바위에 갔을까

시원한 해풍과 방해받지 않고 쏟아지는 햇살. 바닷가는 낭만적이다. 온갖 생명의 안식처인 바다는 푸근하다. 하지만 여기도 삶은 치열하다.

가을바람이 불어오던 동해안의 한적한 어촌. 40여 명이 모인 마을회관엔 싸늘한 침묵이 흘렀다. 선박 주인과 해녀 사이의 4번째 회의가 시작됐다. 해녀들이 합세해 공격했다. 당황한 선주들은 제대로 반격도 못 하고 집단 퇴장. 안주와 컵도 없이 병 소주를 돌려가며 마시는 선주 10여 명은 모두 백발노인이다.

한편 할머니 해녀 20여 명은 미동도 없다. 결국 4차 마을 회의도 결렬. 다음 날 선주들이 해녀들에게 백기투항하며 노인들의 전투는 일단락되었다. 바다 위에서 그물을 끌며 살아온 뱃사나이와 물밑에서 숨을 참으며 해산물을 채취하던 해녀들. 바다에서 한평생을 살아온 백전노장들의 한판 승부는 그렇게 끝났다.

싸움의 시작은 이랬다. 선주들은 해녀와 해산물을 실어 나르는 운반선의 대여료 인상을 요구했고, 해녀들은 난색을 표했다. 선주 측에서 작업선을 일제히 철수하겠다며 벼랑 끝 전술을 썼다. 이에 질세라 해녀들은 앞으로 이웃마을 운반선만 이용하겠다며 맞섰다. 결국 선주들의 벼랑 끝 전술은 실패로 돌아갔다.

그리고 겨울이 찾아왔다. 이전의 치열한 공방 대신 삶의 터전을 가꾸기 위한 더 치열한 협력이 시작됐다. 온 마을 주민들은 한 해 미역 농사의 풍흉을 좌우하는 미역바위 청소를 하느라 분주했다. 바위를 긁어낼 호미 날을 가는 사람들, 해녀들 식사를 준비하는 주민들로 마을은 한 달 내내 시끌벅적했다. 치열했던 전쟁의 잔상은 없었다. 미역바위를 잘 가꿔서 다음 해 돌미역 풍년을 이루겠다는 열망만이 넘쳐났다.

울산 제전마을 해녀는 입동을 전후로 바닷물에 잠겨 있는 갯바위를 호미로 긁어낸다. 50~60명이 물속으로 뛰어든다. 바위에 붙어 있는 패류(貝類)나 잡조류(雜藻類)를 없애는 작업이다. 미역바위 김매기라 할 수 있다. 이렇게 바위를 긁어내면 포자가 잘 안착돼 미역이 촘촘하게 성장한다. 잎이 적고 줄기 위주로 자라는 고가의 미역이 된다. 이를 지역에 따라 기세작업, 돌메기, 개닦이, 바당풀캐기 등으로 부른다. 남·서해안도 미역바위 청소 작업을 하지만 이곳처럼 매년 1억 원 이상을 지출하며 대대적으로 기세작업을 하는 곳은 많지 않다. 이렇게 생산된 울산 돌미역은 최고가에 거래된다. "미역 점포가 제일 많은 대구 서문시장 가봐. 울산 돌미역 1장에 20만 원 넘게 줘야 사. 돌미역은 1시간을 끓여도 풀어지지 않고, 줄기에서 걸쭉한 진액이 나와서 산모한테 최고야."

주민들의 돌미역에 대한 자부심은 대단하다. 그런데 올해 큰 시련이 닥

돌미역 건조하는 주민들
©국립민속박물관

돌미역 건조 작업
©국립민속박물관

쳤다. 전국 최고가로 판매되던 돌미역 가격이 폭락했다. 설상가상으로 조용하던 마을에 사건사고가 연이어 발생해 사망자가 줄줄이 나왔다. 사람들은 공포에 떨었고, 밤에는 문을 걸어 잠그고 외출조차 하지 못했다. 주민들은 마을회관에 모여서 해결책을 강구했다. 연이은 사고의 원인을 외부로 돌리고, 모든 주민이 하나가 됐다. 동해의 거친 물살을 헤치고 살던 그 기상이 되살아났다. 머지않아 돌미역 향으로 가득한 어촌으로 돌아올 것이다. 늘 그래왔듯이.

돌미역 함부로 따면 경찰서행

잰걸음으로 어딘가를 향하는 해녀할머니는 성난 낯빛이다. 해변에 이르자 물속에 발을 담그고 있는 사람들을 향해서 "뭍으로 나오라"며 소리를 질렀다. 갯바위 주변에서 미역과 톳을 뜯던 관광객들은 흠칫 놀라는가 싶더니 "바다 임자가 따로 있어요? 주인도 아니면서 왜 그러세요?" 항변했다. 해녀할머니는 "돈 들여서 일구는 사람이 주인"이라며 맞받았다. 경찰에 신고한다는 으름장에도 관광객들은 못 들은 척하며 계속 하던 일을 했다. 해녀할머니는 나무그늘로 물러나서 경찰서에 전화를 걸었다. 신고를 받고 출동한 경찰은 무단으로 채취한 상당량의 미역과 톳을 압수한 후 관광객 두 명을 경찰서로 데려갔다.

동해안의 많은 어촌은 돌미역을 팔아 생계를 유지한다. 해녀할머니가 해초류를 뜯던 관광객을 완강하게 제지한 이유다. 울산 제전마을의 해안 어귀를 돌아가면 물속에 잠겨서 보이지 않는 갯바위가 산재해 있다. 딱방개안, 가마돌, 가지방, 갈매기돌, 깐드방, 금도기, 단추방 등 수많은 갯바위가 하얀 포말 사이로 보일 듯 말 듯한다. 수심 1, 2m 아래에 있는 바위 이름을 주민들은 줄줄이 왼다. 위치와 수심까지. 그럴 수밖에 없다. 어민들의 생존이 걸린 텃밭이기 때문이다. 4~6월 사이 미역을 채취하여 1년을 살아간

바다 속의 미역바위
©김창일

다. 겨울에는 여러 날을 물속에서 미역바위를 긁어내는 작업을 한다. 가구당 200만 원 이상의 경비를 지출하며 미역바위를 청소한다. 이런 작업을 하지 않으면 다음 해 미역 생산량과 품질이 급격히 떨어진다.

울산의 어촌에서 장기간 주민들과 생활하며 해양민속을 조사하던 나는 이장으로부터 한 가지 제안을 농담 반 진담 반으로 받았다. 해안 단속을 위해 제작한 조끼를 줄 테니 입고 다니라는 것이다. 카메라와 수첩을 끼고, 해안에서 살다시피 했기에 무단 채취 단속 효과를 기대한 것이다. 그래서 한동안 열혈 '명예 어촌계원'이 됐다. 외지인이 무단으로 해산물 채취하는 장면을 목격할 때면 달려가서 바다에도 주인이 있음을 열변했다. 마을의 지선어장에 대한 독점권이 어촌계에 있다고, 바다를 가꾸기 위해 많은 돈과 노동력을 투입한다고 설명했다. 대다수의 사람들은 설명을 듣고 물러났다.

잠수하여 수중의 갯바위에서 미역 채취하는 장면
©김창일

현재의 어촌계는 1962년 수산업협동조합이 설립되면서 전국적으로 조직됐다. 정부는 어촌에 자생적으로 만들어진 협동조직에 연안에 대한 배타적 이용권을 부여했다. 어민 생존 배려 차원에서 어촌이 공동으로 연안을 관리하도록 한 것이다. 어민공동체는 조선시대에 어망계(漁網契), 포어계(捕魚契) 등이 있었고, 일제강점기에는 어획물의 공동 판매 및 출자 등 근대적인 규약과 조직을 갖춘 어업계가 출현했다. 이처럼 어촌계는 오래도록 어촌의 질서를 지켜온 자율공동체다. 물론 수익금 분배, 회계처리의 문제로 갈등을 겪는 어촌계도 부지기수다. 일부 부정적인 모습에도 불구하고, 한국 어촌을 지탱하는 주춧돌이 어촌계임을 부정할 수는 없다. 글 앞머리의 일화를 도시인의 입장에서 야박하다고 느낄 수 있으나, 어촌 주민들의 입장에서는 그동안 정성스레 가꾼 텃밭의 농작물을 관광객이 침범해 가져가는 꼴이다. 어촌 인심 탓할 일만은 아니다.

천년을 일궈온 미역바위

호미와 긴 막대기에 날카로운 날이 부착된 도구를 들고 해녀들이 바다로 뛰어들었다. 수십 명이 일주일 넘게 같은 행동을 반복했으나 여느 때와 달리 한결같이 빈손이었다. 한나절을 물밑에서 바위 표면만 긁었으니 그럴 수밖에.

입동 전후로 매년 반복하는 이 일을 동해안 주민들은 기세작업 혹은 돌매기, 돌깎기, 개닦기, 짬매기라 하고, 제주도에서는 바당 풀캐기라 한다. 풀을 뽑듯 미역바위에 붙은 패류나 잡조류를 없애는 일종의 김매기다. 바위를 깨끗이 해 미역 포자의 안착을 돕고, 뿌리 부착력을 높여 파도에 잘 견딜 수 있도록 하는 작업이다. 울산, 부산 기장, 경북 경주·포항 등이 미역바위 청소에 힘을 기울이는 지역이다. 이곳에서 생산되는 돌미역은 주변에 비해 높은 가격에 판매된다. 특히 울산 미역은 조선시대부터 유명했다. 『신증동국여지승람』 울산군편에서는 수라상에 오르는 미역이라 했고, 조선왕조실록은 울산 곽전미역을 진상하는 미역이라 했으며, 만기요람(萬機要覽)은 울산 미역의 품질이 좋아 가격이 높다고 했다.

미역바위는 곽암(藿巖), 짬 등으로 불리는데 울산 판지마을에는 천년 동

높은 파도를 이겨내며 미역바위를 긁고 있는 해녀
©국립민속박물관

안 돌미역을 채취해 온 유서 깊은 곽암이 있다. 일렁거리는 파도에 거무스름한 갯바위 봉우리가 살짝 드러나기도 하지만 대부분이 수면 아래에 있어 보이지 않는다. 마을 주민들에게 곽암, 양반돌, 박윤웅돌이라 불리는 이 바위는 울산광역시기념물 제38호(2001년 12월 20일 지정)이기도 하다. 물에 잠긴 바위를 기념물로 지정한 것이다. 흥려승람(興麗勝覽)에 따르면 박윤웅은 울산 박씨 시조로 나말여초 때 울산지역 토호였다. 왕건이 고려를 세우고 지방 호족세력을 정비할 때 협조해 곽암 12구를 하사받았다. 그 후 조선 영조 때 울산 박씨 문중이 대대로 소유하던 바위 12구를 환수시켰는데 3년 내내 흉작이 들자 1구를 되돌려줘 일제강점기까지 소유권이 이어졌다. 지금도 판지마을 주민들은 한 해도 거르지 않고 미역바위를 깨끗이 청소해 상품성 좋은 돌미역을 생산한다.

기세작업 전 바다를 살피는 해녀
©국립민속박물관

판지마을과 이웃한 제전마을은 다른 지역 해녀까지 동원한다. 그만큼 미역바위 청소가 생산량과 품질에 영향을 끼치기 때문이다. 제전마을은 해녀 50~60명이 동시에 입수해 바위를 긁어낸다. 주민들은 해녀를 위해 식사 준비를 하고 무뎌진 호미를 갈아 날을 세우는 등 마을 전체가 들썩인다. 마을 인구 150여 명 중 100여 명이 참여하는 마을 최대 행사다. 딱방개안, 가마돌, 배돌, 소고동, 옥수방 등 수많은 미역바위 이름을 주민들은 줄줄 외고, 위치와 넓이, 수심까지 꿰고 있다. 대대로 물려받은 마을 공유자산인데 모를 리가 있겠는가. 마을 노인들에 따르면 1960년대 후반에 많은 갯바위를 폭파시켜 수면 아래로 가라앉혔단다. 울산의 제전마을, 판지마을, 복성마을, 우가포 등은 돌미역 생산량을 늘리기 위해 유행처럼 갯바위를 미역밭으로 만들었다. 육지에서 경작지를 개간하고 작물을 재배하는 것처럼 어

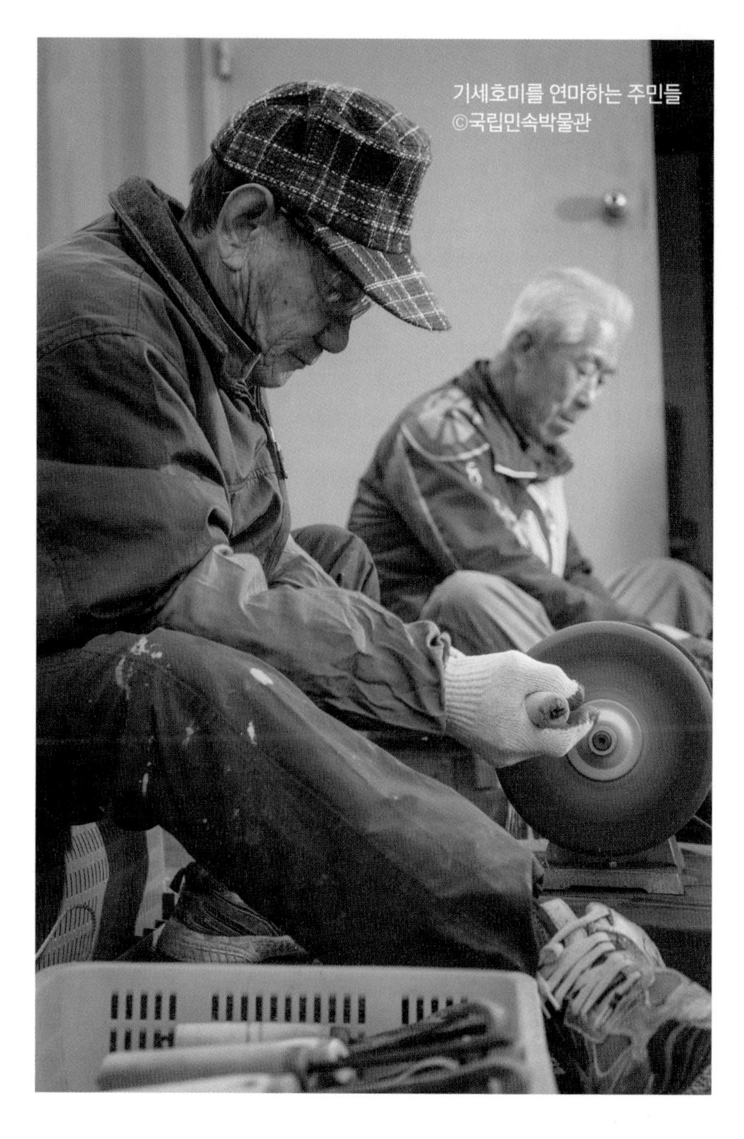
기세호미를 연마하는 주민들
©국립민속박물관

민들은 미역바위를 가꾸어 왔다. 정성을 들인 만큼 돌미역은 파도를 이겨 내고 바위를 새까맣게 뒤덮었다. 사람 손길의 힘이 바다 아래에도 닿는다는 것을 오래전부터 알고 있었다.

해루질의 추억

하굣길, 아이들은 가방과 옷을 벗어두고 곧장 바다로 뛰어들었고, 해질녘 집으로 향했다. 여름방학 전까지 섬 아이들 일상이었다. 학교와 바다는 길 하나를 사이에 두고 있었다. 여느 때처럼 자맥질하며 놀고 있을 때 양동이와 족대를 든 선생님이 우리를 불렀다. 양어장에 넣을 물고기를 잡아달라는 부탁이었다. 아이들은 설명하지 않아도 무슨 뜻인지 알았다. 학교 정원에는 장학사 방문 때만 바닷물이 채워지는 작은 양어장이 있었다. 이곳에 넣어 둘 물고기가 필요했던 것이다. 아이들은 잘피(여러해살이 수생식물) 주변으로 족대를 끌고 다니면 돌게, 갯가재, 해마, 졸복, 베도라치, 노래미 등이 잡히는 걸 경험으로 알고 있었다. 어둑해질 때까지 양어장을 채울 만큼 잡지 못하자 한 친구가 '홰바리'를 제안했다. 아이들은 밤에 다시 모였고, 양어장을 채워줄 낙지, 문어, 돌게, 해삼, 성게, 군소를 가득 잡았다. 경남 남해군 창선도에서 분교를 다닐 때 경험이다.

섬 아이들에게 홰바리는 신나는 놀이였다. 물 빠진 밤바다에서 불을 밝혀 해산물을 채취하는 전통어로 방식을 경상도에서는 홰바리라 한다. 송진을 묻힌 횃불을 사용한 데서 유래한 이름이다. 지역에 따라 '해루질', '화래질', '해락질', '홰질' 등 다양하게 불렀으나 요즘은 '해루질'로 통용되는 듯하다. 갯가에 옹기종기 모여서 구워 먹던 게, 소라, 조개, 홍합 맛은 지금도 잊을 수 없다.

해루질로 어촌이 골머리를 앓고 있다. 레저로 각광받으면서 곳곳에서 분쟁이 발생하고 있다. 싹쓸이 해루질로 어장 피해가 확산된 제주도는 야간 해루질 금지 조치를 내렸다. 밤에 마을어장에서 수산동식물을 잡지 못하게 하는 '비어업인의 포획·채취 제한 및 조건'을 고시했다. 마을어장 구역 내에서 어류·문어류·게류·보말·오징어류·낙지류 이외에 어업권자가 관리하고 조성한 패류·해조류 또는 정착성 수산동물의 포획과 채취를 금지했다. 또 특수 제작된 변형 갈고리와 수경·숨대롱·공기통·오리발 등 잠수장비를 사용할 수 없다. "일부 해루질 동호회가 레저 수준을 넘어 어업에 준하는 포획을 하고 있다"며 공익을 위해 무분별한 해루질을 막겠다는 것이 제주도 입장이다. 반면 해루질 동호회원들은 레저인들의 행복추구권을 제약하는 조치이며 자연산 수산물에 대해 어촌계가 소유권을 주장하는 건 억지라고 말한다.

해루질로 인한 분쟁은 제주뿐만 아니라 전국 각지에서 발생하고 있다. 남해와 서해는 해루질로 조개류, 돌게, 낙지, 물고기 등을 포획·채취하고, 동해는 방파제와 갯바위에서 주로 문어를 잡는다. 이를 바라보는 시각은 개별 어촌 상황에 따라 온도차가 있다. 관광 상품으로 해루질을 활용하는 마을도 상당수 있다. 한쪽 손을 일방적으로 들어줄 사안이 아니다. 지금은 생업권과 레저 활동권의 적정선을 찾는 과정에 있다. 양쪽이 동의할 만한 합리적인 가이드라인을 마련하더라도 갈등이 일시에 해소되지 않을 것이다. 건전한 레저 문화가 뿌리내리기 위해서는 동호회원들이 몰려다니며 종패(種貝) 뿌린 어장에 피해를 주거나 온갖 잠수장비를 이용해 남획하고 불법 판매하는 일은 없어야 한다. 뭐든 지나치면 탈 나기 십상이다.

선원들의 수익 분배

"그날 어래호는 오후 세 시께 향일포를 떠났다. 이춘개와 선원 네 명이 탔다. 선원 중 한 명은 화장을 맡은 보조원이었다. 명태를 판 돈에서 출어 경비를 제하고 남은 돈을 100이라고 할 때, 선주이며 선장인 이춘개가 30을 갖고 선원 세 명이 각자 15씩 45를 가져가고 보조원에게 10을 주고 나머지 15를 적립하는 셈가림에 다들 동의했다." 김훈의 소설 「명태와 고래」의 일부 내용이다.

셈가림은 어획한 물고기 판매 수익금을 나누는 방식으로 짓가림 혹은 짓나누기라 한다. 선주는 배를 비롯해 어로 도구 등 비용 일체를 부담하는데 이를 뱃짓이라 하고, 선원들이 제공하는 노동력을 몸짓이라 한다. 명태잡이 선원들은 특이하게 본인 소유의 그물로 명태를 어획했다. 잡힌 명태는 그물 소유주 각자의 몫이고, 뱃삯으로 어획물 판매금의 25~30%를 선주에게 지급했다. 명태잡이의 이러한 어로 방식은 조선시대에도 존재했는데 '각사등록(各司謄錄) 영조 51년(1775년)' 기록으로 확인된다.

명태어업은 배만 빌려주는 방식이므로 선주의 몫이 많지 않았으나 조기잡이는 수익금의 60~70%를 선주가 가졌다. 어선, 그물, 식량, 유류 등 조업에 필요한 모든 비용을 선주가 부담했기 때문이다. 6명의 선원이 탄 어선에서 10억 원의 수익을 올릴 경우 선주가 6억 원을 챙기고, 선원들이 4억 원을 차등해서 나눠 가진다. 이를 4·6제라 하는데 선주가 70%의 몫을 취하면 3·7제라 한다. 선주는 배임자, 선장은 사공이라 하고, 선원은 뱃동사(同事)라 불렀다. 이물사공은 경험이 많은 연장자가 맡았는데 영좌라 했고, 어선 뒤쪽 일을 담당하는 선원은 고물사공이다. 식사를 준비하는 화장이 있었고, 밤새 잡힌 조기의 양을 확인하여 그물 올릴 때를 알리는 물상직이 있었다. 수익금은 일반 선원에 비해 사공이 두 배, 이물사공과 고물사공이 1.5배를 받는 등 배당을 달리했다.

짓가림은 시대에 따라 변했고, 지역과 어법에 따라 달랐다. 어업은 농업에 비해 수익의 불확실성이 높으므로 고정 임금보다는 짓가림이라는 비율제를 택했다. 어업에서는 세계적으로 통용되는 방식이다. 현재까지도 고정급 병용 짓가림제를 실시하는 곳이 많은데 기본급을 지급하면서 어획량과 직급에 따라 차등을 둔다. 다만 선원이주노동자는 고정급을 받는다. 이에 대해 어떤 문화예술 행사 강연회에서 외국인 노동자 인권단체 소속 직원의 발언은 고개를 갸웃하게 했다. 젊은 외국인 선원은 강도 높은 노동을 하는데 고령의 한국 선원이 더 많은 급여를 받는 것은 불공평하다는 취지였다. 어업에 대한 이해가 부족한 견해였다.

오래전부터 연장자였던 이물사공과 고물사공은 일반 선원보다 높은 임금을 받았다. 예나 지금이나 뱃일은 불의의 사고가 빈번히 발생한다. 그물 엉킴, 기계 고장, 악천후 등 예측하지 못한 급박한 상황에 앞장서서 대응하는 사람은 경험 많은 선원들이다. 갑판 위에서는 선원들 간 긴밀한 협력과

빠른 판단이 무엇보다 중요하다. 뭍에서 그물 조립과 수선 등 출어 준비를 위한 일 역시 노련한 선원 중심으로 진행한다. 선주는 풍부한 경험을 가진 사람에게 의존하므로 어로 지식에 대한 값어치를 지불하는 것이다.

바닷가에 살고 싶은 그대에게

'살어리 살어리랏다. 바다에 살어리랏다. 해초랑 굴 조개 먹고, 바다에 살어리랏다.'(청산별곡 중에서) 각박한 현실에서 벗어나고 싶은 현대인들은 자신만의 안식처를 꿈꾼다. TV 채널을 돌릴 때마다 여행, 낚시 프로그램과 연예인이 섬에 들어가서 생활하는 예능프로그램이 넘쳐나는 것도 현실을 잊고 잠시나마 쉬고 싶은 사람들의 마음을 반영한 것이리라. 반짝이는 물결의 일렁거림, 쪽빛 바다와 연파랑 하늘을 활공하는 갈매기, 멋진 자태를 뽐내는 갯바위에서 낚싯대를 드리우는 장면은 보는 이로 하여금 대리만족 시킨다.

더 나아가, 보는 것에 만족하지 않고 귀어(歸漁)를 꿈꾸는 사람들이 있다. 서울에서 포클레인 운전기사를 하는 내 처남도 바닷가 삶을 꿈꾼다. 어느 날 낚싯배를 운항하며 해변에서 살고 싶다는 속내를 비쳤다. 섬에서 자랐고, 지금은 해양문화를 연구하며 살아가는 매형의 조언을 바라는 눈치였다. 바닷가에서 살고 싶은 사람들을 무수히 봐왔다. 어촌을 조사하면서 정착에 성공한 사람들과 실패한 사람들을 관찰했다. 처남의 소망이 이뤄지기를 바라는 마음 한편으로 만만찮은 일임을 알려주기 위해서 한 사람의 일화를 들려줬다.

씨알 굵은 볼락을 낚은 배 씨
©김창일

몇 년 전 어촌문화 조사를 위해 남해도로 내려갔다. 이때 알게 된 사람이 배 씨(45)다. 남해도에서 태어난 그는 섬에서 고등학교를 졸업한 후 도시에서 검도 사범을 했으나, 결혼 후 다시 섬으로 돌아와 낚싯배를 운영하고 있다. 그가 고향으로 돌아왔을 때 낚싯배 구입은 엄두를 내지 못했다. 준비되지 않았기 때문이다. 낚시꾼은 선장을 믿고 출조한다. 낚시에서 가장 중요한 요소는 기술이 아니라 날씨와 낚시 포인트, 물때다. 선상낚시에서는 프로낚시꾼도 선장에게 의지한다. 그래서 선장은 프로낚시꾼 못지않은 낚시 실력과 다양한 포인트, 물때와 계절에 따른 물고기의 습성과 종류, 어군탐지기에만 의존하지 않는 감각, 심지어 회 뜨는 기술까지 익혀야 한다. 배 씨는 어촌에서 자랐기에 웬만한 포인트와 낚시 기술은 알았으나 그 정도로는 어림없었다. 그는 하나씩 습득해 나갔다. 방파제에 텐트를 치고 몇 주 동안 낚시만 한 적도 있었다. 낚시 포인트는 일종의 영업비밀이기에 이웃 간에도 가르쳐 주지 않는다. 틈틈이 아는 사람을 따라다니며 눈치껏 익혔다. 그렇게 1년 내내 낚시만 한 후에 낚싯배를 장만했다.

즐기는 일이 밥벌이가 되면 그보다 좋은 일이 있을까. 그러나 생업이 되기 위해서는 준비가 필요하다. 수많은 어촌을 다니며 귀어에 어려움을 겪는 사람들을 봐 왔다. 바다에 대한 지식과 어촌 삶에 관한 정보 없이 귀어해 놓고 어민들 텃세 탓으로만 돌리는 사람도 있었다. 자신의 울타리를 거리낌 없이 활짝 열어주는 곳을 찾기란 쉽지 않다. 반대로, 평생을 선원생활만 하던 사람이 갑자기 서울로 이주한다면 막막하지 않겠는가.

나 역시 언젠가는 바닷가에서 살기를 꿈꾼다. 해양문화 조사를 위해 수많은 어선을 탔다. 직접 그물을 던지고 끌어올렸고, 통발 미끼작업, 그물 손질까지 할 줄 알고, 낚시도 한다. 10여 권에 달하는 해양민속지를 발간했고 논문을 발표하고 글을 쓰는 등 나름대로 해양문화 전문가라 자처하지만, 두려운 마음이 앞선다. 아는 것과 낯선 곳에 이주해 살아가는 것은 다르기 때문이다. 삶은 이론이 아니라 실천이므로.

바다 공동체를 꽃피울 방법

'텃세'라는 말. 귀어(歸漁)를 준비하는 사람들은 막막하고, 어민들은 억울하다. 어촌 곳곳을 다니며 해양문화를 조사하면서 양쪽 말을 종종 듣는다. 귀어인들의 불만은 "바다에 주인이 어디 있냐? 어촌계 장벽이 높다. 외지인에게 야박하다"로 귀결된다. 반면 어민들은 "어촌에 대한 지식 없이 와서 텃세 탓만 한다. 오랫동안 자본과 노동력을 들여서 마을어장을 관리하고 있는데 기여도가 없는 외부인이 무작정 어촌계에 가입시켜 달라는 건 억지"라고 말한다. 양측 모두 일리 있다. 귀어인의 심정에 공감하고, 어민의 입장을 이해한다. 어촌계 문턱이 높다고 한숨을 쉬지만, 어촌계와 마을어업에 대한 이해가 부족한 경우가 많다. 어촌계는 1962년 수산업협동조합법이 제정되면서 설립됐다. 지선 해안의 공유어장은 어민들의 생존 배려 차원에서 배타적, 독점적 권리를 어촌계나 지구별 수협에 부여해 운영하게 했다. 마을 해안과 접한 바다는 일정한 수심 이내의 수면을 구획해 마을어업을 면허한다. 허가된 마을어업은 패류와 해조류 또는 정착성 수산동물 등을 어촌계 중심으로 공동 관리해 수익금을 공동체에 분배한다. 어촌의 공유자산이라 할 수 있다.

공유자원의 활용과 수익은 마을마다 천차만별이다. 주민 대부분이 어촌계 수익사업에 의존하는 마을이 있는가 하면 그렇지 않은 마을도 있다. 여기서 어촌계 가입이 까다로운 곳과 그렇지 않은 마을로 갈린다. 사계절을 상주하며 조사했던 강원 삼척의 갈남마을과 울산의 제전마을은 돌미역에 의존해 주민들이 생계를 유지하는 어촌이다. 주 연령층이 70대일 정도로 고령화됐다. 돌미역 채취 외에 별다른 수익원이 없으므로 미역바위를 관리, 채취, 건조하는 날은 가장 중요한 마을 연중행사다. 두 어촌에서 공유자원은 사회안전망 역할을 톡톡히 한다. 이처럼 마을어업에 생계를 의존하는 곳은 대체로 어촌계 진입이 쉽지 않은 편이다. 자본금과 노동력을 많이 투입하거나 수익성이 높은 마을 역시 가입 조건이 까다롭다.

반면 인구가 감소하고 고령화된 어촌에 활력을 불어넣기 위해 귀어를 장려하는 마을도 곳곳에 나타나고 있다. 경남 남해군 설리마을은 2020년 '최우수 자율관리어업공동체'로 선정됐다. 자체적으로 자율관리어업 규약을 만들어 무분별한 포획을 금지하고, 가족체험 프로그램을 성공적으로 운영했다. 특히 까다로웠던 어촌계 가입조건을 대폭 완화했다. 그 결과 사업 시행 초창기부터 4가구 12명이 귀어했다. 2017년 어촌계 수입이 1800만 원에 불과했지만 2019년 1억4700만 원으로 급성장했다. 주민 스스로 문을 활짝 연 결과다.

노후에 바닷가로 이주해 사는 상상하며 행복한 미소를 지을 때가 있다. 어촌 출신이면서 해양문화 전문가지만 막상 삶의 공간을 옮길 생각을 하면 막막할 때가 있다. 많은 도시인들이 귀어를 꿈꾸지만 실행할 용기를 내지 못하는 것은 자연스러운 일이다. 새로운 공간으로 이주해 적응하는 일이 누군들 쉽겠는가. 설리마을처럼 활기찬 어촌으로 거듭나기 위해서는 귀어인들의 정주여건을 개선할 필요가 있다. 우선적으로 어촌계 정관 개정으로 문턱을 낮추려는 어민들의 노력이 필요하다. 공유자원의 사회안전망으로서의 필요성과 어촌계 진입장벽을 낮추라는 시대적 요구는 상반된 것이 아니다. 합일점을 찾을 수 있다. 귀어인은 어촌 공동체에 대한 이해를, 어민들은 귀어인의 막막함에 공감할 때 건강한 어촌이 만들어진다.

등대지기를 꿈꾸던 화가 친구에게

“송일만 어귀에서 대형 수송선박들은 만의 양쪽 돌출부에서 바다 한가운데로 뻗어나온 방파제 끝의 좌록우적(左綠右赤) 무인등대 사이를 통과했다.” 김훈의 단편소설 ‘항로표지’의 문장이다. 이 소설을 읽으며 고개를 갸웃한 적이 있다. 왜 좌록우적(왼쪽에 녹색, 오른쪽에 적색)이라고 했을까? 방파제에 있는 등대는 흰색과 빨간색이지 않은가. 어촌문화를 조사하기 위해 새벽에 어선을 타고 다니면서 알게 됐다. 좌록우적은 등대 불빛 색깔이라는 것을. 낮에는 건축물의 도색으로, 밤에는 불빛으로 항로를 표시한다. 항구로 들어오는 배에 탄 사람의 시선으로 봤을 때 왼쪽은 흰색 등대로 녹색 불빛, 오른쪽은 빨간색 등대이며 적색 불빛이다. 좌록우적이 맞다. 도색과 불빛은 국제적으로 표준화된 규칙이다.

항만이나 방파제에 있는 등대는 항구의 위치와 입출항 경계를 표시한다. 입항할 때 흰색 등대의 오른쪽으로, 빨간색 등대의 왼쪽으로 운항하라는 뜻이다. 섬이나 해안가 언덕, 절벽 등 높은 곳에 있는 등대는 육지나 섬의 위치를 알려준다. 그래서 신호를 멀리서 볼 수 있게 높은 곳에 세운다. 간혹 노란색 등대를 볼 수 있는데 주변에 암초 등 위험물이 있음을 경고한다. 등대는 일종의 신호등으로 해상 항로표지다. 그래서 등대지기의 공식

직함도 '항로표지원'이다.

세종실록에 태안군 가의도리 해상에 지방수령이 향도선을 배치해 세곡선이 통과할 수 있도록 했다는 항로표지에 관한 기록이 있으나, 한반도에서 등대 건설은 일제 침략과 관련된다. 팔미도등대(1903년)가 처음으로 불을 밝힌 이후 부도등대(1904년), 거문도등대(1905년), 울기등대(1906년), 옹도등대(1907년), 호미곶등대(1908년), 가덕도등대(1909년), 죽변등대(1910년) 등이 줄줄이 만들어졌다. 지금은 3000여 곳에 등대가 있어 한국의 밤바다를 밝히고 있다. 사람들이 자주 접하는 방파제의 등대는 모두 무인으로 운영되며, 섬이나 해안가 절벽에 있는 몇몇 등대에 등대지기가 남아있다. 원격제어 시스템을 활용한 무인화가 진행됨에 따라 항로표지원은 점차 줄어들어 현재 유인등대는 30여 곳에 불과하다.

어느 날 화가 친구와 해변가에서 등대지기에 대해 이야기를 나눈 적이 있다. 그는 외딴섬에서 등대지기로 그림 그리고, 책 읽으며 살고 싶다고 했다. 등대가 무인화되면서 꿈이 사라졌다며 한탄했다. 꿈을 이야기하는 친구 앞에서 현실을 말할 수 없어 고개를 끄덕였다. 그때 못다 한 말이 있다. 등대지기라는 낭만적인 이름 이면에는 고립된 섬에서 평생을 그리움과 싸우는 현실이 놓여있음을. 김훈의 소설에서 등대지기 주인공이 섬을 떠나듯 고독을 이기지 못해 그만두는 경우가 종종 있다. 가족과 떨어져 사는 삶, 태풍이 불거나 기상이 악화되면 식료품 공급조차 지연되는 오지의 불편함. 등명기 정비, 비상발전기와 발전용 유류 관리, 해상 상황 보고, 기상청과 연계해 기상정보 전송, 조류 방향과 유속, 파고 정보를 운항하는 선박에 제공하는 등 생각처럼 그림 그리고, 독서할 여유가 많지 않을 거라고 말해주고 싶었다.

친구의 말대로 이제 항로표지원이 되는 것은 무척 어렵게 됐다. 빛을 향해 귀항하는 선박을 가장 앞서 맞이하고, 먼 바다로 나아가는 배를 빛으로 전송하는 등대지기. 그들은 외로움을 빚어 밤바다의 빛을 만드는 사람이다.

남의 집 살림살이 조사해 뭐 하려고?

사계절을 주민들과 함께 생활하며 해양문화를 조사하는 데에 이골이 났지만 여름만 되면 골머리를 앓는다. 주민들과 어느 정도 친분이 쌓인 시점에서만 할 수밖에 없는 '별난 조사' 탓이다.

한 가정을 선정해 집안의 모든 살림살이 하나하나를 촬영하고, 개별 물건마다 배치된 위치, 입수 시기, 용도, 기능, 가격, 치수 등을 세세하게 기록하는 일이다. 이 별난 조사에는 냉장고의 음식물부터 연애편지, 심지어 속옷까지 예외가 없다. 집안 내 물건뿐만 아니라 경작지 비닐하우스에 보관된 농기구, 항구에 정박돼 있는 어선과 각종 어로도구, 차량에 실린 물건 등 가족 구성원이 소유한 모든 살림살이를 조사한다. 조사원 3, 4명이 오전부터 저녁까지 매일같이 가족의 물건을 꺼내고 넣기를 반복한다.

이런 이상한 작업을 누가 쉽사리 승낙해 주겠는가? 오랜 설득을 통해 허락을 받아도 수많은 어려움이 기다린다. 막상 조사를 시작하면 주인 입장에서는 집안 구석구석에 놓인 물건이 눈앞에서 들락날락하고, 살림살이 하나하나에 대한 정보를 이야기해 주려니 이만저만 성가신 일이 아닐 터. 하루가 멀다고 후회하는 주인을 달래가며 조사를 진행한다.

선원 사무실로 사용하던 적산가옥 앞쪽
©김창일

이는 누가, 언제, 어디서, 무엇을, 어떻게, 왜 사용하는가를 밝혀서 물건의 의미까지 파악하기 위함이다. 아무 의미 없어 보이는 영수증이나 작은 메모지가 어떤 사람의 삶을 설명하는 중요한 매개가 되기도 한다. 사람과 물건 간의 특별한 관계는 시대와 공간과 사람을 이해하는 단서다. 살림살이 조사를 통한 기록물은 현시대의 생활상을 보여주는 '타임캡슐'이기에 미래를 위한 작업이기도 하다.

몇 년 전의 일이다. 일제강점기에 일본인 선원들이 거주하던 적산가옥(敵産家屋)이 그대로 남아 있는 집이 있었다. 창문 안쪽을 살펴보다 깜짝 놀랐다. 일제강점기에 사용하던 다양한 가구와 세월의 흔적이 켜켜이 쌓여 있는 예사롭지 않은 물건들로 가득해서다. 이 집을 조사하기 위해 수개월

배양장 물품을 촬영하고 있는 장면 ©김창일

선박 용품까지 샅샅이 조사하는 있는 장면 ©국립민속박물관

간 정성을 들였다. 집주인이 나무 그늘 아래에서 쉬고 있으면 옆에 앉아서 말을 붙였고, 틈틈이 댁을 찾아 친분을 쌓았다. 그렇게 몇 달을 노력한 후에야 주인은 살림살이 기록을 허해 주었다.

그런데 조사하는 첫날부터 난관에 봉착했다. 적산가옥 출입구는 각종 쓰레기에, 모든 방은 천장까지 쌓인 물건에 막혀 한 발짝 들여놓기도 어려웠다. 30여 년을 창고로 사용했으니 오죽하겠는가. 조사원 4명이 꼬박 일주일을 청소했다. 수십 년 묵은 먼지를 떨어내고, 바닥에 방치된 쥐나 벌레 사체 등을 치우고, 쓰레기를 치우니 8t 트럭 한 대 분량의 폐기물이 나왔다.

청소 후 물건 하나하나를 살필 때마다 감탄했다. 작은 건물 전체가 근현대사 박물관을 연상시켰다. 70~80년 전으로의 시간 여행을 하는 기분이랄까. 촬영과 기록을 끝낸 후에 적산가옥을 보존할 수 있는 방안을 강구하고자 백방으로 뛰어다녔으나 여의치 않았다. 그 후 마을을 떠났고, 전국의 바다를 다니며 조사하느라 잊고 살았다. 부디 소중한 공간이 그대로 남아 있기를 바라며 올해는 그곳을 다녀와야겠다.

3부 바다

바다의 공포를 버티려는 어부들의 몸짓

전국의 어촌을 다니며 수많은 종류의 배를 탔고, 일손을 거들기 위해 뱃일을 익혔다. 어민 생활을 더 정확하게 이해하려고 선원처럼 노동에 동참했다. 울산 제전마을에 10개월간 상주하며 해양 문화를 조사할 때 장어잡이 어선에서 투망과 양망하는 일을 자주 도왔다. 선장 눈에는 물가에 내놓은 아이처럼 불안했을 터. "그물에 발목 걸리면 죽어. 무조건 조심해야 해. 통발 더미가 무너지거나 그물이 배에 걸려도 손대면 절대 안 돼." 조업 나갈 때면 선장으로부터 귀에 딱지가 앉을 정도로 듣던 말이다. 조업 횟수가 늘수록 잔소리는 줄었다. 뱃일이 익숙해지자 시시때때로 물고기 잡으러 나가자고 해서 도망 다닐 정도였다. 그렇게 10개월 동안의 조사를 마치고 늦가을에 박물관으로 복귀했다. 선장은 새벽에 조업 나갔다가 바다 위로 솟아오르는 일출을 찍어서 보내오곤 했다. 함께 조업 나갈 때마다 내가 일출 장면을 찍는 걸 눈여겨본 모양이었다. 어느 날 문자 한 통을 받았다. 선장이 홀로 조업 나갔다가 그물에 걸려 목숨을 잃었다는 비보였다. "그물에 발목 걸리면 죽어"라며 호통치던 목소리가 한동안 귓전을 맴돌았다.

남해도의 해양 문화를 조사할 때다. 배 위에서 통발을 정리하는 어민과 이야기를 나눴다. 몇 주 전 조업에서 아내를 잃었다며 슬픔을 누르며 말을 이어갔다. 항구로 들어갈 때 아내가 보이지 않아서 곧바로 뱃머리를 돌렸으나 찾을 수 없었단다. 할 줄 아는 게 뱃일밖에 없어서 다시 바다로 나갈 준비를 한다며 애써 참는 듯했지만 갑판 위로 눈물이 툭 떨어졌다.

연평도에서 사계절을 상주할 때엔 꽃게잡이 닻 자망 선원이 양망기에 걸려 사망한 사고로 항구가 떠들썩했다. 한 주민은 매년 조업 중 이런 일이 발생한다며 담담하게 말했다. 강화도 포구에서 만난 어민은 닻 자망 어선 선주였다. 선장을 고용해 어로활동을 했는데 조업 중 선장의 발이 그물에 걸리는 바람에 바다로 끌려가서 사망했단다. 선주는 충격으로 닻자망 어업을 그만두고, 안강망 어업으로 변경했다. 지금도 사고가 난 바다를 지날 때면 고수레를 하며 선장의 명복을 빈다고 했다.

어민들에게 바다는 삶의 터전이지만 동시에 생명을 앗아갈 수 있는 공포의 공간이다. 그래서 선실에 액막이북어와 명주실 등을 걸어두거나 선기(뱃기)를 달아 풍어와 무사 귀환을 염원한다. 우리네 어부들은 바다에서 주검을 발견하면 민간신앙 습속에 따라 시신의 왼쪽으로 배를 돌려서 수습했다. 주검을 발견하고 외면하면 재앙이 따르고, 거둬주면 복이 들어와서 물고기를 많이 잡는다고 여겼다. 혹여 자신이 희생되더라도 다른 선원들이 거두어 주기를 바라는 염원이 투영된 믿음일지도 모른다. 거북이 그물에 걸려서 올라오면 대접하는 의미에서 막걸리를 먹이고 바다로 돌려보냈다. 용왕의 대리인으로 여겼기 때문이다. 칼을 바다에 빠뜨리는 건 금기시됐다. 용왕을 향해 칼을 던지는 것으로 간주됐기 때문이다. 이 외에도 미신으로 치부될 행위들이 뿌리 깊게 남아 있다. 일기예보가 없거나 부정확하던 시절, 바다는 언제 돌변할지 모르는 예측이 불허한 공간이었다. 삶의 터전으로 나아가기 위해서 의지할 대상이 필요했던 것이다. 무수히 많은 금기와 민간신앙은 두려움을 이겨내려는 바닷가 사람들의 몸부림이다. 바닷물은 하루에 두 번 밀려오고 밀려가기를 반복할 뿐이고, 버텨내려는 어민들의 몸짓 또한 반복될 것이다.

바다가 기억하는 세 번의 아픔

침몰한 여객선에서 생존한 해녀를 추적하다가 참담한 사실을 알게 됐다. 가덕도 노인들에게 기억나는 과거 사건을 물었더니 너나없이 '한일호 침몰'을 들었다. "방파제와 해변가 몽돌밭에 수십 구의 시신이 눕혀있던 장면이 지금도 생생합니다. 100명이 넘게 탔는데 12명만 살았어요. 그날은 겨울바람이 매서웠고 파도가 높았는데 몇 시간을 헤엄쳐서 생존한 건 기적입니다. 그중에 해녀가 4명이 있었는데 겨울 물질에 단련이 돼서 살았어요"라고 노인들은 입을 모았다. 1967년 침몰한 한일호의 기막힌 사연을 접하고 경악했다. 이야기는 다음과 같다.

1967년 1월 14일, 부산과 여수를 오가던 정기 여객선 한일호(140t)는 승객 108명과 선원 13명을 태우고 여수를 출발했다. 부산 가덕도(당시 경남 창원군 천가면) 서북방 해상에서 해군 구축함인 충남73함(1900t)과 충돌했다. 목선인 한일호는 크게 파손돼 10분 후 침몰했고, 승객 90여 명이 사망했다. 사고 조사 과정에서 1953년 침몰한 창경호(147t) 엔진을 재사용한 사실이 밝혀졌다. 그런데 창경호는 미군 폭격으로 침몰한 천산환(天山丸)을 인양해 재사용한 배였다. 즉 일제강점기 때 부산과 시모노세키(下關)를 오가던 연락선인 천산환을 군수선으로 오인한 미군의 폭격으로 침몰했는데 그

선체를 인양하여 재사용한 배가 창경호였다. 창경호 역시 1953년에 침몰해 수백 명의 승객이 사망했다. 창경호 엔진은 한일호에 재사용돼 또다시 침몰한 것이다. 참혹한 사고가 천산환에서 창경호, 한일호로 되풀이됐다.

다대포 향토사학자인 한건(당시 78세)은 창경호가 침몰한 때를 기억하고 있었다. "창경호가 침몰한 다대포 앞바다는 화손대와 고리섬 사이의 화준구미라는 좁은 해협입니다. 이순신 함대가 부산포와 다대포를 점령한 왜군을 격퇴하기 위해 부산으로 향하다가 이 지점에서 나아가지 못하고 바람이 잦아들 때까지 기다렸다는 기록이 있을 정도로 물살이 세고 강풍이 부는 곳이죠. 창경호는 침몰 후 한참이 지나서 인양했는데 행방불명된 승객들이 선체에서 인골로 발견됐어요." 부산~여수 정기여객선인 창경호 침몰(1953년 1월 9일)에 따른 사망자는 승객 명부에 기재된 수를 웃돌았고, 유실된 시신을 합치면 사망 인원은 300명이 훌쩍 넘을 것으로 추정됐다. 정원 초과와 과적 상태에서 큰 파도에 부딪힌 것이 사고 원인으로 지목됐다. 여객선에는 구명장비조차 구비돼 있지 않았는데 도난을 우려해 회사 창고에 보관하고 있었단다.

공군기의 폭격(천산환), 과적과 파도(창경호), 군함과의 충돌(한일호)이라는 침몰 원인은 달랐으나 여객선 개조와 정원 초과, 과적, 안전장비 미비 등에 따른 희생이었다. 너무나 충격적인 사건이었기에 '비운의 한일호'라는 대중가요가 만들어지기도 했다. "차가운 북동풍이 몰아치는 밤 목멘 고함소리/울지도 못하고 그 순간 앗아갔네 수많은 생명…." 가덕도에서 내려다보는 부산 신항은 세계 3대 컨테이너항을 꿈꾸며 엄청난 규모로 확장해 가고 있고, 초대형 선박은 쉴 새 없이 오가고 있다. 평화롭게 빛나는 바다는 과거의 아픔을 지웠지만 우리는 기억해야 한다. 그날의 비극은 자연재해가 아닌 인재였음을.

자연의 선물 갯벌, 방심은 금물

갯벌은 축복의 공간이다. 다양한 해양생물 서식지로, 흑두루미 등 멸종위기 물새의 주요 월동지다. 육상에서 배출되는 오염물을 정화하고, 수많은 어민의 생업 터전이 되는 곳이 갯벌이다. 우리는 세계적으로 드문 광활한 갯벌을 보유하고 있다. 캐나다 동부해안, 미국 동부해안, 아마존강 하구, 북해 연안과 함께 세계 5대 갯벌로 꼽힌다. 한국 갯벌은 유네스코 세계자연유산으로 등재됐다. 서천, 고창, 신안, 보성·순천에 걸친 총 4개의 갯벌이 포함됐다. 생명력 넘치는 풍요로운 곳이지만, 만만하게 생각하고 들어가면 안 된다.

연평도에서 1년간 상주하며 해양문화를 조사할 때의 일이다. 아침마다 해안 길을 걸으며 생업에 나서는 어민들을 관찰했다. 운 좋은 날엔 어선에 동승해 물고기 잡는 모습을 촬영하고 기록했다. 그렇지 못한 날은 물때에 맞춰 삼삼오오 갯벌로 나가는 주민들과 동행했다. 어느 날 소문난 갯벌 채취 달인인 채 씨 아저씨와 함께 나섰다. 망둥이와 민꽃게가 있는 곳을 귀신처럼 알았고, 손놀림은 정확하고 빨랐다. 그는 다른 사람들보다 몇 배를 잡았다. 이후로 그를 따라 나서는 일이 잦았다. 채취 기술뿐만 아니라 갯벌에서 조심해야 할 것들을 이야기해줬다. "해산물 채취에 집중하면 물 들어오

갯벌을 걷고 있는 연평도 주민
©국립민속박물관

는 걸 인지하지 못할 때가 있어요. 저기 거문여라는 갯바위 보이지요. 몇 년 전 노인 두 명이 굴 캐다가 밀물을 눈치채지 못해 사망했어요. 작년에는 관광객 3명이 순식간에 밀려온 안개에 방향을 잃고 헤매다가 해경에 구조됐어요. 평생 바닷가에서 산 사람들도 방심하면 위험한 곳이 갯벌입니다."

옅은 안개가 낀 날이었다. 수개월간 갯벌을 다닌 자신감 때문이었을까. 혼자 갯벌 탐사에 나섰다. 낙지구멍, 피뿔고둥을 촬영하다가 고개를 들었는데 아무것도 보이지 않았다. 갑자기 밀려든 자욱한 안개로 방향감각을 잃었다. 육지가 보이지 않는다는 건 두려움 그 자체였다. 갯벌에 익숙해졌다고 생각했는데 눈 깜짝할 사이에 잔뜩 낀 안개에 속수무책이었다. 그때 채 씨가 알려준 방법이 떠올랐다. "해무(海霧)가 낄 때 육지 방향을 모른 채 이리저리 걸어 다니면 큰일 납니다. 갯벌에 새겨진 물결자국의 직각방향으로 걸으면 육지가 나와요." 바로 그 말이 안개를 헤치고 나올 수 있게 해준 등대였다.

최근 3년간 갯벌 사망자가 23명에 이른다. 대부분 바닷물 들어오는 시간을 잊은 게 화근이다. 물이 들어와도 금방 빠져나갈 수 있을 거라 착각하는 사람들이 의외로 많다. 밀물이 들어오는 속도는 시속 7~15km다. 성인 남성 걸음보다 2, 3배 빠르다. 올해 경기 화성시 제부도에서 안개 자욱한 날에 개불잡이 하던 남성 2명이 숨졌다. 안개로 길을 잃고 밀물에 갇혀 빠져나오지 못한 것으로 추정됐다. 갯벌 해난사고는 해산물 채취하는 재미에 빠져 밀물이 들어오는 것을 인지하지 못해 고립되는 경우와 안개로 방향감각을 잃어 밀물에 갇히는 사고가 주를 이룬다. 물때를 확인하고 바닷물이 밀려오기 전에 나와야 하고, 갑자기 안개가 끼면 즉시 뭍으로 향해야 한다. 갯벌에서 방심은 금물이다.

벼랑 끝에 선 바다

태풍이 휩쓸고 간 바닷가에 아이들이 삼삼오오 모여들었다. 생활 쓰레기가 밀려와 언덕이 된 바닷가에서 뭔가를 찾아 헤매고 다녔다. 목적 없는 보물찾기였다. 재밌는 물건이 숨어 있을 거라는 기대감으로 온종일 쓰레기와 놀았다. 소년 시절의 태풍에 대한 내 기억은 그렇게 거대한 쓰레기더미로 각인되었다.

태풍은 바다가 품고 있던 쓰레기를 육지로 돌려보낸다. 남해군 어촌조사를 하며 태풍 볼라벤을 맞이한 적이 있다. 볼라벤이 마을 해변에 가져다 둔 해양 쓰레기를 치우려 적재량 25t과 5t 트럭이 번갈아가며 25회를 운행했다. 다 치우지 못했는데 곧이어 들이닥친 태풍 산바도 비슷한 양의 쓰레기를 마을 해변에 다시 쌓아 올렸다. 가장 큰 쓰레기 매장지는 바다였다.

김포에서 임진강을 끌어안은 한강과 개성에서 흘러나온 예성강이 강화 북단에서 만난다. 한 줄기는 김포와 강화 사이를 가르는 염하수로가 되고, 또 다른 줄기는 석모수로를 통해서 서해와 만난다. 강물과 바닷물이 만나는 천혜의 어장이 요즘은 천혜의 쓰레기 배출구가 되었다. 강화 어민들은 올가을, 한강에서 밀려온 쓰레기 때문에 조업을 중단한 날이 많았다.

쓰레기를 골라내는 강화도 어민
©김창일

태풍 볼라벤후 남해도의 해안쓰레기
©김창일

그물에 쓰레기가 걸리면 물길을 막아서 그물이 찢어진다. 또 어획물을 선별하느라 일손이 몇 배로 든다. 오랜만에 조업이 활기를 띤 며칠 전, 강화도 남산포서의 일화다. 어민이 새우에 섞여 있는 불순물 선별 작업을 하고 있을 때 손님이 다가왔다. 어획한 새우에 플라스틱 조각 등이 많이 섞여 있는 걸 보고 "왜 이렇게 더럽냐"는 반응을 보였다. 어민은 덤덤하게 "이게 다 아줌마처럼 서울 사람들이 버린 쓰레깁니다. 물고기보다 쓰레기가 더 많이 걸려요"라고 대꾸했다. 손님은 두말없이 선별한 새우를 사 갔다.

어민들도 할 말은 없다. 폐통발이나 엉킨 그물의 줄을 자르고 바다으로 폐기하거나, 조업하다가 커피봉지, 라면봉지, 담뱃갑 등 바다에 무심코 버리는 일상적인 모습. 어선을 타고 수없이 조업에 동승해 왔지만 불행히도 쓰레기를 바다에 버리지 않는 어선을 본 적이 없다. 폐그물 600년, 플라스틱 500년. 자연분해되는 시간이다. 바다로 방출된 쓰레기는 먼바다에서 제7대륙으로 불리는 섬을 만들고, 연근해의 쓰레기는 우리의 해안을 뒤덮는다. 그리고 물고기 몸속으로 들어가서 다시 우리의 배 속으로 들어온다. 인간 욕망의 산물인 쓰레기는 재앙이 되어 되돌아온다.

폴란드 출신의 사회학자 지그문트 바우만의 말처럼 산업화의 역사는 쓰레기 생산의 역사다. 인류는 수만 년을 나무 줄기나 천연 섬유로 그물을 만들었다. 합성섬유 재질의 그물은 1950년대 도입되어, 60년대 중반 우리의 어촌에 확산됐다. 60년이라는 짧은 세월, 바다는 급속도로 파괴됐다. 지구상의 척추동물 중 60%가 살고 있는 바다는 벼랑 끝에 섰다. 바다라는 공유자원은 누구나 사용할 수 있기에 개인 이기심이 쉽게 작동한다. 그래서 더 위험하다.

푹~ 썩어야 한다

뱃전에 부딪히는 파도는 달빛에 일렁인다. 아름답지만 싸늘한 공포감을 주는 일렁거림이다. 어선은 파도와 한 몸이 돼 천천히 오르내린다. 7명의 선원은 선실에서 자고 있다. 열다섯 살 막내 선원만이 눈을 부릅뜬 채 바다를 주시하고 있다. 밤하늘이 이불처럼 아늑하고, 파도 소리가 자장가처럼 들리는 새벽. 소년은 꾸벅꾸벅 졸다가 깜짝 놀라며 눈뜨기를 반복한다. 잠들면 안 된다. 소년은 바가지로 바닷물을 퍼 올려 세수를 한다. 고개를 들고 바다를 힐끔 보다 흠칫 놀라며 급히 선실 벽을 주먹으로 두드린다.

"어서 일어나시오. 그물 찢어진단 말이오." 잠에 빠져 있던 선원들은 일사불란하게 자신의 자리로 간다. 배를 책임진 사공은 상황을 파악하고 그물을 끌어올릴 것을 지시한다. 어선 앞쪽 일을 맡은 이물사공과 배의 뒤쪽을 담당하는 고물사공은 산전수전을 다 겪은 선원답게 호흡을 맞춰 가며 침착하게 그물을 당긴다. 한참을 그물과 씨름한 끝에 갑판 위로 끌어올렸다. 물고기가 너무 많이 잡히면 면사로 만든 그물이 터진다.

1950년대 조기·민어잡이 어선의 장면을 상상으로 묘사해 봤다. 1940년대까지 칡넝쿨이나 삼베로 만든 그물을 사용했다. 이후로 면사그물이 보급

되었다. 면사로 만든 그물은 바닷물에 쉽게 부식됐다. 이러한 단점을 보완하기 위해 그물에 갈물을 들였다. 큰 가마에 참나무 껍질이나 해당화 뿌리를 넣고 한참을 끓이면 갈색의 진액이 나오는데 이것으로 면사그물을 염색했다. 가죽나무 껍질, 삼, 새끼줄, 칡 줄기 등으로 그물의 몸줄과 뜸줄, 발줄, 닻줄 등을 만들었다. 천연 소재로 만든 그물망은 찢어지기 일쑤였다. 그래서 물고기가 너무 많이 잡히기 전에 그물을 끌어올렸다. 이를 감시하는 역할이 물상직이다. 선원 중에서 가장 어린 소년이 맡았다.

1960년대 중반은 어구의 일대 변혁기다. 나일론 그물이 어촌 구석구석으로 보급됐다. 나일론 재질의 그물이 1950년대에 처음 선보인 후 10여 년 만에 보편화되었다. 가볍고 질긴 그물의 보급과 어선의 동력화는 그물을 대형화시켰다.

한반도에 살았던 인류의 그물 이용 역사는 유구하다. 수천, 수만 년을 천연 소재 어망으로 물고기를 잡아왔다. 그물은 물속에서 부식돼 자연으로 돌아갔다. 합성섬유가 우리 바다를 에워싼 역사는 불과 70년이다. 많은 종류의 그물이 유실되어 물고기를 죽이고 있다. 재료 하나하나를 자연에서 구해 만든 그물은 귀했다. 그러나 합성섬유 그물은 쉽게 구입할 수 있기에 엉키거나 걸리면 잘라서 버린다. 버려진 그물은 바닷속 지뢰다. 폐그물이 자연 분해되는 데에 600년이 걸린다.

이제 와서 다시 천연 소재 그물을 사용하자는 억지를 부릴 수는 없다. 방법은 있다. 생분해성 그물이다. 박테리아, 곰팡이에 의해 쉽게 분해되는 재질의 그물. 물속에서 2년째부터 녹기 시작해 5, 6년이면 분해된다. 생분해성 어구의 성능 개선과 구입 단가를 낮추는 정책을 꾸준히 시행한다면 또 한 번의 어구혁명이 가능하다. 생분해성 어구 사용의 보편화는 바다를 살리는 혁명이다.

수만 년 그물의 역사, 다시 분해되는 그물로

박물관 전시실이나 수장고에 보관돼 있는 그물추를 볼 때마다 고대인들은 그물을 어떻게 만들었을까 궁금증이 생기곤 한다. 한반도에서 그물은 신석기부터 사용한 것으로 알려졌으나, 2018년 강원 정선군 매둔동굴 퇴적층에서 2만9000년 전 무렵 후기 구석기인들이 사용한 것으로 추정되는 그물추가 출토되면서 시기가 앞당겨졌다. 구석기부터 줄곧 사용된 그물추는 돌을 갈거나 흙을 빚어 만들었기에 숱하게 남아있지만, 그물망은 나무껍질 등 유기물로 만들었기에 전하지 않는다.

조선시대에도 칡넝쿨 등을 쪼개 만든 그물을 사용했다. 엉성한 어망으로 물고기를 잡다가 놓치기를 반복하는 것을 본 정약용은 어부들에게 무명이나 명주실로 그물을 만들고, 소나무 끓인 물에 담갔다가 사용해 부식을 방지할 것을 권했다고 한다. 1801년 강진으로 유배되기 전 경상도 장기현(포항시 장기면)에 머물 때 일화다. 정약용의 형인 정약전은 흑산도 바다에 서식하는 해산물을 관찰해 『자산어보』(1814년)를 저술했다. 유배지에서 동생은 그물 만드는 방법을 전했고, 형은 어류 박물지를 남겼다. 신유박해 때 정약전과 정약용은 나주 밤남정 주막에서 하룻밤을 묵은 후 각자 유배지인 흑산도와 강진으로 떠났고 다시 만나지 못했다. 이런 내력 때문인지 영화

〈자산어보〉를 관람할 때 그물 재현 방식이 궁금해 유심히 화면을 본 기억이 있다.

인류의 그물 이용 역사는 유구하다. 수만 년을 천연소재 어망으로 물고기를 잡았다. 1950년대까지 칡넝쿨을 이용한 갈망(葛網), 대마 껍질로 만든 마망(麻網), 면사 그물망 등을 사용했다. 가죽나무 껍질, 삼, 새끼줄, 칡 줄기 등을 이용해 그물 몸줄과 뜸줄, 발줄, 닻줄 등을 만들었다. 그물 제작은 전적으로 어부들 노동력에 의존했으므로 예삿일이 아니었다. 게다가 조업할 때 쉽게 훼손됐으며 여름철 우기에는 부식되기 일쑤였다. 이를 예방하기 위해 갈물을 입혔다. 큰 가마솥에 물을 붓고, 참나무 껍질이나 해당화 뿌리 등을 넣어 끓이면 갈색의 진액이 나온다. 이 액체에 그물을 넣고 다시 끓여서 염색했다. 조기잡이 섬으로 유명했던 연평도 노인들은 1950년대까지 갈물을 우려내던 갈가마가 해변에 즐비했음을 증언했다. 지금은 갈가마라는 상호를 사용하는 음식점만이 그 시절을 떠올리게 할 뿐이다.

갈물은 부식 방지에 효과가 있었으나, 강도는 여전히 약해서 잘 찢어졌다. 그래서 물고기가 너무 많이 잡히기 전에 끌어올리기 위해 밤새 잡히는 양을 점검하는 물상직이라는 선원을 두기도 했다. 1950년대 나일론 재질 그물 도입으로 식물로 만든 그물과 갈가마, 물상직 선원은 사라졌다.

수만 년을 사용하던 천연소재 그물은 부식돼 전해지지 않는다. 반면 합성섬유 그물을 사용한 것은 불과 60여 년이지만 바닷속에 쌓여가고 있다. 해양오염은 말할 것도 없고, 유실된 그물에 물고기가 걸려 죽고, 그 사체를 먹으려 모여든 또 다른 물고기가 걸려 죽는 피해가 심각하다. 그나마 다행인 것은 자연 소멸되는 생분해 그물이 차츰 보급되고 있다. 언젠가는 고성능 생분해 그물로 완전히 대체돼 우리 시대에 사용한 그물을 후손들이 볼 수 없기를. 식물재료로 만든 그물을 수만 년 사용했으나 지금 우리가 볼 수 없는 것처럼.

이어져 있으나 너무나 다른 한국의 바다

물살은 죽고 살기를 반복한다. 살아나는 물이 있고, 죽는 물이 있다. 밀물과 썰물의 고저 편차가 오늘보다 내일이 크면 사는 물이고, 작으면 죽는 물이다. 물때식을 보면 7~9물 사이에서 조차가 최대치이므로 물의 흐름이 빠르고, 1~2물은 조차가 작고 물살이 느리다. 옛사람들은 조수 현상을 '숨찬 땅의 헐떡거림이요, 바다의 숨 쉼'(강경포구 암각문 중)으로 이해하기도 했다. 서해의 조차는 4~11m, 동해는 0.2~0.5m, 남해는 1~2m로 확연히 차이가 난다. 동해는 조차가 미미해 조선시대에 울산 북쪽은 무조석 지역으로 인식했다. 이런 이유로 서해안에 있는 식당에서 흔히 볼 수 있지만, 동해안에서는 쉽게 볼 수 없는 게 있다. 바로 물때 달력이다.

해양문화를 주제로 강의할 때 물때 설명은 늘 곤혹스럽다. 한 번은 강의 시간 절반을 할애해 물때 설명을 하다 정작 이야기하려던 주제를 급하게 마무리한 적이 있었다. 얼마 전 남해군을 찾았을 때 죽방렴보존회장은 올해 멸치 씨가 말랐다며 한숨을 쉬며 푸념했다. 대화 도중 죽방렴 어업을 하는 주민의 전화를 받은 보존회장은 길게 통화했다. 내용인즉슨 물때와 바람과 멸치 어황의 상관관계에 대한 설명이었다. 물살의 영향을 크게 받는 죽방렴 어민조차 물때를 완전히 이해하지 못하고 있었다.

밀물과 썰물의 주기적인 교차 현상을 달과 태양의 움직임만으로는 제대로 설명할 수 없다. 이론상으로 들물과 날물이 교차하는 주기는 6시간 12분이지만 강화도 어민들은 "밀물 5시간, 썰물 7시간"이라 말한다. 강화도는 조차가 큰 데다 좁은 수로와 복잡한 지형의 영향으로 이런 현상이 발생한다. 심지어 같은 섬인데도 북쪽 해안과 서남단 해안의 조차가 5m 이상 차이가 난다. 조류 이동 방향이 회전성을 지닌 지역이 있는가 하면 왕복성을 띠는 곳도 있어 일정치 않다. 그래서 어민들의 조수에 관한 지식은 대체로 거주지 인근 바다에 한정돼 있다.

물때는 하루, 1개월, 계절 단위로 나눠 이해할 수 있다. 하루에 밀물과 썰물이 2회 반복하며 매일 50분씩 물때가 느려진다. 한 달에 1~15물 주기가 2회 반복하는데, 보름 주기에는 물살이 빠르게 흐르는 센사리 기간이고 그믐 주기는 물살이 약하게 흘러 족사리라 한다. 계절에 따라 낮 물살과 밤 물살의 빠르기가 역전된다. 서해안은 봄에 밤물이 강하다 가을이 되면 낮물이 빨라지는 역전 현상이 나타나는데 남해안은 이와 반대로 진행된다. 백중사리와 영등사리는 조차가 가장 큰 계절 물때다. 남해안 어민은 영등사리를, 서해안에서는 백중사리를 중시한다. 음력 2월에 드는 영등사리는 1년 중 물이 가장 많이 빠지는 최대 간조기이고, 음력 7월에 있는 백중사리는 연중 물이 제일 많이 들어오는 최대 만조기다.

지역에 따라 7물때식과 8물때식을 적용하는 곳이 구분된다. 음력 초하루를 서해안에서는 일곱물로, 남해안은 여덟물로 센다. 두 체계를 구분 짓는 경계는 전남 완도와 제주도다. 완도군 청산도에서 제주항과 강정항으로 이어지는 선으로부터 서쪽 지역은 초하루를 일곱물로 센다. 완도군 생일도에서 제주 북촌리와 법환동으로 이어지는 지점부터 동쪽으로는 여덟 물때 지역이다. 물의 들고 남을 알지 못하고는 한국 바다를 안다고 할 수 없다. 우리 바다는 이어져 있으나 다른 바다다.

해운대는 동해안에? 남해안에?

아주 쉬운 문제다. 피서객이 가장 많이 몰리는 해수욕장은? 당연히 해운대다. 그렇다면 해운대는 동해인가, 남해인가? 이 물음에 정확한 답을 내놓는 사람을 아직 만나지 못했다. 심지어 해양민속 전문가, 광안리 바닷가에 사는 동생, 부산을 떠나 살아본 적이 없는 지인에게 물어도 마찬가지. 이유가 있다. 국립해양조사원, 기상청 등 정부기관마다 동해와 남해의 분기점을 다르게 설정하고 있기 때문이다. 해운대 달맞이언덕에 있는 해월정 앞바다를 분기점으로 잡기도 하고, 부산과 울산의 해안 경계 지점 혹은 오륙도를 기준점으로 삼기도 한다. 국제적으로도 제주도를 경계로 동북쪽을 동해, 서북쪽을 황해, 제주도 남쪽 바다를 동중국해로 설정하고, 남해에 대한 개념은 없다.

경계는 모호하지만 우리 바다는 제각각의 뚜렷한 특성이 있다. 동해는 난류와 한류가 만나는 지점으로 대구 청어 오징어 등 계절에 따라 다른 종류의 물고기가 많이 잡힌다. 반면 서해는 수심이 얕아 기온 변화가 심하다. 동해보다 여름 기온은 높고 겨울 기온은 낮다. 각종 새우류 꽃게 민어 등이 많이 난다. 남해는 연중 난류가 흘러 수온 변화가 적고 겨울 수온이 10도 이상을 유지돼 양식업이 발달했다.

달맞이고개의 해월정
©국립민속박물관

오륙도
©국립민속박물관

이런 특성 이면에 사람들의 생활 패턴을 결정하는 요인은 따로 있다. 서해안의 음식점에 걸려 있는 달력에는 물때가 빼곡히 적혀 있다. 반면 동해안에서는 물때가 적힌 달력을 찾기 어렵다. 당연하다. 동해는 조수간만의 차가 0.2~0.3m 내외로 미미하다. 동해안 어민들은 물때에 무관심할 수밖에 없다. 그 대신 바람에 민감하다. 삼척의 어촌에 머물며 해녀를 조사할 때 일이다. 어촌계장은 동트기 전 바다를 관찰한 후에 해녀 물질 여부를 판단했다. 맑은 날씨에도 물질을 못 할 때가 있고, 흐려도 물질을 나갈 때도 있던데 뭘 보고 판단하느냐고 물었다. 어촌계장의 말은 단호했다. "바람을 봐요. 동풍 남동풍 북동풍이 불면 입술이 촉촉해지는 느낌이 있어요. 그럴 때는 파도가 높아 해녀들이 위험해요. 이런 바람은 습해서 미역을 말리면 색깔이 노랗게 변해 상품성도 떨어집니다." 바다를 건너오는 바람은 파도를 일렁이게 한다. 동해는 수심이 깊어 바닷바람은 잔잔한 파도를 너울로 만들기도 한다. 바람은 변덕이 심해 육풍이 불다가도 돌연 해풍으로 바뀌어 바다를 뒤집는다. 파도를 깨우기도 하고, 재우기도 하는 것이다. 동해안 어민들은 몸속에 풍향계를 만들어 바람에 적응했다.

서해는 세계적으로 조수간만의 차가 큰 지역이다. 물때에 따라 바다로 나갔다가 물때에 맞춰 육지로 들어온다. 바다의 시간을 따르며 살아간다. 그래서 집집마다 물때가 표시된 달력이 걸려 있다. 선원들은 물때에 맞춰 바다로 나가고, 그물을 던진다. 생선을 구매하려는 사람들은 물때를 알아야 신선한 물고기를 살 수 있다. 물때에 따라 어선의 입항 시간이 달라지기 때문이다.

이처럼 동해와 서해는 자연의 언어가 다르다. 동해안 사람들은 바람의 언어를, 서해안 사람들은 바닷물 들고남의 언어를 완전히 이해하는 사람들이다. 물의 들고남은 복잡하지만 정해진 기다림이고, 바람은 애쓰지 않아도 느낄 수 있으나 예측 불허의 기다림이다.

제주 바닷가에 박힌 검은 보석, 도대불

어둠이 깔리면 어김없이 돌탑 꼭대기에 불 밝히는 사람들이 있었다. 불빛은 닿을 듯 말 듯 바다로 향했다. 물고기 잡으러 나갔던 어민들은 칠흑 같은 바다에서 희미한 빛을 따라 포구로 돌아왔다. 불빛을 멀리서도 볼 수 있도록 돌을 쌓았는데 제주민은 도대불, 등명대, 갯불이라 불렀다. 빛의 홍수 속에 사는 현대인에게 돌탑 위 호롱불은 하찮아 보일 수 있다. 하지만 전깃불이 귀하던 시절, 암흑의 밤바다에서 한줄기 빛은 생명의 끈이었다. 도대불은 1915년부터 1960년대까지 제주도에서 이용한 근대식 등대다. 현대식 등대로 완전히 대체되기 전까지 포구 위치를 알리는 항로표지 역할을 했다.

한반도에서 등대 건설은 일본 제국주의와 관련된다. 침략의 발판으로 삼기 위해 인천 팔미도등대(1903년)를 시작으로 부도등대(1904년), 거문도등대(1905년), 울기등대(1906년) 등을 줄줄이 만들었다. 제주도 첫 등대는 1906년 3월 1일에 점등한 우도등대다. 이후 마라도등대(1915년), 산지등대(1916년)가 제주 바다를 비췄다. 특이한 것은 현대식 등대와 도대불이 동시대에 운영됐다는 점이다. 초창기 등대가 일제에 의해 만들어졌다면 도대불은 어촌민들에 의해 축조됐다. 주민들이 자발적으로 쌓아서 만들었기에 민간 등대라 할 수 있다. '돛대처럼 높이 켠 불'이라는 뜻의 '돛대불'에서 유래

조천읍 북촌 도대불 ©김창일

고산리 도대불 ©김창일

대포항 도대불 ©김창일

김녕리 도대불 ©김창일

보목동 도대불 ©김창일

다끄네 도대불 ©김창일

했다는 설, '뱃길을 밝히는(道臺) 불'에서 유래했다는 설, 등대의 일본어 발음에서 유래했다는 설 등 어원은 명확하지 않다. 관솔, 생선 기름을 사용한 호롱, 석유를 담은 등피 등을 이용해 불을 지폈다. 해질녘 뱃일 나가는 어부가 밝히거나 관리하는 사람을 따로 두기도 했다. 탑의 형태는 현무암을 거칠게 다듬어서 쌓았는데 원뿔형, 원통형, 상자형, 마름모형 등 다양하다.

항만시설 확장과 해안도로 건설 과정에서 도대불은 사라지거나 훼손됐다. 현재 17곳에 도대불이 남아 있다. 그중 보존상태가 양호한 6기(북촌리, 고산리, 대포동, 보목동, 김녕리, 우도)의 도대불이 '제주도 근현대문화유산 등록문화재(2021년 7월)'로 지정됐다. 제주 근현대 어업문화 및 해양생활을 살필 수 있는 문화자원인 데다 제주도에만 남아 있다는 희소성을 인정받았다. 가장 오래된 도대불은 1915년 축조한 북촌리도대불이다. 우도도대불은 만든 방식이 재밌다. 조선시대에 쌓은 방사탑이 신앙 기능을 상실하자, 1962년 10월 주민들이 탑 상단을 개조했다. 우도는 일본으로 가는 길목이라 등대가 일찌감치 건립돼 있었다. 등대는 일본을 마주하고 있고, 도대불은 제주 본섬을 바라보고 있다.

어선에서 포구가 가장 잘 보이는 언덕이나 빌레(너럭바위) 혹은 포구 내에 도대불을 쌓았으므로 대체로 경관이 빼어난 곳에 자리 잡고 있다. 틈날 때마다 해안 길을 걸으며 도대불 옆에 앉아서 바다를 바라보곤 한다. 무사귀환을 바라며 돌탑을 쌓고 불을 밝히던 이의 온기를 느낄 수 있다. 올레길 걷는 인파와 바닷가를 찾는 관광객들은 무심히 지나친다. 생명의 빛을 바다로 전하던 도대불은 제주 해변의 검은 보석이다.

돌로 자연에 맞서며 만든 제주 문화

제주 해안에서만 볼 수 있는 구조물이 있다. 용천수, 불턱, 삼판구조(혹은 이판구조) 포구, 도대불, 환해장성 등이 대표적이다. 해안 길 걸으며 마주할 때마다 원래 쓰임을 다하고 외면당하는 듯한 서늘함을 느낀다.

제주 어촌에는 반드시 용천수가 있다. 빗물이 현무암층으로 스며 지하로 흐르다가 바닷가에 이르러 솟구친다. 용천수 양에 따라 마을 크기가 정해질 정도로 생명수이며 마을을 있게 한 근원이다. "낯 씻을 때 물 많이 쓰면 저승 가서 다 먹어야 한다"는 속담은 제주에서 각별했던 물의 소중함을 표현한다. 지하수 개발 전 이웃집 잔치나 제사가 있을 때 물을 길어주는 물부조는 제주만의 문화다. 용천수 주변 바닥을 평평한 돌로 깔아서 채소 세척이나 빨래를 할 수 있도록 만들었고, 돌담을 둘러 바람막이를 했다. 매일 물 길어 나르는 여성의 노동공간이자, 담소를 나누고 정보를 교환하는 공동체 문화의 핵심 장소였다. 불턱은 또 하나의 여성공동체 공간이다. 몸을

북촌리 사원이물
©김창일

귀덕포구(모살개)
©김창일

덥히고, 물질을 준비하고 음식을 나눠 먹던 장소다. '물질은 불턱에서 시작해서 불턱에서 끝난다'라고 할 정도로 해녀문화를 이해하는 데에 중요한 공간이다. 요즘은 해녀 탈의장이 그 기능을 이어받아 쓰임새가 사라졌다.

포구 역시 뭍에서는 볼 수 없는 독특한 구조다. 제주 해안은 용암 암반과 암초가 많아 전통적으로 작은 포구가 많았다. 바람과 거친 파도가 잦아 돌을 쌓아 이중 혹은 삼중 방어막 포구를 만들었다. 안쪽의 안캐는 태풍 때 피항하거나 수리하는 배, 가운데 중캐는 출항할 선박, 바깥쪽에 있는 밖캐는 수시로 드나드는 배가 정박한다. 포구에 돌탑을 쌓아 불을 밝힌 도대불도 빠뜨릴 수 없다. 1915년부터 1960년대까지 제주도에서 이용한 근대식 등대로 현무암을 거칠게 다듬어서 쌓은 민간 등대였다.

뭍 해안에서 볼 수 없는 것은 이뿐만이 아니다. 제주 해안 전역을 돌담으로 둘렀던 환해장성 또한 볼만하다. 삼별초 침입을 막기 위해 쌓기 시작했

온평 환해장성
©김창일

는데 삼별초가 점령한 후에는 여몽연합군 방어용으로 쓰였다. 지속적으로 보수해 조선시대에는 왜구와 이양선을 막는 데 활용됐다. 지금은 화북, 애월, 고내, 북촌, 동복, 함덕, 평대 등지에 남아 있다.

제주민은 자연에 순응하면서 때로는 강하게 맞서야 살아낼 수 있었다. 돌은 환경을 극복하는 도구였으며 용천수, 불턱, 포구, 도대불, 환해장성 등으로 표상된다. 돌을 이용해 자연에 저항했고, 수많은 신(神)에 마음을 맡겼다. 척박한 화산섬에서 신에 의지하지 않고는 버티기 힘든 모질고 고단한 삶이었다. 제주에 1만8000신이 있다는 말은 그만큼 토속신앙에 대한 믿음이 깊음을 뜻한다. 신성성이 제거된 화석화된 신화가 아니라 의례에서 구송되는 살아있는 신화가 지금도 전승되고 있다. 돌과 신에 의존한 삶이라 할 수 있다.

환상적인 경관도 좋지만 손길, 숨결, 땀이 밴 곳을 느끼는 여행은 또 다른 즐거움이다. 제주 해안가에 산재해 있는 돌로 만든 전통 구조물은 역사, 문화, 경관, 생태적 가치가 탁월하다. 원래의 쓰임은 다했지만 참신한 문화 기행의 장을 열 수 있는 힘을 내재하고 있다.

구엄리 불턱
©김창일

섬에도 수만 년 역사가 있다

무성한 수풀을 헤쳐 나가며 며칠째 산등성이를 올랐다. 갯벌이 내려다 보이는 야트막한 산 중턱 오솔길을 따라 걷다 보면 조릿대가 무성한 곳에 닿는다. 신석기인이 먹고 버린 굴 껍데기 더미를 살피기를 여러 날. 드디어 빗살무늬토기 몇 조각이 눈에 들어왔다. 틈틈이 패총을 찾은 결실이다. 이 땅에 살던 사람들이 사용하던 물건을 찾고 싶었다.

섬 주민들의 삶을 기록하기 위해 연평도에 들어왔다가 수천 년 전의 삶과 마주했다. 걸어서 두 시간이면 해안 둘레길을 다 돌 수 있는 작은 섬에 신석기 패총 10여 곳이 산재해 있다. 밭으로 이용되거나 잡목으로 뒤덮여 있다. 그 흔적 앞에서 상상의 나래를 펼치며 이 땅에 살았던 사람들의 향기를 맡았다. 굴을 쪼아 먹던 신석기인들. 근육을 움직이지 않고는 이어갈 수 없는 생명. 사람 사는 모습의 치열함과 아름다움이 패총 속에 켜켜이 쌓여 있었다.

어느 날, 경로당 건설 현장과 마주했다. 순간 연평도에 산재해 있는 패총의 위치가 오버랩됐다. 건설 현장 아래에 패총이 있을 거라는 강렬한 직감이었다. 터파기 공사가 시작될 때까지 며칠 동안 공사장 주변을 배회했다.

땅속을 자세히 살필 기회를 엿본 것이다. 굴착기가 잠깐 쉴 때 파헤쳐진 지표면을 유심히 관찰했다. 빗살무늬토기편 여러 점을 발견했다. 공사 관계자는 일제강점기와 6·25전쟁 때 먹고 버린 굴 껍데기 더미이고 토기편은 그 시절 깨진 장독이나 도자기일 거라고 둘러댔다. 신석기 유적으로 추측되었지만 고고학을 전공하지 않았으니 확신할 수 없었다.

다음 날이면 패총은 완전히 파헤쳐질 것이었다. 패총을 이대로 사라지게 할 수는 없었다. 그날 저녁, 소셜네트워크서비스(SNS)에 사진을 올리고 고고학 전공자들에게 도움을 요청했다. 곧바로 매장문화재 발굴 기관과 국립중앙박물관에서 근무하는 전공자들의 댓글과 전화가 줄을 이었다. 그들을 통해 후기 신석기 패총임을 확인했다. 날이 밝자마자 수습한 토기편을 들고 면사무소로 향했다. 면장과 담당 공무원에게 새롭게 발견한 패총을 설명한 후 공사를 일시 중단해 줄 것을 요청했다. 이 덕분에 연평도에 산재한 10여 개의 패총 중에서 유일하게 발굴조사가 이뤄졌다.

문화재청(현 국가유산청)의 발굴시행 명령이 있기까지 여러 날이 걸렸다. 그동안 건설사 관계자, 노인회장, 주민들은 공사 중단에 따른 건설 기간 연장과 추가 경비 지출을 우려해 매일같이 나를 찾아와서 한숨을 부려놓았다. 문화재 보호와 개인 재산권 보호 사이의 딜레마 속에서 그들의 불만을 들어주는 것 외에 달리 방법이 없었다. 패총에도 사람의 삶이 녹아 있었고, 패총을 둘러싸고 벌어지는 일 또한 사람살이의 모습이다. 과거의 삶을 기록하는 일과 현재를 살아가는 사람들의 생존, 어느 한쪽도 외면할 수 없는 일이다.

패총 발굴조사 장면
©김창일

패총 도면 그리는 장면
©김창일

숲의 일부가 된 패총
©김창일

패총은 신석기부터 연평도에 존재했던 사람살이가 줄곧 이어지고 있는 증거다. 지금도 연평도 주민들은 갯벌에서 굴을 캐며 살아간다. 조기의 섬으로 상징되다가 지금은 꽃게의 섬이 된 연평도. 그전에는 굴의 섬이었다. 신석기인이 먹고 버린 굴 껍데기가 지금은 밭이 되고, 대나무 숲과 언덕이 되고, 그 위에 펜션과 경로당이 들어섰다. 신석기인 삶의 흔적이 쌓이고 쌓여 지금의 연평도가 됐다.

고독한, 그 섬에 가고 싶다

산 하나를 뽑아서 바다에 띄워놓은 것 같은 섬. 대연평도에서 바라보는 소연평도는 낭만적이다. 대연평도 주민들에게 소연평도는 늘 그 자리에 있는 익숙한 섬이지만 쉽게 건너가지 못하기에 익숙함과 신비로움이 교차한다.

평생을 대연평도에서 살았다는 팔순의 할머니는 손 내밀면 닿을 듯한 소연평도에 한 번도 발을 디뎌보지 않았단다. 갯벌에서 굴을 캐던 할머니는 소연평도를 가리키며 "저 섬에는 아는 사람도 없고, 손바닥만 한 땅떼기라 일거리도 없는데 갈 일이 없었지. 안 가봐도 여기서 훤히 보이잖아. 굴, 바지락도 없어"라고 했다.

대연평도와 소연평도는 형제 섬이면서 단절돼 있다. 여객선의 관광객과 해병대 장병 면회객조차 열에 아홉은 대연평도에서 내린다. '외롭지 않으면 섬이 아니라고 노래한 어느 시인의 시구처럼 소연평도는 고독한 섬으로 남아있다.

해양문화조사를 위해 대연평도에 장기간 거주했지만, 두 섬을 오가는 배가 마땅찮아 반년 넘게 바라만 봤다. 그러던 어느 날 대연평도 선착장에

대연평도 갯벌에서 본 소연평도
©김창일

서 행정선을 타고 소연평도로 향했다. 외지 선원 서너 명이 부두 공터에서 그물 손질을 하고 있었다. 산비탈 마을을 둘러봐도 일부러 숨기라도 한 듯 주민들과 마주치기 어려웠다.

우선 해안 둘레길을 걸었다. 섬을 한 바퀴 도는 데 40분이 걸리지 않았다. 그렇게 세 바퀴를 연달아 돌고 마을로 향했다. 때마침 60대 노인이 바지락을 까고 있었다. 노인은 소연평도는 갯벌이 없어서 대연평도에 거주하는 동생네에서 바지락과 굴을 보내줘 먹고 있고, 바다로 둘러싸여 있지만 해산물이 귀한 섬이라고 했다. “예전에는 여기도 살 만했어요. 조기잡이 배가 우리 섬에 들어와서 식수를 얻어 갈 정도로 물이 풍족했어요. 지금은 몇 안 되는 주민들이 마실 물도 부족해요. 티타늄 광산 채굴 때문에 산봉우리 두 개가 깎여 없어진 후로 물이 안 나와요. 젊은 사람들은 먹고 살거리가 없고 불편하니 다 육지로 나가고, 노인들밖에 없어요.” 말을 이어가던 노인은 평생을 섬에서 살았기에 소연평도가 세상의 전부라고 했다.

대연평도로 돌아오고 한 달 후 부둣가를 거닐다가 소연평도에서 바지락 까던 노인과 우연히 마주쳤다. 동생네서 해산물을 얻어서 돌아가는 길이었다. 멀리서 본 소연평도는 낭만적이지만, 섬에서의 삶은 척박함을 이겨내려는 치열함이 있었다. 평생을 대연평도에 살면서 단 한 번도 소연평도 땅을 밟아보지 못한 노인의 모습도 겹쳤다. 80년을 살면서도 코앞에 있는 섬에 갈 일이 없었다는 할머니의 말이 이해됐다. 소연평도는 티타늄을 뭍사람들에게 내어주며 산봉우리 두 개가 깎여야 했고, 그 결과 마실 물조차 부족한 섬이 됐다. 그렇게 이웃한 섬과 섬 사이에서도 풍경으로만 남겨진 단절된 섬이 됐다.

사람들에게 풍족함을 줄 수 없는 땅으로 변했지만 그래도 남겨진 주민들을 묵묵히 품어주고 있다. 갈 곳도 머물 곳도 없어서 걷고 또 걷던 소연평도의 해안 길을 다시 걸어보고 싶다. 그때 그 섬에 있었음을 잊을 수가 없다.

소연평도의 마을
ⓒ김창일

갯벌에 기대는 '꽃게의 섬' 어민들

군인이 민간인보다 많은 섬, 주민의 3분의 1이 피란민인 땅, 파도가 높거나 안개가 잦은 계절에는 몇 날 며칠씩 여객선 운항이 중단돼 고립되는 곳. 해가 떠오르면 빨간색 티셔츠를 입은 젊은 병사들이 군가를 목청껏 부르며 섬을 깨우고, 어스름해질 무렵이면 총을 메고 삼삼오오 해안초소로 흩어진다.

연평도에 머물며 해양문화를 조사할 때 출근하듯 매일 어촌계 사무실을 방문했다. 어촌계는 해양 관련 종사자들의 사랑방이었다. 대민 업무를 맡은 해병대 상사, 해양경찰, 항만청 직원, 수협 직원, 어촌계원들을 한자리에서 만날 수 있는 유일한 곳. 처음에는 이들에게 해양 관련 정보를 눈치 봐가며 조심스레 물어보곤 했다. 5~6개월 후에는 위치가 바뀌어 필자가 그들의 질문에 대답을 해줬다. 그럴 수밖에…. 매일같이 연평도의 갯벌, 항구, 무인도를 누비며 기록한 노트가 쌓여가는 만큼 연평도 해양문화를 보는 눈이 트인 것이다.

그렇게 10개월간 어민들의 삶을 꼼꼼히 기록하고도 알아내지 못한 한 가지가 있었다. 꽃게의 섬으로 불리는 연평도이지만 정작 꽃게 어획량을 알 수가 없었다. 물론 수협에서 위판 실적을 미디어에 대대적으로 발표한

꽃게잡이 어선과 선원
©김창일

다. 꽃게 어획량이 물가에 미치는 영향이 크기 때문이다. 그런데 언론에 보도되는 수치는 실제 잡히는 양과는 거리가 멀다.

잡히는 양을 정확하게 파악하는 것은 쉬운 일이 아니다. 여느 어촌의 어로행위가 그러하듯 선장은 수산업법의 경계선상에서 줄타기를 하기에 조사자와 거리를 두었다. 생업 현장과 법의 괴리에 의한 현행법과 관행의 충돌, 그에 따른 법망 피하기 등이 상존하고 있다. 연평도에 거주하며 해양문화를 조사하는 과정은 보려는 자와 보여주지 않으려는 쪽 간의 숨바꼭질이었다.

어민들은 꽃게를 잡으면 수협에 위탁판매를 한다. 연평도는 특수한 환경이기에 냉동창고에 보관했다가 개별적으로 판매하는 비중이 여타 지역에 비해 높다. 이를 '사매매'라고 하는데 위판 비중이 낮기 때문에 어획량 확인이 어렵다. 선주, 수협 관계자, 주민들은 위판과 사매매의 비율을 추측

바지락 채취하는 연평도 어촌계원 ©김창일

갯벌낙지를 잡은 연평도 주민 ©김창일

해서 말했으나, 제각각이었다. 조사자는 꽃게잡이철인 봄과 가을 내내 어획과 유통과정을 유심히 관찰했다. 사매매의 비중이 위판보다 높았다. 공식적으로 발표되는 수치보다 실제 어획량이 두 배가 넘는다는 뜻이다.

이렇듯 작은 섬에서 꽃게잡이로 연간 수백억 원의 매출을 올리지만 주민들에게 돌아가는 낙수효과는 생각만큼 크지 않다. 선원들은 육지 사람으로, 꽃게잡이철이 끝나면 모두 돌아간다. 선주 20여 명 외에 꽃게 어획으로 직접적인 이익을 얻는 연평도 주민은 많지 않다. 주민들은 그물에 걸린 꽃게를 떼어내는 작업을 하여 일당을 버는 정도다. 이마저도 요즘은 중국에서 인력을 데려오는 추세다. 연평도 주민의 삶과 직결되는 것은 꽃게가 아니라 갯벌 채취다. 갯벌에서 찬거리를 마련하고, 겨울에는 굴과 김, 봄부터는 바지락, 낙지, 돌게, 망둥이를 잡아서 살림살이에 보탠다. 넉넉하지는 않지만 어촌계원 300여 명에게 먹거리를 골고루 나눠주는 곳이 갯벌이다. 갯벌은 섬 주민들의 삶의 터전이다. 지금쯤 연평도의 공터마다 선원들이 그물 손질을 하며 꽃게잡이 준비에 여념이 없을 것이고, 주민들은 갯벌에서 낙지, 바지락, 망둥이를 잡고 있을 터이다. 서로에게 무심한 채….

섬 숫자는 늘어나고, 유인도는 줄어들고

섬을 비우던 때가 있었다. 섬 거주민을 본토로 이주시키는 쇄환정책(刷還政策)은 왜구의 침탈로부터 주민을 보호하고, 섬이 왜구의 근거지로 활용되는 것을 막으려는 조치였다. 또 죄인이 섬으로 도망쳐 숨는 것을 방지하고, 조세 수취와 부역 동원의 편의를 위한 방편이었다. 섬은 방어와 중앙집권제에 도움이 되지 않는다고 본 것이다. 섬을 비우던 정책은 고려 말에 시작해 1882년에 폐지됐다. 그렇다 해도 섬에 사람은 거주했다. 18세기 조선은 쇄환정책에서 진(鎭)을 설치하는 정책으로 전환했다. 중국 어선과 해적선 침범이 빈발했고, 인구 증가와 상업의 번성으로 섬 이주와 개발이 활성화됐기 때문이다. 섬을 비워서 불안 요소를 없애겠다는 정책에서 진을 설치해 방어하고 관리하는 방향으로 전환했다.

섬을 비우는 정책은 오래전 없어졌지만, 유인도는 2006년에 492개에서 현재 464개(2021.12.31 기준)로 줄었다. 주요 원인은 불편함이다. 학교나 병원 접근성이 떨어지고, 여객선 운항이 안 되거나 횟수가 부족해 생활하기 어렵다. 작은 섬에는 식료품 공급조차 쉽지 않다. 어업에 종사하면서 작은 섬을 지키던 사람들, 선박 피항지, 물 공급처가 되던 섬의 역할이 축소된 것도 하나의 원인이다. 연평도에 사계절을 상주하며 해양문화를 조사할 때 이상한 장면을 목격했다. 설, 추석을 앞두고 노인들이 섬을 줄줄이 빠져나갔다. 면사무소 직원과 자원봉사자들이 연례행사처럼 항구에 모여 커피를 나눠주며 환송 인사를 했다. 비싼 여객선 비용으로 자녀가 입도하는 것보다는 노인들이 육지로 가는 것이 경제적이고, 기상 악화로 자녀들이 출근하지 못할 것을 우려한 부모의 마음이 만든 신풍속이다. 섬살이의 불편함을 보여주는 단면이라 하겠다.

유인도와 달리 무인도는 방목하던 흑염소가 야생화돼 생태계를 파괴하는 일이 늘고 있다. 연평도 주민 몇몇은 봄에 잠깐 채취할 수 있는 해초인 세모가사리를 얻기 위해 구지도로 향했다. 한때 군 포격장으로 사용돼 섬 한가운데가 움푹 파여 한라산 백록담을 연상시키는 무인도다. 구지도에 가볼 유일한 기회를 놓칠 수 없어서 어선에 동승한 적이 있다. 섬 곳곳을 살피다가 10여 마리의 흑염소 떼와 마주쳤다. 작은 섬에 풀이 부족해 번식해도 새끼는 대부분 죽고 어미들만 살아남아서 매년 일정한 수를 유지한단다. 연평도의 또 다른 부속 섬인 당섬과 안목, 모이도 역시 흑염소가 차지하고 있다. 썰물에 세 개의 섬이 연결되는 틈을 타서 이 섬 저 섬을 옮겨 다니며 주인 행세를 한다. 섬에 풀이 돋아날 틈이 없다.

유인도와 달리 무인도는 실태조차 파악하기 어렵다. 위성사진과 지적도면 등으로 미등록된 무인도를 발견하고 있어 섬의 개수는 계속 늘고 있다. 비우던 섬에서 지금은 하나라도 더 찾기 위해 노력하고 있다.

100개의 섬, 100개의 길을 하나로 잇다

'섬을 섬이게 하는 바다와/바다를 바다이게 하는 섬은/서로를 서로이게 하는/어떤 말도 주고받지 않고/천년을 천년이라 생각지도 않고.'(고찬규의 「섬」) 바다에 둘러싸여 고립되고 육지로부터 단절된 땅. 그래서 어느 시인은 외롭지 않으면 섬이 아니라고 노래했는지도 모른다.

연평도에서 사계절을 상주하며 해양문화를 조사한 적이 있다. 유소년 시절, 창선도에서 성장했으니 섬 생활에 쉽게 적응할 줄 알았는데 아니었다. 고립감을 견디기 위해 매일 저녁 연평도 둘레길을 걸었다. 눈비가 내리지 않는 한 빠짐없이 걷고 또 걸었다. 200회 이상 섬 해안길을 완주한 듯하다. 그 시절, 연평도 둘레길은 외로움을 달래는 위안이었다.

길이 없는 섬이 훨씬 많다. 오랜 세월 사람이 걸었던 흔적이 길이므로 사람의 발길이 닿지 않는 무인도에는 길이 없다. 바다의 지문은 섬이고, 유인도의 지문은 길이다. 우리 바다에 있는 3382개의 섬 중에서 유인도가 464개, 무인도가 2918개다. 약 150만 명이 섬에 거주한다. 전체 인구의 3%에도 미치지 못하지만, 어업 기지, 영해 확장, 생태계 보고, 군사 요충지로서 중요한 역할을 해왔고 요즘은 휴양지로 각광받고 있다.

㈔섬연구소에서 걷기 좋은 섬길 100곳을 선정해 섬길을 하나로 연결하는 '백섬백길' 프로젝트를 완료하고 홈페이지를 열었다. 강제윤 섬연구소장은 백섬백길은 섬연구소가 지난 10년간 100개의 섬길을 몇 번씩 걸으며 완성한 대한민국 섬길 종합안내소라고 말한다. 최북단 백령도에서 최남단 마라도까지 섬의 길들은 하나로 이어지지 못하고 저마다 고립돼 있었다. 백섬백길의 의미는 1코스 연대만지도 지겟길에서 100코스 울릉도 해담길까지 섬과 섬을 잇는 통로를 만들었다는 점이다. 이로써 섬길과 섬길을 하나로 이은 728km는 통합의 길이 됐다. 그동안 섬에서의 길은 바다에서 시작해 바다로 끝났다. 백섬백길이 연결됨으로써 길은 섬에서 시작해 섬으로 끝난다.

강 소장은 섬연구소의 모체인 섬학교를 설립한 뒤 10년간 연인원 3000여 명의 회원들과 100개의 섬길을 답사했다. 이를 바탕으로 섬연구소 연구원들과 1년간 현장 정밀 재조사를 하고 그 결과를 더한 정보를 업데이트해 백섬백길 사이트를 완성했다. 중앙정부나 지자체에서 못한 일을 작은 민간연구소에서 지원금도 받지 않고 해냈다. 프로젝트가 완료됐다는 소식을 듣고 홈페이지를 열어봤다. 백섬백길 프로젝트를 시작한 계기를 설명하고 있었다. "제주올레 이후 전국의 섬들에도 우후죽순처럼 걷기 길들이 생겨났습니다. 하지만 유명해진 극히 일부의 섬길들만 이용될 뿐 대다수 섬길들은 무관심 속에 버려져 있습니다. 우리의 세금으로 만든 길들이 방치되는 것을 안타깝게 여긴 섬연구소에서 섬길을 되살리고 섬들을 활성화할 방법을 찾기 위해 백섬백길 프로젝트를 시작했습니다." 사이트에는 지도, 코스정보뿐만 아니라 교통편, 편의시설, 섬의 역사와 문화, 풍속과 설화까지 소개하고 있었다. 섬 탐색을 평생 업으로 삼은 한 사람의 발자취가 100개의 섬과 100개의 길에 선명히 새겨져 있었다.

떼배와 LNG 운반선

배와 관련된 두 기사가 눈에 띄었다. 최첨단 기술이 집약된 액화천연가스(LNG) 운반선을 사상 최대 규모로 수주했다는 기사와 원시적인 어선인 떼배를 국가중요어업유산으로 지정하도록 추진한다는 내용이었다. 카타르 국영 석유회사 카타르페트롤리엄과 2027년까지 23조 원 규모, 100척 이상의 LNG 운반선 슬롯(배를 만드는 공간) 예약 계약을 맺었다는 소식이다. LNG 운반선은 한국 조선 3사가 세계 90%의 점유율을 차지하고 있다. 일반 유조선보다 훨씬 비싼 LNG선의 수주로 조선 강국의 면모를 재차 확인했다.

또 다른 소식은 떼배를 이용한 돌미역 채취 관행을 국가중요어업유산으로 지정하는 방안이 추진된다는 것이다. 최첨단의 초대형 유조선(VLCC)과 LNG선을 만드는 조선 강국에서 떼배라니? 떼배는 통나무를 엮어서 만든 뗏목이다. 통나무배에서 발전한 단계인 가공한 판재로 만든 경주 안압지 목선(8세기)보다 형태상으로 원시적이다. 동해 어촌에는 지금도 떼배를 타고 돌미역을 채취하는 곳이 있다. 활성화된 몇 곳을 묶어 국가중요어업유산으로 지정하겠다는 것이다. 지역의 환경 사회 풍습 등에 적응하면서 오랫동안 형성된 유무형의 어업 자원 중 보전할 가치가 있는 것으로 인정되

떼배에서 장대를 이용한 돌미역 채취
©김창일

면 해양수산부 장관이 지정한다. 다음 해, 해양수산부는 '울진·울릉 돌미역 떼배 채취어업'을 국가중요어업유산으로 지정(2021년 3월)했다. 제주 해녀어업, 보성 맨손어업, 남해 죽방렴어업, 신안 천일염업, 완도 지주식 김양식어업, 무안 신안 갯벌낙지맨손어업, 하동 광양 재첩잡이 손틀어업 등이 지정돼 있다.

몇 년 전 동해 어촌을 조사할 때다. 통나무를 엮어 만든 떼배 8척이 마을에 남아 있었지만 대수롭지 않게 여겼다. 그중에서 한 척은 매일 바다에 떠 있었다. 바닷가에 사는 노부부가 떼배를 타고 돌미역을 채취하며 생계를 이어갔다. 어느 날 해변에서 떼배를 수리하는 김 씨 노인에게 말을 건넸다. 노인은 떼배의 장점을 늘어놨다. "바닥이 편평해서 수심이 얕은 곳을 쉽게 오갈 수 있어요. 뾰족하면 물살을 가르고 나아가는 데는 좋지만 갯바위에 부딪히면 침몰합니다. 떼배는 통나무로 만드니까 부딪혀도 괜찮아요. 파도가 쳐도 흔들림이 적어서 일하기도 수월합니다"라고 말했다. 원시적이고 소박하지만 어떤 선박도 대신할 수 없음을 노인과의 대화를 통해 깨달았다.

노인은 말을 이어갔다. 돌미역을 가득 싣고, 안전하게 타고 다니기 위해서는 부력이 좋아야 한단다. 그러기 위해서 오동나무를 껍질을 벗기고 2, 3년을 건조시킨다. 떼배를 만드는 건 어렵지 않지만, 나무가 충분히 마를 때까지 기다릴 줄 아는 인내심이 최고의 기술이라고 말했다. "우리 마을 사람들은 떼배를 만들기 위해 오동나무를 미리 심어둡니다. 그걸 베어서 또 몇 년을 말려야 합니다. 떼배는 시간으로 만드는 배입니다. 우리 집 담장 밑에 오동나무가 마르고 있어요. 이놈이 쓰임을 다하면 새로 만들어야지요"라고 말했다. 노인은 젊은 시절 머구리(재래식 잠수부) 일을 하다가 생긴 잠수병을 앓고 있었다. 사계절을 마을에 상주하며 해양문화 조사를 마친 후 박물관으로 복귀했다. 얼마 지나지 않아 세상을 떠났다는 소식을 서울에서 전해 들었다. 몇 년 전부터 준비해 둔 담장 아래의 오동나무는 쓰임새를 잃었고, 수리한 떼배는 뭍으로 올려졌다고 한다.

머구리 잠수부였던 노인의 떼배 수리 장면
©김창일

끊겨버린 전통 배의 명맥

조선시대에 많은 사람이 표류해 죽었고, 일부는 귀환해 이야기를 남겼다. 특히 제주와 뭍을 오가던 배가 난파되거나 표류하는 경우가 많았다. 10여 편의 표류기가 수록된 '지영록'(2018년 보물 지정) 번역서 편찬 업무를 담당할 때 궁금한 점이 있었다. 지영록에 '김대황표해일록'이라는 표류기가 있는데 제주에서 24명을 태운 배가 뭍으로 가다가 추자도 인근에서 북동풍을 만나 베트남까지 표류한 후 귀환한 내용이다. 어떤 배였기에 며칠간의 폭풍우에도 침몰하지 않고 31일 동안 망망대해를 떠다니다가 베트남 호이안에 닿을 수 있었을까.

배에 관한 상세한 기록은 없지만 덕판배로 추정할 수 있다. 뱃머리에 두껍고 넓은 나무판인 덕판을 대서 제주 해안의 날카로운 암초에 부딪혀도 견디는 내구성을 지닌 배다. 날렵하지는 않았지만, 제주에 적합한 전통 배였다. 1996년 제주도 승격 50주년 기념 사업으로 '덕판배 복원 사업'을 진행해 길이 9m, 폭 4.5m 규모로 복원한 적이 있다. 이미 명맥이 끊긴 배를 복원했으므로 논란이 일었다. 제작 기술이 단절된 상태였고, 덕판배 제작에 관한 공식 기록조차 없었기에 제대로 만들어졌는지를 누구도 평가할 수 없었다.

전통 배 제작 기술 전수가 이뤄지지 못한 근본적인 원인은 조선 후기로 거슬러 올라간다. 조운제도 폐지(1894년), 삼도수군통제영과 각 도 수영 혁파로 수군이 해산됨에 따라 조운선과 군선의 맥이 끊겼다. 조선 후기 국력의 쇠락으로 조선 산업은 몰락의 길을 걸었다. 1910년대 이후에는 개량형 어선 보급 정책이 시작돼 일본식 어선이 점진적으로 증가했다. 일본 정부는 어획량 확대를 위해 도입한 안강망, 건착망, 석조망 등의 일본식 어구 및 어법에 적합한 어선을 늘리려 했다. 명목상으로는 조선 재래식 어선을 개선한다는 취지였으나, 어족자원의 대량 확보를 위한 방책이었다. 일본인 수산업자들과는 달리 우리 어민들은 영세했다. 고가의 일본식 어선 구입이 어려워 한동안 재래식 배가 유지됐으나 오래가지는 않았다. 1930년대에 조선총독부의 입맛에 맞게 표준형 선박 건조를 유도하면서 전통 어선은 사라져 갔다.

강진에서 900섬을 싣고 오던 조운선이 조난된 내용이 효종실록(1661년)에 수록돼 있다. 『숙종실록』(1728년)에는 1711년 파주에서 조세미 1000여 섬을 싣고 광흥창에 도착한 내용이 있다. 쌀 기준으로 1섬을 144kg(시대와 곡물에 따라 편차가 있음)으로 환산하면 조운선의 규모를 짐작할 수 있다. 군선의 종류는 대선, 중대선, 중선, 병선, 쾌선, 맹선, 별선, 추왜별선 등 13종, 829척에 이른다고 『세종실록지리지』(1454년)에 기록돼 있다. 상당한 규모의 조운선과 다양한 군선을 운용했음을 알 수 있다. 쌍돛을 단 당두리(길이 약 15m, 너비 4.5m)와 하나의 돛을 단 야거리(길이 4m, 너비 2m) 등 수많은 어선은 한반도 바다에서 물고기를 잡았다. 조운선과 군선 제작 기술은 명맥이 끊겼고, 어선은 멸치잡이 배인 통영의 통구민배와 신안 가거도배 정도가 1960년대 후반까지 전통 어선의 흔적을 지니고 있었다.

한국 조선 산업은 2023년 1분기(1~3월) 수주 점유율 40% 확보로 세계 1위다. 한국에서 만든 배가 세계의 바다 구석구석을 누비고 있다. 전통 배의 끊긴 명맥이 더욱 아쉽게 느껴진다.

조선의 배는 왜 삼각돛이 없을까

캐럭, 캐러벨, 갤리언 등 대양을 가로지르며 신항로를 찾던 배들로 가득했다. 아메리카 항로를 개척한 콜럼버스가 1492년 첫 항해에서 타고 간 산타마리아호, 인도 항로를 찾아낸 바스쿠 다 가마가 1497년 탔던 상 가브리엘호, 세계 일주를 한 마젤란 함대의 함선인 빅토리아호까지 다양한 범선 모형이 도열해 있었다. 재개관했다는 소식을 접하고 찾아간 부산 영도구에 있는 국립해양박물관 상설전시실에서 마주한 광경이다.

대항해시대(15~17세기)는 유럽인들이 항해술을 발전시켜 아메리카로 가는 뱃길과 인도와 동아시아로 가는 신항로를 개척하던 시대를 일컫는다. 존재 자체도 알지 못하던 다른 문명권과 연결돼 서로의 존재를 인식한 시기다. 대항해시대를 열게 된 역사적 배경으로 후추를 들 수 있고, 나중에는 금, 은, 노예, 설탕 등이 중요한 교역품으로 떠올랐다. 인류의 세계관 확장과 대양 무역의 활성화 이면에는 식민지 개척이라는 어두운 역사도 상존한다.

범선 무역을 보여주는 전시 관람 후 동선을 따라 이동하면 조선의 선박이 진열돼 있다. 조운선, 판옥선, 거북선을 보다가 불현듯 '조선의 배는 삼각돛이 없었구나'라는 생각이 스쳤다. 직전에 삼각돛을 달고 대양을 항해하

부산 국립해양박물관 상설전시실의 한반도 선박
©김창일

던 범선의 잔영이 짙게 남은 영향일 터. 먼바다를 건널 수 있었던 중요한 기술적 배경에는 나침반과 함께 삼각돛을 들 수가 있다. 뒤쪽에서 부는 바람에 의해 앞으로 나아가는 범선은 역풍이 불면 돛을 접어야 했으나, 삼각돛을 달면서 맞바람에도 전진할 수 있게 됐다. 대항해시대는 삼각돛이 열었다고 해도 과언이 아니다.

삼각돛이 이 땅에 전해지지 않은 이유는 뭘까. 조선은 바다를 경시했고, 타 문명과의 접촉은 중국과 일본을 통하는 정도였다. 세계 문명에 대한 인식은 해상교역이 활발하던 고려시대에 미치지 못할 정도로 후퇴했다. 고려는 바닷길로 송나라와 유구국 및 일본, 동남아시아, 서역까지 교류했다. 고려와 달리 조선은 통신사의 일본 파견과 청이 요동을 점령한 17세기 초에 잠깐 해로를 이용한 정도에 그쳤다.

전남 해남군 송지면의 송지해수욕장 해역에서 고선박 한 척이 발견됐다. 방사성탄소 연대를 분석해보니 11세기 초반~12세기 중반께로 연대 추

부산 국립해양박물관 상설전시실의 대항해시대 선박
ⓒ김창일

정치가 나왔다. 국립해양문화재연구소는 최대 길이 13.4m, 최대 폭 4.7m로 추정했다. 현재까지 한반도에서 발견된 15척의 고선박 중에서 가장 큰 규모라고 했다. 보도된 자료를 읽으면서 지금까지 발견된 고선박이 15척이라는 점에 주목했다. 15척의 고선박 중에서 고려시대가 11척인 것에 반해 조선시대는 1척에 불과하다. 해상 운송이 활발했던 시대가 언제였는지 단적으로 보여주는 방증이 아닐까.

18세기 전까지 조선은 도서 지역 거주민을 본토로 이주시켜 섬을 비우는 쇄환정책으로 일관했다. 방어와 중앙집권제에 섬이 도움이 되지 않는 것으로 봤다. 세종 19년(1437년 5월 1일), 호조는 경상, 전라, 충청, 황해도 백성이 앞다퉈 청어를 잡아 큰 이득을 얻는데 방치하면 백성들이 농사를 포기하고 바다로 나갈지도 모른다고 상소했다. 조선 사회가 바다를 어떻게 인식했는지를 보여주는 예라 하겠다. 바다를 경시함으로써 세계의 흐름에서 뒤처진 조선은 삼각돛의 필요성조차 깨닫지 못한 사회였는지 모른다는 상념에 잠겨 전시실을 빠져나왔다.

100여 척의 어선이 동시에 출항하는 장관을 보며

이런 장관을 본 건 오랜 세월 해양문화를 조사하면서 처음이었다. 100여 척의 고등어 잡이 선단이 부산공동어시장 부두에서 제주도 남쪽 바다를 향해 줄지어 항해하는 모습은 탄성을 자아냈다.

이 장면을 담고자 부산 출장길에 올랐다. 여장을 풀 겨를도 없이 부산공동어시장으로 갔으나 태풍 다나스의 영향으로 출항이 하루 연기됐다. 어선에서 그물 손질을 하던 선원을 마주쳐 대화를 나눴다. 직업군인으로 살다 20여 년 전 선원이 된 72세 노인이었다. 고등어 어획 상황을 물었더니 노인은 고개를 가로저었다.

"1990년대까지만 해도 많이 잡혔는데 요즘은 그때의 절반에도 못 미쳐요. 게다가 일본과의 동해 배타적경제수역(EEZ) 협상이 결렬되는 바람에 고등어 어장까지 줄었으니…."

선원의 말대로 EEZ에서의 어획량은 우리나라 고등어 전체 물동량의 20%를 차지하는 만큼 업계는 큰 손실을 보고 있다. 여기에 고등어 수입이 확대돼 선망업계는 이중고를 겪고 있다. 어려운 환경 속에서도 대형 선망어선은 희망을 품고 출항했다. 힘찬 뱃고동을 울리며 먼 바다로 향하는 선

부산공동어시장 부두에서 출항하는 대형 선망선단
©국립민속박물관

단을 바라보며, 한반도의 바다가 유린당하던 한 세기 전을 떠올렸다.

청나라와 일본이 한반도를 차지하기 위해 힘겨루기를 할 때 바다 역시 각축장으로 변했다. 조청무역장정(1882년)이 체결돼 청나라에 평안도와 황해도 어장을 개방해야 했고, 조일통상장정(1883년)에 따라 전라, 경상, 강원, 함경도 해안은 일본의 차지가 됐다. 뒤이어 조선일본양국통어장정(1889년)이 체결되면서 조선의 연안 3해리 이내에서 일본 어민의 합법적인 조업이 가능해졌다. 그 결과 제주도 해안은 황폐해지고 말았다. 머구리배라 불리던 일본의 잠수기어선이 제주 해역에서 조업을 했는데 1893년 127척을 시작으로 1907년에는 300~400척으로 늘었다.

청일전쟁(1894년) 이후에는 우리 바다가 일본 어민의 독차지가 됐다.

제주도 남쪽 바다로 향하는 대형 선망어선
©국립민속박물관

1895년 한반도 남해안으로 진출한 일본 멸치잡이 선박이 190척에 달할 정도였다. 선단을 조직한 일본 어민들은 고등어, 멸치, 조기 등을 싹쓸이했다. 1920년대 일본인들은 통영 욕지도를 중심으로 500여 척의 건착선과 290여 척의 운반선으로 고등어를 잡을 정도로 마구잡이 어획을 이어간다. 일본은 이미 기선과 다양한 어구어법을 쓰고 있는 반면 우리 어민들은 돛단배나 노 젓는 배를 이용하고 있었다.

한 세기가 지난 현재, 우리 어업 경쟁력은 세계 최고 수준이 됐다. 1957년에 한 척으로 시작된 한국의 원양어업은 60여 년이 지난 현재 세계의 대양 곳곳에 진출해 일본, 중국, 스페인 등 해양 대국들과 당당히 경쟁하는 위치가 됐다. 방파제에서 하얀 포말을 일으키며 위풍당당하게 나아가는 100여 척의 어선이 보이지 않을 때까지 바라봤다. 오욕과 영광으로 응축된 한 세기의 해양 역사가 가슴을 울렸다.

남북 왕래하던 옛 포구의 기억

해병대 검문소를 통과하여 달리는 도로는 한적했다. 봄과 여름에 한 번씩 갔으나 화려했던 포구를 기억하는 노인을 만나지 못했다. 세 번째 방문이다. 철책선을 뚫고 들이치는 겨울바람은 사람의 온기로 덥힐 수 없어 더욱 매서웠다. 건너편으로 보이는 북한의 풍경도 황량하기는 마찬가지였다.

남북이 분단되기 전, 산이포에 정박한 선박은 두 갈래로 오르내렸다. 한 갈래는 예성강을 따라 황해도 연백을 거쳐서 개성으로 올랐고, 또 한 갈래는 한강을 따라 한양으로 연결됐다. 산이포는 강화도 최대 포구였으며, 전국에서도 손꼽혔다. 100여 척의 선박이 정박했고, 700여 가구가 주거지를 형성했다. 5일장이 열리면 황해도 연백 사람들까지 모여들었다. 면사무소, 방직공장, 정미소 등이 들어섰고, 선원들이 찾는 주막과 각종 상점이 성황을 이뤘다. 강화도는 지정학적으로 서울의 목구멍이라 불릴 정도로 중요한 관문이었고, 그 중심에 산이포가 있었다.

지금은 포구의 흔적조차 찾을 수 없다. 남북으로 분단되면서 포구 앞으로 군사분계선이 그어졌다. 사람들은 떠났고, 남아 있던 주민들도 강제 이주되었다. 산이포와 길 하나를 사이에 두고 마주한 천신마을 노인들은 산

천신마을에서 본 옛 산이포 터와 황해도
©국립민속박물관

이포를 기억하고 있을 거라는 기대감으로 다시 찾았다. 한참을 기다린 끝에 삼삼오오 경로당으로 가는 할머니들을 발견했다. 경로당에 모인 노인들의 이야기를 통해서 화려했던 옛 포구의 모습을 그릴 수 있었다.

신 씨 할머니(1938년생)가 처음으로 입을 열었다. "장날에는 황해도 연백 사람들도 왔어. 조기, 소금, 곡식을 마포까지 실어 나르는 배가 바글바글했지. 여관, 주막, 상점이 바닷가에 들어서고, 뒤쪽으로는 판잣집이 빼곡했어. 골목길이 얼마나 복잡한지 말할 수가 없어. 아이들이 저녁 먹으러 안 와도 찾을 수가 없었다니까. 한 사람이 겨우 들어갈 수 있는 길이 수십 갈래로 나뉘다가 막혔다가 하니까 처음 들어간 사람은 다시 나오기도 힘들었어."

장 씨 할머니(1937년생)가 말을 이어갔다. "내 고향이 여기야. 여기서 태어나서 여기서 늙었어. 지금은 철조망 때문에 물가에 못 나가. 처음 시집 온 색시나 아이들이 구경 갔다가 군인들한테 혼나기도 해. 우리가 어릴 때 물에 들어가면 새우가 다리에 막 붙었어. 그만큼 많았지. 장어, 농어도 흔했어. 물고기를 잡던 시절에도 그렇게 많았는데 배를 못 띄운 지 반백 년이 넘었으니, 지금은 말할 것도 없지."

바닷물과 한강물이 만나는 포구 앞의 수로는 어족자원이 풍부했다. 주민들은 60년 넘게 어로 활동을 하지 못했기 때문에 물 반, 고기 반일 거라며 안타까운 마음을 드러냈다. 정전협정 이후 처음으로 2018년 남북이 공동으로 한강 하구 수로조사를 했다. 선박이 다닐 수 있는 물길을 찾기 위해서 파주시 만우리로부터 강화군 말도까지 660km의 수로를 측량했다. 남과 북 양측이 물길을 함께 이용할 수 있는 날이 온다면 가장 부각되어야 할 곳이 산이포다. 개성과 한양으로 향하던 수백 척의 선박이 머물던 곳. 그 시절의 산이포를 기억하는 노인들의 이야기를 통해서 평화의 공간으로 되살아날 한강 하구의 미래를 상상해 본다.

산이포를 기억하는 노인들
©국립민속박물관

바람이 분다… 살아야겠다

사람들에 의해 만들어졌지만 신성성이 살아 있는 숲이 있다. 제방이 가로막기 전, 숲과 해안은 맞닿아 있었다. 봄의 기운을 받아 나뭇잎이 무성해지면 해안가에 그늘이 드리워졌다. 깊은 그늘은 물고기를 해안가로 불러 모았고, 사람들의 쉼터가 되었다. 하늘로 치솟은 숲은 바람과 파도로부터 마을을 지켜내는 방패막이 구실을 했다.

400여 년 전, 경남 남해군 물건마을에 살던 사람들은 생존을 위해 해변에 나무를 심었다. 취락과 농경지가 바다와 접해 있어 태풍이 불면 극심한 피해를 입었기 때문이다. 숲을 만들어 자연재해를 막으려 했다.

그로부터 400년이 흐른 지금, 후손들은 이 숲이 들려주는 언어를 이해한다. "숲에서 이팝나무 꽃이 피기 시작하면 멸치가 몰려오고, 며칠 지나서 꽃이 무성하면 방어가 몰려옵니다." 물건방조어부림(천연기념물 제150호)의 그늘에 앉아서 쉬는 노인의 설명이다. 해변을 반월형으로 둘러싸고 있는 무성한 숲에는 이팝나무, 팽나무, 참느릅나무, 상수리나무, 느티나무, 포구나무 등의 활엽수가 밀림을 이룬다. 상층목 2000여 그루와 하층목 8000여 그루로 이루어진 물건방조어부림은 그 흔한 소나무 한 그루 없는 활엽

물건방조어부림 전경
©김창일

수림이다.

200여 년 전, 주민들이 해안 숲의 나무를 베자 마을에 큰 화재가 발생해 막대한 피해를 입은 이야기가 전해 내려온다. 이후로 이 숲을 파괴하면 마을에 변고가 일어난다는 믿음이 생겼다. 100여 년 전, 숲에 대한 두려움이 약해졌는지 사람들이 벌채를 한 일이 있었다. 그 후에 폭풍우가 들이쳐서 마을이 쑥대밭이 됐다. 숲의 노여움 때문이라 생각한 주민들은 숲의 훼손을 철저히 금했다.

싱그러움이 한창 자태를 뽐내던 어느 해 5월, 나는 여느 날처럼 물건방조어부림을 거닐다가 멋진 통나무를 발견했다. 남해군청에서 숲 관리를 위해 죽은 나무를 베어 쌓아 둔 곳의 통나무가 내 마음을 사로잡았다. 조경용으로 좋을 것 같아서 숙소 마당으로 옮겨 두었다. 이를 본 주민이 깜짝 놀라

물건방조어부림에서 가져다 놓은 통나무
©김창일

며 다시 숲으로 가져다 둘 것을 권했다. 비록 죽은 나무지만 신성시하는 숲의 일부를 외부로 가져가면 마을에 좋지 않은 일이 생긴다는 것. 이 일화를 통해서 물건방조어부림이 수백 년 동안 잘 보전될 수 있었던 이유를 재차 확인할 수 있었다. 숲에 대한 경외심이 보전의 원동력이라는 사실을. 숲의 신성화는 인간과 자연의 공존으로 이어졌다.

물건마을에 상주하며 어촌조사를 할 때 두 번의 태풍을 맞았다. 방조어부림 안쪽에 자리 잡은 주택가에서는 바람이 조금 세게 부는 정도였지만, 방조어부림 앞쪽 해변에서는 상황이 전혀 달랐다. 바람에 몸을 가눌 수 없었고, 파도는 방파제를 무너뜨리고, 선박을 침몰시켰다. 방조어부림은 두 팔 벌려서 태풍으로부터 마을을 지켜내고 있었다. 순간 나도 숲에 대한 경외감이 생겼다.

주민들은 해안 숲이 회복력을 상실했을 때 자연의 무서운 역습이 발생한다는 것을 잘 알고 있다. 방조어부림과 주민들의 공존은 변함없이 이어질 것이기에 참으로 다행스러운 일이다. 물건방조어부림의 나무 한 그루 한 그루에 숲의 정령이 깃들기를.

에필로그

에필로그

연평도, 남해도, 울산, 삼척 등지에서 사계절을 주민과 함께 살면서 조사했다. 때로는 선원이 되어 어선을 탔고, 육지에서 그물 손질을 함께 하는 등 생업 현장에 적극 동참했다. 일손을 보태니 주민들은 고마운 마음에 더 많은 걸 보여주고 내어줬다. 나는 그게 또 고마워서 기쁜 마음으로 노동력을 제공하는 선순환의 고리가 형성됐다. 이렇게 서로의 신뢰는 깊어졌다.

길 위에서 만나는 모든 사람은 스승이다
©국립민속박물관

생업활동에 동참함으로써 생업기술을 깊이 이해한다
©국립민속박물관

때로는 삽이 수첩과 펜보다 중요할 때가 있다
©국립민속박물관

어촌 현장은 고고학 발굴 현장이 아니라 현재를 살아가는 사람들과 마주하는 일이다. 따라서 그들 생활 속으로 들어갈 수밖에 없고 그 유효한 수단이 노동력 제공이다. 사계절 내내 카메라, 수첩, 펜을 들고 다니며 외부인처럼 행동하는 조사자에게 따뜻한 품을 내어주는 주민이 얼마나 되겠는가. 생판 모르는 사람에게 삶의 모습을 고스란히 보여주는 사람은 드물다.

어업을 조사할 때면 관행적으로 이뤄지는 일과 현행법이 충돌하는 현장을 종종 마주하게 된다. 있는 그대로 기록하면 어민들에게 의도치 않게 부담을 줄 것이고, 기술하지 않으면 보고도 눈을 감아버리는 꼴이 된다. 조사자는 감시자가 아니라 현재를 살아가는 사람들의 삶의 양상을 기록하는 관찰자에 가깝다. 여기에서 딜레마가 생긴다. 어업 현장은 관행과 법과 문화가 곳곳에서 부딪힌다. 이를 어떻게 기술할 것인가에 대한 고민은 늘 상존한다. 너무나 당연한 말이지만 기록하는 사람 역시 사회, 문화, 역사, 환경의 산물이다. 전지적 시점에서 대상을 바라보는 것이 아니라 그들과 같은 시공간에 두 발을 딛고 있는 일원이기에 따르는 고민이다.

현재의 기록은 사건의 저장이고 저장하지 않으면 일어났음에도 존재 하지 않는다. 기록은 단순한 사실을 적는 행위가 아니다. 현장 기록은 사실과 사실을 엮어서 만든 '이야기'다. 데이터, 그래픽 뒤에 숨어있는 사람들 이야기를 기록하는 일이다. 그래서 객관적인 사실만 나열하는 랑케필법보다는 기록자가 세계를 바라보는 시각이 드러나는 춘추필법을 나는 선호한다. 민중사를 남기는 자는 사람에 대한 애정과 사실에 대한 냉정함을 동시에 가져야 한다. 삶의 일상성과 구체성 없이 관념적, 추상적으로 세계를 기록하는 것은 게으름이다. 그래서 그들의 삶에 뛰어들었다. 발뒤꿈치 굳은살 두

록을 위해 어민을 따라다니며 관찰한다
국립민속박물관

마음을 얻으면 많은 걸 이야기 해준다
©국립민속박물관

일에 대해 알아야 좋은 질문을 할 수 있다
국립민속박물관

주민들은 조사자를 마을청년으로 여기고
자연스럽게 도움을 요청한다
©국립민속박물관

좋은 기록은 두 다리로 하는 것이다
©국립민속박물관

백 번 듣는 것보다 한 번 체험하는 게 낫다
©국립민속박물관

께만큼 현장을 담는다고 믿기 때문이다.

내가 기록하는 대상은 역사학에서 말하는 '기념비적 역사(monumentalische Historie)' 또는 '골동품적 역사(antiquarische Historie)'가 아니다. 위대한 업적을 지닌 사람이나 오랜 세월 풍화작용에도 빛나는 전통을 유지하는 그 무엇이 아니다. 그래서 어촌 현장을 기록하는 일을 사소하게 여길 수도 있으나, 우리의 삶이 어찌 사소하단 말인가.

엄정한 눈으로 어촌을 기록하려 하지만 보편성보다는 하나하나의 개별성에 압도되기 일쑤다. 동해, 서해, 남해가 다름은 물론이고, 어촌마다 다르고, 한 사람 한 사람 세계가 다르다. 그 다름의 세계를 드러내는 것과 개별성 속에서 보편성을 찾아내어 묶어내는 것. 개별성과 보편성을 조화롭게 기록하는 것이 내가 지향하는 바다. 지금 서 있는 곳에서 일어나는 현상을 선명하게 보여주기 위한 고민은 끝나지 않았다.